DANIEL COYLE

ERFOLG BRAUCHT KEIN TALENT

DANIEL COYLE

ERFOLG BRAUCHT KEIN TALENT

Der Schlüssel zu Höchstleistungen in jedem Bereich

Übersetzung aus dem Amerikanischen von Jürgen Neubauer

riva

Bibliografische Information der Deutschen Nationalbibliothek
Die Deutsche Nationalbibliothek verzeichnet diese Publikation in der Deutschen Nationalbibliografie. Detaillierte bibliografische Daten sind im Internet über http://dnb.d-nb.de abrufbar.

Für Fragen und Anregungen
info@m-vg.de

Wichtiger Hinweis
Ausschließlich zum Zweck der besseren Lesbarkeit wurde auf eine genderspezifische Schreibweise sowie eine Mehrfachbezeichnung verzichtet. Alle personenbezogenen Bezeichnungen sind somit geschlechtsneutral zu verstehen.

3. Auflage 2025

Türkenstraße 89
80799 München
Tel.: 089 651285-0

Die amerikanische Originalausgabe erschien 2009 bei Bantam Dell, a division of Random House, Inc. New York, New York unter dem Titel *The Talent Code. Greatness Isn't Born. It's grown* © 2009 by Daniel Coyle. All rights reserved.

Übersetzung: Jürgen Neubauer
Umschlaggestaltung: Pamela Machleidt
Umschlagabbildung: Paket/iStockphoto.com
Satz: Helmut Schaffer, Hofheim a. Ts.
Druck: GGP Media GmbH, Pößneck
Printed in Germany

Wir produzieren nachhaltig
www.m-vg.de

ISBN Print 978-3-7423-1177-1
ISBN E-Book (EPUB, Mobi) 978-3-7453-0825-9

Weitere Informationen zum Verlag finden Sie unter
www.rivaverlag.de
Beachten Sie auch unsere weiteren Verlage unter www.m-vg.de

Für Jen

INHALT

PROLOG

TEIL 1 – AKTIVES LERNEN

TEIL 2 – INITIALZÜNDUNG

TEIL 3 – MEISTERTRAINER

EPILOG

Und [David] nahm seinen Stab in seine Hand und er wählte fünf glatte Steine aus dem Bach und tat sie in seine Hirtentasche, die er hatte, und in den Sack und nahm die Schleuder in seine Hand und machte sich zu dem Philister.

1 Samuel 17,40

PROLOG

DAS MÄDCHEN, DAS IN SECHS MINUTEN DIE LEKTION EINES GANZEN MONATS LERNTE

Am Anfang jeder Reise steht eine Frage. Am Anfang dieser Reise stehen gleich drei Fragen:

Wie schafft es ein mittelloser russischer Tennisclub mit einem einzigen Hallenplatz, mehr Spielerinnen unter die Top 20 der Weltrangliste zu befördern als die gesamten Vereinigten Staaten zusammen?

Was ist das Geheimnis einer kleinen Musikschule im texanischen Dallas, die Jessica Simpson zum Weltstar macht und dafür sorgt, dass 90 Prozent ihrer Absolventen einen Plattenvertrag bekommen?

Wie kommt es, dass eine arme und ungebildete Familie aus einem entlegenen Dorf im Norden Englands drei Schriftstellerinnen von Weltrang hervorbringt?

Talentschmieden sind mysteriöse Orte, und das Mysteriöseste an ihnen ist, dass sie ohne jede Vorwarnung entstehen. Anfang der Fünfzigerjahre spielten die ersten Baseballstars einer winzigen Insel der Dominikanischen Republik in der amerikanischen Profiliga – heute stellt diese Insel jeden neunten Profispieler der Liga. Im Jahr 1998 gewann die erste südkoreanische Golfspielerin ein Turnier der Ladies Professional Golf Association (LPGA) – im Jahr 2008 nahmen 45 südkoreanische Spielerinnen an den Turnieren der LPGA-Meisterschaft teil. Im Jahr 1991 meldete sich nur ein einziger chinesischer Teilnehmer zum Van-Cliburn-Klavierwettbewerb an – an der letzten Endrunde nahmen acht Chinesen teil, eine Zahl, die der Zunahme der chinesischen Musiker in den internationalen Sinfonieorchestern im selben Zeitraum entspricht.

Auch wenn diese Talentschmieden in den Medien gern als einzigartige Ausnahmeerscheinungen dargestellt werden, sind sie Teil eines umfassenderen und älteren Musters. Denken Sie nur an die Komponisten im Wien zur Mitte des 19. Jahrhunderts, die Schriftsteller im

England William Shakespeares oder die Künstler der italienischen Renaissance, in der die Stadt Florenz mit ihren gerade einmal 70 000 Einwohnern plötzlich eine in der menschlichen Geschichte einmalige Explosion an Genies hervorbrachte. In jedem dieser Fälle stellt sich dieselbe Frage: Woher kommt diese ungewöhnliche Menge an Talenten? Wie entwickeln sie sich?

Auf der Suche nach einer Antwort könnten wir mit der bemerkenswerten Videoaufzeichnung eines sommersprossigen Mädchens namens Clarissa beginnen. Die dreizehnjährige Clarissa nahm an einer Untersuchung der australischen Musikpsychologen Gary McPherson und James Renwick teil, die über mehrere Wochen hinweg ihre Fortschritte im Klarinettenunterricht verfolgten. Offiziell trägt das Video den Titel *shorterclarissa3.mov*, doch eigentlich sollte es *Das Mädchen, das in sechs Minuten die Lektion eines Monats lernte* heißen.

Im Video wirkt Clarissa nicht wie eine sonderlich talentierte Musikerin. Sie trägt ein blaues Sweatshirt mit Kapuze, eine kurze Sporthose und blickt gelangweilt und gleichgültig drein. Vor der Aufnahme der knapp sechs Minuten, die auf diesem Video festgehalten wurden, galt das Mädchen als musikalisches Mittelmaß. Nach den Ergebnissen von McPhersons Eignungstests, nach Auskunft ihres Lehrers und ihrer Eltern sowie nach eigenem Bekunden, hatte Clarissa kaum musikalisches Talent. Sie hatte kein gutes Ohr, ihr Rhythmusgefühl war durchschnittlich und ihre Motivation sogar unterdurchschnittlich (im schriftlichen Teil des Eignungstests hatte sie angegeben, sie übe, weil sie müsse). Trotzdem hat Clarissa in musikpsychologischen Kreisen eine gewisse Berühmtheit erlangt. McPhersons Video hält nämlich fest, wie dieses gewöhnliche Mädchen an einem gewöhnlichen Vormittag etwas tut, das alles andere als gewöhnlich ist. In 5 Minuten und 55 Sekunden verzehnfacht sie laut McPhersons Berechnungen ihr Lerntempo. Und das Schönste ist, sie bemerkt es nicht einmal.

Bevor McPherson das Video startet, führt er mich in die Szene ein: Es ist Vormittag, Clarissas normale Übungszeit, ein Tag nach ihrer einmal wöchentlich stattfindenden Klarinettenstunde. Sie übt ein neues Stück mit dem Titel »Golden Wedding«, das der Jazzklarinettist Woody Herman 1941 aufgenommen hatte. Sie hat sich das Stück ein paar Mal angehört. Es gefällt ihr. Nun versucht sie, es selbst zu spielen.

Clarissa holt Luft und spielt zwei Noten. Dann hält sie inne. Sie nimmt die Klarinette ab und starrt auf die Noten. Ihre Augen verengen sich zu einem Schlitz. Dann spielt sie die ersten sieben Noten, die Eröffnung des Stücks. Die letzte Note ist falsch, sie unterbricht sich sofort und reißt sich fast die Klarinette aus dem Mund. Sie starrt erneut auf die Noten und singt sich die Passage leise vor: »Da da damm daa«.

Sie fängt wieder von vorn an und schafft es diesmal ein paar Noten weiter, bis sie sich erneut verspielt. Wieder geht sie zum Anfang zurück und korrigiert den Fehler. Das Vorspiel nimmt Form an, sie spielt mit Gefühl und Schwung. Am Ende des Satzes hält sie sechs lange Sekunden lang inne und scheint die Melodie im Geiste noch einmal durchzuspielen. Dabei drückt sie die Knöpfe der Klarinette. Dann beugt sie sich vor, holt Luft und beginnt erneut.

Es klingt schauderhaft. Es ist keine Musik, sondern ein stockendes, unrhythmisches Nacheinander von Tönen, das immer wieder von Pausen und Missklängen unterbrochen wird. Wenn wir unserem gesunden Menschenverstand Glauben schenken, dann versagt Clarissa kläglich. Doch unser gesunder Menschenverstand täuscht sich.

»Was wir hier sehen, ist ganz erstaunlich«, erklärt McPherson. »Jedes Mal, wenn ich mir das Video anschaue, entdecke ich etwas Neues, etwas unglaublich Subtiles und Starkes. So übt eine Profimusikerin am Mittwoch, wenn sie am Samstag ein Konzert hat.«

Auf dem Bildschirm beugt sich Clarissa über ihre Noten und versucht herauszufinden, wo auf der Klarinette das Gis liegt, das sie noch nie gespielt hat. Sie schaut auf ihre Finger, dann auf die Noten, dann wieder auf die Finger. Sie summt sich die Melodie vor. Clarissa sitzt weit nach vorne gebeugt und sieht aus, als würde sie gegen einen eisigen Wind ankämpfen. Ihr hübsches, sommersprossiges Gesicht verzieht sich zu einer Grimasse. Wieder und wieder spielt sie die Eröffnung, und jedes Mal legt sie mehr Esprit, Rhythmus und Schwung hinein.

»Sehen Sie sich das an«, ruft McPherson aus. »Sie hat eine Vorlage im Kopf, mit der sie sich immer wieder vergleicht. Sie arbeitet auf der Ebene von Sätzen, vollständigen musikalischen Einheiten. Dabei übergeht sie aber keinen ihrer Fehler, sie hört sie und korrigiert sie. Sie fügt kleine Teile ins große Ganze, schaut mal aufs Detail, mal aufs Ganze, und arbeitet sich auf ein immer höheres Niveau.«

Was wir sehen, ist keine gewöhnliche Übungsstunde. Es ist vielmehr ein hochgradig zielführender und auf Fehlerkorrektur ausgerichteter Prozess. Hier wächst und entsteht etwas. Das Stück nimmt Gestalt an, und mit ihm entsteht eine neue Qualität in Clarissa.

Das Video läuft weiter. Nach »Golden Wedding« beginnt Clarissa das nächste Stück, »Die blaue Donau«. Dieses Lied spielt sie ohne Unterbrechung an einem Stück durch. Auch wenn ihr gelegentlich eine falsche Note dazwischenrutscht, ist die Melodie erkennbar.

McPherson stöhnt. »Sie spielt es einfach so runter, so als würde sie den Gehsteig entlanggehen. Es ist schrecklich. Sie denkt nichts, sie lernt nichts, sie schafft nichts, sie vergeudet einfach ihre Zeit. Am Anfang spielt sie schlechter als üblich, dann genial, und dann wieder schlecht. Und das alles, ohne dass sie etwas davon mitbekommt.«

Nach einigen Augenblicken hält McPherson es nicht mehr aus und spult zu der Stelle zurück, an der Clarissa »Golden Wedding« übt. Er will sie sich aus demselben Grund noch einmal ansehen wie ich. Was wir hier beobachten, ist kein genetisch veranlagtes Talent, sondern etwas sehr viel Interessanteres. Es sind sechs Minuten, in denen ein durchschnittlich begabter Mensch in eine Phase magischer Produktivität eintritt und mit jeder Sekunde neue Fähigkeiten entwickelt.

»Wenn jemand diesen Moment herausdestillieren könnte«, seufzt McPherson. »Das wäre Millionen wert.«

In diesem Buch geht es um eine ganz einfache Erkenntnis: Clarissa macht dasselbe wie die berühmten Talentschmieden. Sie nutzt einen Mechanismus im Gehirn, der bestimmte Formen des gezielten Übens in neue Fähigkeiten verwandelt. Ohne es zu bemerken, tritt sie in eine Phase des beschleunigten Lernens ein, die sich zwar leider nicht in Flaschen abfüllen lässt, die wir aber selbst herbeiführen können, wenn wir nur wissen, wie. Clarissa hat mit anderen Worten das Geheimnis des Talents geknackt.

Das Geheimnis des Talents basiert auf revolutionären Entdeckungen rund um die Neuronenmembran Myelin, die für viele Gehirnforscher heute der Heilige Gral des Lernens ist. Der Grund ist einfach. Jede unserer Fähigkeiten - egal, ob wir Baseball oder Bach spielen - entsteht in Verknüpfungen von Nervenzellen, die einen elektrischen Impuls weitergeben wie ein Telefonnetz ein Signal. Die Aufgabe des Myelins besteht darin, die Nervenzellen zu umhüllen wie eine Plastikisolierung ein Kupferkabel und auf diese Weise dafür zu sorgen, dass sich das Signal nicht verliert, sondern im Gegenteil verstärkt und beschleunigt. Wenn wir die Schaltkreise unseres Gehirns richtig betätigen - wenn wir üben, den Baseballschläger zu schwingen oder eine Note zu spielen -, dann legt sich das Myelin in neuen Schichten um die entsprechenden Gehirnzellen und sorgt auf diese Weise dafür, dass wir immer schneller und besser werden. Je dicker die Myelinschicht, desto besser die Isolierung, und umso schneller und präziser werden unsere Bewegungen und Gedanken.

Myelin ist gleich aus mehreren Gründen wichtig. Es ist universell: Jeder kann es entwickeln, und zwar nicht nur in der Kindheit, während der es am effektivsten wächst, sondern im Verlauf des ganzen Lebens. Es unterscheidet nicht: Sein Wachstum fördert alle erdenklichen geistigen und körperlichen Fähigkeiten. Es ist nicht wahrnehmbar: Wir können es weder sehen noch fühlen, wir können sein Wachstum nur in seinen scheinbar magischen Auswirkungen erkennen. Aber vor allem bietet uns das Myelin ein neues Verständnis dessen, was eine Fähigkeit überhaupt ist: *Eine Fähigkeit ist eine Biomembran, die sich um Gehirnzellen legt und in Reaktion auf bestimmte Signale wächst.*

Je mehr Zeit und Energie wir darauf verwenden, in der richtigen Art und Weise zu lernen - je länger wir uns also in der Clarissa-Phase aufhalten und die richtigen Schaltkreise mit den richtigen Signalen aktivieren -, desto größer die Fähigkeiten, die wir erwerben, oder anders gesagt, desto größer die Menge an Myelin, die wir bilden. Jeder Lernprozess und jede Talentschmiede funktioniert nach demselben Muster, gleichgültig wie unterschiedlich sie nach außen hin aussehen. Oder um es mit den Worten des Neurologen und Myelinforschers George Bartzokis zu sagen: »Jede Fähigkeit, ob Sprache, Musik oder Bewegung, besteht aus lebendigen Schaltkreisen, und diese Schaltkreise wachsen nach ganz bestimmten Regeln.«

Um diese Regeln zu verstehen, werden wir auf den folgenden Seiten die besten Fußballer, Bankräuber, Violinisten, Piloten, Künstler und Skateboarder der Welt kennenlernen. Wir besuchen einige außergewöhnliche Talentschmieden, die ihren Erfolg Rezepten verdanken, von denen selbst die erfolgreichen Talente keine Ahnung haben. Wir begegnen Naturwissenschaftlern, Trainern, Lehrern und Talentforschern, die uns verraten, wie wir neue Fähigkeiten erlernen. Und wir erfahren, wie wir diese Informationen konkret für uns umsetzen und dieses Potenzial für uns und unsere Kinder nutzen können.

Es mag uns merkwürdig vorkommen, dass ein einfacher biologischer Mechanismus für den Lernprozess verantwortlich sein soll, zumal es um so immens unterschiedliche Fähigkeiten geht. Aber andererseits besteht die ganze Vielfalt des Lebens auf unserem Planeten auf gemeinsamen, anpassungsfähigen Mechanismen. Ein Mammutbaum unterscheidet sich zwar von einem Rosenstrauch, doch beide bedienen sich der Photosynthese. Ein Elefant hat zwar scheinbar wenig mit einer Amöbe gemeinsam, doch beide verwenden denselben Zellstoffwechsel zur Energiegewinnung. Tennisspieler, Sänger und Maler haben auf den ersten Blick wenig Gemeinsamkeiten, doch sie alle verbessern ihre Koordination, Geschwindigkeit und Präzision, indem sie die Schaltkreise ihres Gehirns trainieren und sich an das Gesetz des Talents halten – mit anderen Worten: indem sie Myelin bilden.

Dieses Buch besteht aus drei Teilen: aktives Lernen, Initialzündung und Meistertrainer. Jeder dieser drei Teile entspricht einem grundlegenden Baustein des Talents. Zusammen sind diese drei Bausteine der Schlüssel zum Erlernen jeder neuen Fähigkeit. Fehlt einer, verlangsamt sich der Prozess. Wirken sie jedoch zusammen, und sei es nur für sechs Minuten, beginnt ein Prozess der Veränderung

TEIL 1

AKTIVES LERNEN

KAPITEL 1

IN DER LERNZONE

Aus Fehlern wird man klug.

Sprichwort

HARVARD IN DER WESTENTASCHE

Im Dezember 2006 begann ich meine Reise an kleine Orte, die Talente am Fließband hervorbringen.[1] Meine Reise begann in einer baufälligen Tennishalle in Moskau und führte mich im Laufe der nächsten vierzehn Monate auf einen Fußballplatz im brasilianischen São Paulo, eine Musikschule in Dallas, eine Schule in Kalifornien, eine heruntergekommene Musikschule in den Bergen des Bundesstaates New York, eine baseballverrückte Karibikinsel und eine ganze Reihe weiterer Orte, die so klein und bescheiden sind und gleichzeitig so außergewöhnlich viele Talente von Weltrang hervorbringen, dass ein Freund sie als »Westentaschen-Harvards« bezeichnete.

Diese Reise stellte mich vor einige Herausforderungen. Nicht die geringste davon bestand darin, sie meiner Frau und vor allem meinen Kindern so überzeugend wie möglich zu erklären. Ich beschrieb sie daher als eine wissenschaftliche Expedition, ähnlich wie die großen Forschungsreisen des 19. Jahrhunderts. Ohne mit der Wimper zu zucken verglich ich meine Recherche mit Charles Darwins Entdeckungsfahrt auf der *Beagle* und erklärte, warum ich an diesen kleinen, abgelegenen Orten die Wirkungsweise von allgemeingültigen Gesetzen und Kräften beobachten konnte wie in einer Petrischale. Meine Kinder schienen mir meine Erklärung abzunehmen, zumindest zunächst.

Später hörte ich zufällig, wie meine zehnjährige Tochter Katie ihren jüngeren Geschwistern geduldig erklärte: »Papa geht auf Schatzsuche. So ähnlich wie bei einer Geburtstagsfeier.«

Eine Schatzsuche, eine Geburtstagsfeier - damit lag sie gar nicht so weit daneben. Die neun Talentschmieden, die ich besuchte, hatten auf den ersten Blick wenig miteinander gemeinsam, außer dass ihre Existenz hochgradig unwahrscheinlich war. Jede von ihnen war im Grunde eine statistische Unmöglichkeit - eine Maus, die nicht nur brüllte, sondern die es irgendwie geschafft hatte, den Dschungel zu regieren. Die Frage, die ich mir stellte, war: Wie war ihr das gelungen?

Der erste Hinweis war eine überraschende Gemeinsamkeit. Vor meinen Reisen zu den Talentschmieden ging ich davon aus, dass ich dort vollkommen überwältigt werden würde. Ich malte mir aus, dort Tempo, Kraft und Eleganz von Weltrang zu begegnen. Diese Erwartungen wurden erfüllt und sogar noch übertroffen - zumindest sehr oft. In diesen Momenten hatte ich das Gefühl, inmitten einer Herde dahinfliehender Rehe zu stehen: Alles schien irgendwie schneller und flüssiger abzulaufen als im normalen Leben. (Wenn Ihnen ein achtjähriger Junge auf einem Tennisplatz aus Mitleid Punkte schenkt, dann wissen Sie, was es heißt, Ihr Ego auf die Probe zu stellen.)

Meistens konnte ich jedoch noch etwas ganz anderes beobachten: mühevolle Kleinarbeit, die sehr viel Ähnlichkeit mit dem hatte, was ich im Clarissa-Video gesehen hatte. Es war, als müssten diese Rehe plötzlich einen vereisten Hang hinaufklettern. Sie bremsten ab, blieben stehen und tasteten sich langsam Schritt für Schritt voran. Auf jeden kleinen Schritt kamen zahlreiche Fehler und Misstritte. Dabei begegnete ich immer wieder demselben Gesichtsausdruck. So merkwürdig das klingen mag, der gespannte und konzentrierte Blick der Talente erinnerte mich irgendwie an Clint Eastwood.

Darf ich vorstellen: Brunio. Auf einem Betonplatz im brasilianischen São Paulo übt der elfjährige Junge einen neuen Fußballtrick ein. Er bewegt sich langsam und fühlt, wie der Ball unter seinem billigen Turnschuh entlangrollt. Er übt den *elastico*, ein Täuschmanöver, bei dem er den Ball erst mit dem Außenrist antippt, um ihn dann mit einer schnellen Bewegung mit dem Innenrist in die andere Richtung zu spielen. Wenn der Trick klappt, sieht es für den Zuschauer so aus, als wäre der Ball mit einem Gummiband am Fuß des Spielers befestigt. Als ich dazukomme, probiert Brunio den Trick gerade aus. Er scheitert, hält inne und denkt nach. Er wiederholt die Bewegung, diesmal langsamer, doch wieder rollt ihm der Ball davon. Wieder hält er inne und denkt nach. Dann probiert er den Trick erneut, noch langsamer und Schritt für Schritt. Erst *dies*, dann *das*. Sein Gesicht ist angespannt, sein Blick hochkonzentriert, und er scheint nichts um sich herum wahrzunehmen. Dann macht es *klick*, und mit einem Mal weiß Brunio, wie der Bewegungsablauf funktioniert.

Darf ich vorstellen: Jennie. Die 24-Jährige steht in einem winzigen Tonstudio in Dallas und übt den Chorteil des Popsongs »Running Out of Time«. Sie arbeitet am großen Finale, in dem sich das Wort »time« in einen Wasserfall von Noten verwandelt. Sie setzt an, versingt sich, hält inne, denkt nach und singt die Passage ein zweites Mal, diesmal sehr viel langsamer. Jedes Mal, wenn sie einen Ton nicht trifft, bricht sie ab und geht zum Anfang der Passage oder zur betreffenden Note zurück. Jennie singt und stoppt, singt und stoppt. Plötzlich hat sie den Bogen raus. Die einzelnen Teile fügen sich zu einem Ganzen. Beim sechsten Durchgang singt Jennie die Passage fehlerfrei.

Wenn wir Menschen dabei zusehen, wie sie effektiv lernen, dann sprechen wir oft von »Willenskraft« oder »Konzentration«. Doch diese beiden Begriffe treffen es nur zum Teil, denn was sie nicht beinhalten, ist dieser Prozess des schrittweisen Vorantastens. Die Menschen, denen ich in den Talentschmieden begegnet bin, verhalten sich scheinbar paradox: Sie suchen sich ausgerechnet die vereisten Hänge. Wie Clarissa arbeiten sie ganz bewusst an der Grenze ihrer Fähigkeiten und scheitern dabei zwangsläufig immer wieder. Doch genau dieses Scheitern macht ihren Fortschritt aus. Wie kann das sein?

Das kollektive Talent der brasilianischen Fußballspieler beschreiben zu wollen ist so, als wollte man das Gesetz der Schwerkraft beschreiben. Es lässt sich messen, beispielsweise an den fünf Weltmeisterschaftstiteln, den rund neunhundert brasilianischen Fußballern, die in europäischen Spitzenmannschaften spielen, oder der langen Liste von Ausnahmespielern wie Pelé, Zico, Socrates, Romário, Ronaldo, Juninho, Robinho, Ronaldinho und Kaká, von denen zahlreiche zu Weltfußballern gekürt wurden. Doch das Wesen des brasilianischen Talents lässt sich mit diesen Namen und Zahlen nicht erfassen. Das lässt sich nur spüren. Jeder Fußballfan der Welt kennt die Szene: Ein brasilianischer Fußballer wird von Gegenspielern umringt, die ihm keinen Platz und keine Chance zu geben scheinen. Dann folgt eine schnelle, tänzelnde Bewegung - eine Körpertäuschung, eine Fußbewegung, ein Sprint - und plötzlich hat er sich freigespielt und läuft dem Knäuel seiner Gegner so lässig davon, als würde er aus einem überfüllten Bus aussteigen. Tag für Tag leistet Brasilien etwas extrem Schwieriges und Unwahrscheinliches: In einer weltweit heftig umkämpften Sportart stellt das Land nach wie vor einen ungewöhnlich hohen Anteil an Spitzenspielern.

Diese Talentdichte wird gern mit einer Mischung aus Genen und Umwelt oder aus Natur und Erziehung erklärt. Demnach verdankt Brasilien seinen Status als Fußballnation einer einmaligen Kombination von Faktoren: seinem milden Klima, seiner großen Fußballleidenschaft und seiner genetisch vielfältigen Bevölkerung, die zu 40 Prozent unter der Armutsgrenze lebt und davon träumt, ihrer wirtschaftlichen Not mithilfe »des schönen Spiels« zu entkommen. Man nimmt diese Faktoren, rührt sie zusammen und voilà! - das Ergebnis ist die perfekte Starfabrik.

Diese Erklärung hat allerdings einen kleinen Haken: Brasilien hat nicht schon immer große Fußballtalente hervorgebracht. In den Vierziger- und Fünfzigerjahren des 20. Jahrhunderts waren Klima, Leidenschaft und Armut genauso vorhanden wie heute, doch die vermeintliche Starfabrik brachte nur Mittelmaß zustande, die brasilianische Nationalelf unterlag der damals führenden Fußballnation Ungarn in vier Partien und zeigte nichts von der brillanten Ballkunst, für die sie heute berühmt ist. Erst bei der Weltmeisterschaft des Jahres 1958 in Schweden betrat Brasilien die Bühne des Weltfußballs in Form einer Ausnahmemannschaft um den damals siebzehn Jahre alten Pelé.[2] Sollte Brasilien irgendwann im kommenden Jahrzehnt völlig überraschend seine Vorherrschaft einbüßen (wie zuvor Ungarn), dann können wir nach der herkömmlichen Erklärung nur mit den Schultern zucken und den neuen Champion feiern, der seinen Aufstieg zweifelsohne ebenfalls einer einmaligen Kombination von Erfolgsfaktoren verdankt.

Wie also kommt es, dass Brasilien so viele Starfußballer hervorbringt?

Die Antwort ist überraschend. Brasilien bringt deshalb so viele Stars hervor, weil brasilianische Spieler seit den Fünfzigerjahren mit einer Methode trainieren, mit der sie die Balltechnik schneller erlernen als mit irgendeiner anderen Methode. Wie eine Nation von Clarissas haben die Brasilianer eine Technik entwickelt, mit der sie ihre Lerngeschwindigkeit vervielfachen, und wie Clarissa sind sie sich dessen kaum bewusst. Ich nenne diese Methode »aktives Lernen«, und wie wir noch sehen werden, findet sie nicht nur im Fußball ihre Anwendung.

Was aktives Lernen bedeutet, lässt sich am besten verstehen, wenn man es selbst ausprobiert. Sehen Sie sich folgende Liste einige Sekunden lang an und verwenden Sie auf jede der beiden Spalten dieselbe Zeit.

A	**B**
Meer/Brise	*Brot/B_tter*
Blatt/Baum	*Musik/T_xt*
süß/sauer	*Sch_h/Strumpf*
Film/Star	Telefon/H_rer
Benzin/Motor	Chil_/Soße
Schule/Universität	*Bleist_ft/Papier*
Truthahn/Füllung	Fluss/Sch_ff
Obst/Gemüse	*Bi_r/Wein*
Computer/Chip	Fernseher/Rad_o
Sessel/Sofa	*Frühst_ck/Mittagessen*

Legen Sie nun das Buch zur Seite und versuchen Sie, sich an so viele Paare wie möglich zu erinnern. Aus welcher Spalte stammen die meisten der gemerkten Paare?

Bei den meisten Menschen ist der Unterschied erheblich: Sie erinnern sich an eine weit größere Zahl der lückenhaften Paare aus Spalte B. In Experimenten merken sich die meisten Testpersonen dreimal so viele Begriffe aus Spalte B wie aus Spalte A. Es ist, als würde ihr Gedächtnis mit einem Mal geschärft. Wenn es sich um eine Prüfung handeln würde, dann würden Sie in Spalte B um 300 Prozent besser abschneiden.

Aber Ihr Intelligenzquotient ist nicht plötzlich in die Höhe geschnellt, als Sie sich die rechte Spalte angesehen haben, Sie haben sich nicht anders gefühlt, und - so leid es mir tut - Sie sind nicht plötzlich zum Genie geworden. Doch als sie die lückenhaften Begriffe angesehen haben, ist unbemerkt etwas Wichtiges passiert. Sie haben eine Pause gemacht und ein paar Millisekunden lang nachgedacht, und diese paar Millisekunden waren entscheidend. Sie haben sich die rechte Spalte nicht anders angesehen als die linke - Sie haben sie sich nur *aktiver* angesehen.

Nehmen wir ein weiteres Beispiel. Stellen Sie sich vor, Sie treffen auf einer Party eine Bekannte und versuchen verzweifelt, sich an ihren Namen zu erinnern. Wenn Ihnen jemand ihren Namen nennt, ist die Wahrscheinlichkeit ziemlich groß, dass sie ihn gleich wieder vergessen haben. Doch wenn es Ihnen gelingt, sich selbst daran zu erinnern - wenn Sie aktiv werden müssen und nicht einfach nur passiv Information aufnehmen - dann prägen Sie sich diesen Namen ein. Das liegt nicht daran, dass diese Person wichtiger wäre oder dass Sie plötzlich ein besseres Gedächtnis hätten, sondern nur daran, dass Sie selbst aktiver waren.

Oder nehmen wir an, Sie sitzen im Flugzeug und sehen zum x-ten Mal dabei zu, wie die Stewardess mit klaren *Anweisungen das Anlegen der Schwimmweste vorführt.* (»Auf Anweisung der Besatzung ziehen Sie die Schwimmweste über den Kopf, befestigen die Verschlüsse vorn und ziehen die Gurte fest. Erst kurz bevor Sie das Flugzeug verlassen, ziehen Sie an den Auslösegriffen, um die Schwimmweste aufzublasen. Sollte es erforderlich sein, benutzen Sie die Ventile an den Seiten der Weste, um diese aufzublasen.«) Nach einer Stunde Flugzeit gerät die Maschine in Turbulenzen, und der besorgte Kapitän fordert die Passagiere auf, vorsichtshalber die Schwimmwesten anzulegen. Wie schnell wären Sie? Wohin gehören noch mal diese Gurte? Und wie bläst man die Schwimmweste auf?

Stellen Sie sich dagegen vor, Sie sitzen im selben Flugzeug, doch diesmal schauen Sie nicht zu, wie sich jemand anders eine Schwimmweste anlegt, sondern Sie ziehen sie selbst an. Sie legen sich die Weste um und experimentieren selbst mit den Gurten und Ventilen. Eine Stunde nach dem Start gerät die Maschine in Turbulenzen und der Kapitän fordert Sie auf, Ihre Schwimmweste anzulegen. Wie viel schneller wären Sie?

Aktives Lernen basiert auf einem Widerspruch: Wenn wir uns zielgerichtet mit einem Gegenstand auseinandersetzen - und uns dabei das Recht zugestehen, Fehler zu machen und dumm auszusehen - dann werden wir klüger. Anders ausgedrückt, Erfahrungen, die uns dazu zwingen, uns langsam voranzutasten, Fehler zu machen und diese zu korrigieren - so als würden wir einen vereisten Abhang hinaufsteigen und dabei immer wieder straucheln und ausrutschen - machen uns schnell und graziös, ohne dass wir es bemerken.

»Wir stellen uns oft vor, wir müssten eine Leistung vollkommen mühelos hinlegen können, doch so lernen wir nichts«, erklärt Robert Bjork, der Mann, von dem auch die eben genannten Beispiele stammen. Bjork ist Leiter der Psychologischen Fakultät der University of California in Los Angeles und beschäftigt sich seit Jahrzehnten mit dem Gedächtnis und dem Lernen. Er ist ein gut gelaunter Tausendsassa, der wissenschaftliche Statistiken zum Gedächtnisverlust genauso gern erörtert wie die Frage, warum manche Basketballstars (z. B. Shaquille O'Neal) bei Freiwürfen so oft daneben werfen, und was sie dagegen tun können.

»Was anfangs wie ein Hindernis aussieht, kann sich langfristig als positiv herausstellen«, meint Bjork. »Eine tatsächliche Begegnung, und wenn sie nur ein paar Sekunden lang dauert, nützt mehr als hundertmal Zuschauen.« Als Beleg zitiert Bjork ein Experiment des Psychologen Henry Roediger von der Washington University in St. Louis. Studenten sollten einen naturwissenschaftlichen Text studieren und wurden dazu in zwei Gruppen eingeteilt. Gruppe A beschäftigte sich vier Unterrichtsstunden lang mit dem Text. Gruppe B erörterte den Text dagegen nur eine Stunde lang und schrieb in den folgenden drei Stunden Prüfungen. Eine Woche später wurden die beiden Gruppen erneut getestet. Gruppe B erzielte um 50 Prozent bessere Ergebnisse als Gruppe A. Die Studenten hatten nur ein Viertel der Unterrichtszeit auf den Text verwendet und trotzdem mehr gelernt. Bjorks Studentin Catherine Fritz erzählt, sie habe diese Erkenntnis auf ihr Studium angewendet und ihren Notendurchschnitt um eine ganze Note verbessert.

Der Grund, so Bjork, liege in der Anlage des menschlichen Gehirns. »Wir halten unser Gehirn oft für eine Art Tonbandgerät, doch diese Vorstellung ist falsch. Es handelt sich um eine lebendige Struktur, ein nahezu unendlich großes Gerüst. Je mehr Impulse wir erzeugen, indem wir uns einer Schwierigkeit stellen und diese überwinden, umso größer wird dieses Gerüst. Und je größer das Gerüst, umso schneller lernen wir.«

Wenn wir aktiv lernen, setzen wir die geltenden Gesetze außer Kraft. Wir nutzen unsere Zeit effektiver. Ein kleiner Einsatz zeitigt große, dauerhafte Ergebnisse. Wir haben einen Hebel in der Hand, mit dessen Hilfe wir unsere Fehler in Fähigkeiten verwandeln können. Der einzige Trick besteht darin, uns Aufgaben zu suchen, die unsere bisherigen Fähigkeiten ein klein wenig übersteigen und die unseren Bemühungen ein klares Ziel vorgeben. Mit blindem Wollen allein erreichen wir nichts, mit konkretem Strecken sehr wohl.

»Wir müssen unsere eigene Lernzone finden, das heißt, die optimale Differenz zwischen dem, was wir können, und dem, was wir erreichen wollen«, erklärt Bjork. »Wenn wir diese Zone finden, stellt sich ein gewaltiger Lerneffekt ein.«[3]

Aktives Lernen steht im Widerspruch zu unseren gängigen Vorstellungen, und zwar aus zwei Gründen. Erstens widerspricht es unserer Vorstellung dessen, was Talent ausmacht. Unsere Intuition sagt uns, dass Lernen und Talent so sind wie Schleifstein und Messer: Lernen ist zwar wichtig, doch ohne eine solide Klinge sogenannter angeborener Fähigkeiten bleibt es nutzlos. Aktives Lernen eröffnet dagegen eine faszinierende Möglichkeit: Lernen könnte erheblich wichtiger sein als jede angeborene Fähigkeit.

Zweitens erscheint uns aktives Lernen paradox, weil wir plötzlich Dinge auf uns nehmen sollen, die wir gern vermeiden würden – Fehler nämlich –, um diese in Fähigkeiten zu verwandeln. Um zu verstehen, wie aktives Lernen funktioniert, wollen wir uns ansehen, warum Fehler für den Lernprozess so wichtig sind. Beginnen wollen wir mit einem extremen Beispiel: Wie können wir eine Tätigkeit erlernen, bei der jeder Fehler unser letzter sein könnte?

DER SONDERBARE APPARAT DES EDWIN LINK

Im Winter des Jahres 1934 stand US-Präsident Franklin D. Roosevelt vor einem Problem: Die Armeeflieger – vermutlich die am besten ausgebildeten Piloten des Militärs – kamen einer nach dem anderen bei Flugzeugabstürzen ums Leben. Am 23. Februar ertrank ein Pilot vor der Küste von New Jersey, und ein anderer starb, als sich seine Maschine bei der Landung in Texas überschlug. Am 9. März kamen vier weitere Piloten bei Abstürzen in Florida, Ohio und Wyoming ums Leben. Dabei herrschte nicht einmal Krieg. Die Piloten flogen lediglich in der Zeit der Winterstürme die Post aus. Eigentliche Ursache der Abstürze war ein Unternehmensskandal. Eine Untersuchung des Senats hatte Preisabsprachen zwischen den kommerziellen Fluggesellschaften aufgedeckt, die im Auftrag der staatlichen Post den Lufttransport übernahmen. Präsident Roosevelt hatte sofort reagiert und sämtliche Verträge gekündigt. Stattdessen übergab er den Auftrag an die Heeresflieger, deren Generäle froh waren, auf diese Weise die Bereitschaft und den Mut ihrer Piloten unter Beweis zu stellen. (Nebenbei wollten sie dem Präsidenten beweisen, dass die Flieger es verdient hatten, analog zu Heer und Marine eine eigenständige Teilstreitkraft zu werden.) Die Behauptung der Generäle traf zu: Die Piloten waren willens und mutig. Doch während der Winterstürme des Jahres 1934 stürzte einer nach dem anderen ab. Nachdem innerhalb von zwanzig Tagen der neunte Pilot ums Leben gekommen war, rief der Präsident am Morgen des 10. März General Benjamin Foulois, den Oberkommandierenden der Heeresflieger ins Weiße Haus. »General«, sagte er streng, »wann haben diese Luftpost-Opfer ein Ende?«

Das war eine berechtigte Frage, die Roosevelt an das gesamte System der Pilotenausbildung hätte richten können. In den Pioniertagen der Luftfahrt ging man davon aus, dass man die Fliegerei nicht lernen könne, sondern dass man als guter Pilot geboren werde. In den meisten Flugschulen nahm der Ausbilder einen Kandidaten mit ins Flugzeug und flog einige Kurven und Loopings mit ihm. Wem nicht schlecht wurde, der hatte das Zeug zum Piloten und durfte sich nach einigen Wochen Theorie am Boden selbst ans Steuer setzen. Die angehenden Piloten lernten, indem sie auf dem Rollfeld hin- und herfuhren, mit kurzflügeligen Trainingsmaschinen kleine Hopser machten oder einfach einstiegen, losflogen und hofften. Die Ausbildung war nicht sonderlich effektiv. Die Flugschulen der Armee verzeichneten anfangs eine Ausfallrate von 25 Prozent. Allein im Jahr 1912 kamen acht der damals vierzehn Piloten der Armee ums Leben. Nach dem Luftpost-Desaster stellte sich eine dringliche Frage: Gab es nicht bessere Methoden zur Schulung der Piloten?

Die Antwort gab ein Mann, von dem man es am wenigsten erwartet hätte: Edwin Albert Link Jr., Sohn eines Klavier- und Orgelbauers aus Binghamton im Bundesstaat New York, der schon als Kind in der Werkstatt seines Vater gearbeitet hatte. Der schlaksige, adlernasige und störrische Link war von klein auf ein Bastler und Tüftler. Im Alter von sechzehn Jahren entdeckte er seine Liebe zur Fliegerei und bezahlte 50 Dollar für eine Flugstunde bei Sydney Chaplin (einem Halbbruder des Filmstars). »Den größten Teil der Stunde haben wir Loopings gedreht und sind kreuz und quer durch die Gegend gebrummt«, erinnerte sich Link später. »Mir ist zum Glück nicht schlecht geworden, aber ich hatte auch kein einziges Mal die Lenkseile in der Hand gehabt. Ich habe mir nur gedacht, ›Das ist aber eine merkwürdige Art, einem das Fliegen beizubringen‹.«

Links Begeisterung tat das keinen Abbruch. In seiner Freizeit lungerte er auf den Flugplätzen der Gegend herum und schnorrte Übungsstunden. Links Vater hatte nichts für das Hobby seines Sprösslings übrig – als er davon erfuhr, warf er seinen Sohn sogar kurzzeitig aus seinem Betrieb. Doch Link ließ sich nicht beirren und kaufte sich schließlich eine viersitzige Cessna. Außerdem beschäftige sich sein Bastlerhirn die ganze Zeit mit der Frage, wie man die Ausbildung der

Piloten verbessern könnte. Im Jahr 1927, sieben Jahre nach seinem ersten Flug mit Chaplin, machte er sich an die Arbeit. Mit Blasebalgen und Luftpumpen, die er sich aus der Orgelwerkstatt lieh, baute er einen Apparat von der Größe einer Badewanne, in dem er die wichtigsten Teile eines Flugzeugs unterbrachte, inklusive Stummelflügel, Leitwerk, Instrumente und eines Elektromotors, der den Apparat senkte und neigte, wenn der Pilot an den Steuerseilen zog. Machte der Pilot einen Fehler, leuchtete auf der Nase des Geräts ein rotes Lämpchen auf. Link warb für seinen Flugsimulator mit dem Versprechen, man könne Sichtflug genauso lernen wie Instrumentenflug, also die Fähigkeit, allein mithilfe der Anzeigen durch Sturm und Nebel zu fliegen. Die Ausbildung sollte halb so lange dauern wie eine herkömmliche Pilotenschulung und nur einen Bruchteil kosten.

Es wäre falsch zu behaupten, die Fliegerwelt hätte Links Apparat übersehen. Sie sah den Apparat und reagierte mit einhelliger Ablehnung. Niemand schien sich für den Flugsimulator zu interessieren, weder das Militär noch private Flugschulen, und nicht einmal die Hobbyflieger. Wie sollte man denn in einem solchen Spielzeug fliegen lernen können? Keine geringere Autorität als das Patentamt beschrieb den Apparat als »neuartiges und profitables Fahrgeschäft für Rummelplätze«. Und genau dazu schien es verdammt zu sein. Link verkauft fünfzig Apparate an Freizeitparks und Spielhallen und nur zwei an Flugschulen, nämlich den Marineflughafen in Pensacola in Florida und die Flugschule der Nationalgarde von New Jersey in Newark. Anfang der Dreißigerjahre schleppte Link seine Apparate mit Lastwagen von Rummelplatz zu Rummelplatz und verlangte 25 Cent für eine Fahrt. Doch nach dem Luftpost-Desaster des Winters 1934 waren die Generäle der Verzweiflung nahe. Casey Jones, ein routinierter Pilot und Ausbilder, erinnerte sich an Links Apparat und überredete einige Offiziere, ihn sich genauer anzusehen. Anfang März flog Link von seinem Heimatort Cortland im Bundesstaat New York nach Newark, um das Gerät vorzuführen, das er der Nationalgarde zur Verfügung gestellt hatte. Am verabredeten Tag herrschte dichter Nebel, der Wind wehte in heftigen Böen und es regnete in Strömen. Die Sichtweite betrug wenige Meter. Die Offiziere, die inzwischen nur allzu gut wussten, was diese Wetterverhältnisse bedeuten konnten, nahmen an, dass auch ein noch so erfahrener und kühner Pilot wie Link unter diesen Bedingungen nicht starten würde. Sie wollten das Rollfeld gerade verlassen, als sie plötzlich über sich im Nebel ein leises Brummen hörten, das sich langsam herabsenkte. Dann tauchte wenige Meter über dem Boden ein Flugzeug aus dem Nebel auf, setzte sanft auf und rollte auf die verblüfften Generäle zu. Der schlaksige junge Mann, der aus der Maschine stieg, sah zwar nicht aus wie Charles Lindbergh, doch er war genau wie dieser nur mithilfe seiner Instrumente geflogen.

Als Link seinen Flugsimulator vorführte, erkannten die Generäle dessen Potenzial und bestellten. Sieben Jahre später begann der Zweite Weltkrieg, und mit einem Mal mussten Tausende unerfahrene junge Männer so schnell und so sicher wie möglich zu Piloten ausgebildet werden. Die Antwort waren zehntausend von Links Flugsimulatoren. Bei Kriegsende hatten eine halbe Million Piloten Millionen von Stunden in dem Apparat absolviert, den sie liebevoll »Blue Box« nannten.[4] Im Jahr 1947 wurde aus den Heeresfliegern die U. S. Air Force und Link baute Simulatoren für Düsenjäger, Bomber und das Mondlandegerät der Apollo-Mission.

Edwin Links Trainingsgerät funktionierte aus demselben Grund, aus dem Sie sich in Bjorks Gedächtnistest besser an die Lückenwörter erinnern. Es gab den Piloten die Möglichkeit, aktiv zu lernen, anzuhalten, sich mit dem Prozess auseinanderzusetzen, Fehler zu machen und aus diesen zu lernen. Nach wenigen Stunden konnte ein Pilot mithilfe der Instrumente »starten« und »landen«. Er konnte in den Sturzflug gehen, wenden, die Nase hochreißen und stundenlang in dieser Lernzone an der Grenze seiner Fähigkeiten bleiben, wie er es in einem echten Flugzeug nie riskieren könnte. Die Piloten, die in Links Simulator das Fliegen lernten, waren weder mutiger noch intelligenter als die Bruchpiloten. Sie bekamen lediglich die Chance, aktiver zu lernen.

Aktives Lernen erscheint mehr als sinnvoll, wenn es um gefährliche Berufe wie den eines Piloten oder Astronauten geht. Interessant wird es jedoch, wenn wir es auf andere Fähigkeiten übertragen. Wie etwa die Dribbelkünste der brasilianischen Fußballer.

DIE BRASILIANISCHE GEHEIMWAFFE

Wie so viele Fans in aller Welt war Trainer Simon Clifford begeistert von den unvergleichlichen Ballkünsten der brasilianischen Fußballer. Daher beschloss er, nach Brasilien zu fliegen, um herauszufinden, wo sie diese Fähigkeiten hernahmen. Es war ein ehrgeiziges Projekt, zumal für den Trainer einer katholischen Schulmannschaft in der englischen Fußballprovinz Leeds. Clifford ist groß, ausgesprochen gut aussehend und versprüht die Art von Charisma und Selbstsicherheit, wie man sie ansonsten mit Missionaren und Kaisern verbindet. (Mit Anfang zwanzig erlitt Clifford bei einem Fußballspiel eine schwere Verletzung, seine inneren Organe wurden beschädigt, und eine Niere musste entfernt werden - vielleicht erklärt das, warum er jeden Tag mit dieser unbescheidenen Leidenschaft angeht.) Im Sommer 1997, Clifford war damals gerade 26 Jahre alt, lieh er sich 5000 Pfund aus der Kasse der Lehrergewerkschaft und machte sich auf den Weg nach Brasilien, im Rucksack eine Videokamera und ein Notizbuch mit Telefonnummern, die er von einem brasilianischen Spieler in England bekommen hatte.

Tagsüber streifte Clifford durch die pulsierenden Straßen von São Paulo, nachts schlief er in von Ungeziefer wimmelnden Jugendherbergen. Die ganze Zeit machte er sich Notizen. Vieles von dem, was er sah, hatte er erwartet: die Leidenschaft, die Tradition, die bestens organisierten Fußballakademien, die langen Trainingszeiten (in den brasilianischen Fußballakademien trainieren Jugendliche bis zu zwanzig Stunden pro Woche, verglichen mit fünf Stunden in England). Und er sah die Armut der *favelas* und die Verzweiflung in den Augen der Spieler.

Doch Clifford entdeckte noch etwas anderes, das er nicht erwartet hatte: ein merkwürdiges Spiel. Es sah aus wie Fußball in einer Telefonzelle und auf Speed. Der Ball war halb so groß, doppelt so schwer und hüpfte kaum. Die Spieler trainierten nicht auf einem großen Rasenplatz, sondern auf Betonplätzen und in Baulücken, die so groß waren wie ein Basketballfeld. Jede Mannschaft hatte nicht elf, sondern nur fünf oder sechs Spieler. In seiner Geschwindigkeit erinnerte es eher an Basketball oder Eishockey als an Fußball: Es bestand aus einer komplizierten Abfolge von kontrollierten Pässen und ging ununterbrochen von einem Ende des Platzes zum anderen. Das Spiel hieß *futebol de salão*, was so viel bedeutet wie »Zimmerfußball«. Die moderne Variante nennt sich *futsal*.

»Ich sah sofort, dass hier die brasilianischen Fähigkeiten herkommen mussten«, erzählt Clifford. »Es war so, als hätte ich das fehlende Bindeglied gefunden.«

Ein Trainer aus Uruguay hatte Futsal als Trainingsalternative für Regentage erfunden. Die Brasilianer übernahmen das Spiel sofort und legten 1936 die Regeln fest. Das Spiel breitete sich aus wie ein Virus, vor allem in den überfüllten Städten, und nahm bald eine einmalige Position in der brasilianischen Sportkultur ein. Auch andere Nationen spielten Futsal, doch die Brasilianer waren regelrecht besessen, unter anderem, weil es sich überall spielen lässt (was in einem Land, in dem es kaum Grasplätze gibt, ein großer Vorteil ist). Futsal wurde für die brasilianischen Jugendlichen genauso zur Leidenschaft wie Basketball bei den Jugendlichen der amerikanischen Innenstädte. Brasilien dominiert die Sportart nach Belieben und gewann nach Auskunft von Vicente Figueiredos Buch über die Geschichte des Futsal 35 von 38 Weltmeisterschaften. Doch diese Zahl verrät noch nicht, wie viel Zeit und Energie die Brasilianer in dieses hausgemachte Spiel stecken. In seinem Buch *Futebol* beschreibt Alex Bellos Futsal als den »Brutkasten der brasilianischen Seele«.

Das spiegelt sich auch in den Spielerbiografien wider. Angefangen mit Pelé hat fast jeder brasilianische Star als Kind Futsal gespielt, erst auf der Straße und später in den Fußballakademien, die ihre sieben- bis zwölfjährigen Spieler in der Regel an drei Tagen in der Woche Futsal spielen lassen. Ein brasilianischer Spitzenspieler hat mehrere Tausend Stunden Futsal hinter sich. Der legendäre Juninho erzählte beispielsweise, er habe erst im Alter von vierzehn Jahren zum ersten Mal gegen einen richtigen Fußball getreten. Und Robinho spielte bis zum Alter von zwölf Jahren die Hälfte seiner Trainingszeit über Futsal.

Wie ein Winzer, der eine Rebsorte aus dem Wein herausschmeckt, sieht ein Kenner wie Dr. Emilio Miranda, Fußballlehrmeister an der Universität von São Paulo, die Spuren des Futsal in den berühmten brasilianischen Dribbelkünsten. Der *elastico*, den Ronaldinho berühmt gemacht hat und der aussieht, als würde er mit dem Ball Jojo spielen, stammt genauso aus dem Repertoire des Futsal wie der Zehenspitzenkick, mit dem Ronaldo bei der Weltmeisterschaft im Jahr 2002 ein Tor erzielte, oder wie Täuschungsmanöver mit den Namen *d'espero, el barret* und *vaselina*. Als ich Dr. Miranda erzählte, ich hätte immer gedacht, die Brasilianer würden ihre Dribbelkünste beim Strandfußball lernen, lachte er nur. »Die ausländischen Journalisten kommen hierher, machen Fotos und schreiben ihre Geschichten. Aber die großen Spieler kommen nicht vom Strand, sondern vom Futsal.«

Einer der Gründe ist rein mathematischer Natur. Futsalspieler haben erheblich mehr Ballkontakte als reguläre Fußballer. Laut einer Untersuchung der Liverpool University kommen sie pro gespielter Minute sechsmal so häufig an den Ball. Der kleinere, schwerere Ball erfordert eine viel präzisere Technik – wie ein Trainer erklärte, kann man eine schwierige Situation nicht einfach mit einem weiten Befreiungsschlag lösen. Präzises Zuspiel ist das A und O: Das Ziel besteht darin, Lücken und freie Räume zu finden und durch schnelles Kombinationsspiel zum Erfolg zu kommen. Ballbeherrschung und Spielübersicht sind alles, weshalb Futsalspieler auf einem großen Rasenplatz plötzlich das Gefühl haben, sie hätten endlos viel Raum, um ihr Spiel zu entfalten. Als ich mir zusammen mit Dr. Miranda einige Spiele der Profiliga ansah, konnte er mir allein anhand der Ballführung sagen, welche der Spieler vom Futsal kamen. Es war ihnen gleichgültig, wie nah der Gegner herankam. Dr. Miranda fasste es so zusammen: »Keine Zeit plus kein Raum ist gleich bessere Technik. Futsal ist unser nationales Improvisationslabor.«

Der brasilianische Fußball unterscheidet sich vom Fußball im Rest der Welt, weil in Brasilien das sportliche Gegenstück zu Links Flugsimulator zum Einsatz kommt. Futsal komprimiert das Spiel auf engstem Raum und versetzt die Spieler in eine Zone des aktiven Lernens, wo sie Fehler machen und verbessern und immer neue Lösungen zu fußballerischen Problemen ausprobieren können. Wer den Ball sechsmal so oft berührt, lernt schneller als jemand, der in der Weite des holprigen Grasplatzes spielt (wo mich die Spieler an Clarissa erinnern, wenn sie »Die Blaue Donau« herunterdudelt). Futsal ist natürlich nicht der einzige Grund für die Größe des brasilianischen Fußballs. Die anderen oft zitierten Faktoren wie Armut, Leidenschaft und eine vielfältige Bevölkerung spielen ebenfalls eine Rolle. Doch Futsal ist der Hebel, durch den die Kraft dieser Faktoren auf den Fußball übertragen wird.

Als Simon Clifford Futsal sah, wurde er hellwach. Wieder zu Hause, hängte er seinen Lehrerberuf an den Nagel. Im Jahr 1998 gründete er die International Confederation of Futebol de Salão und entwickelte ein Trainingsprogramm für Grund- und Hauptschulkinder, das er Brazilian Soccer School nannte. Basierend auf den Futsaltricks entwickelte er eine Serie von ausgeklügelten Trainingseinheiten. Seine Spieler, die meist aus der Arbeiterstadt Leeds kamen, imitierten schon bald Stars wie Zico und Ronaldinho. Um das richtige Ambiente zu schaffen, legte Clifford während des Trainings Samba auf.

Treten wir einen Schritt zurück, um Cliffords Projekt objektiv zu beurteilen. Er führte ein Experiment durch, um zu sehen, ob sich die Techniken der brasilianischen Talentschmiede mithilfe eines einfachen Spiels auf ein anderes Land übertragen lassen. Er setzte darauf, dass sich mit Futsal die Saat des brasilianischen Zauberfußballs in das verrußte, neblige Leeds übertragen ließ.

Wer in Leeds von Cliffords Projekt hörte, reagierte amüsiert. Die Schule schien zum Totlachen: Dutzende blasser Jungs aus Yorkshire kickten kleine, viel zu schwere Bälle durch die Gegend und lernten zu Sambaklängen exotische Bewegungsabläufe. Doch so lächerlich es wirkte, Clifford sollte Recht behalten.

Vier Jahre später besiegte Cliffords Mannschaft der unter 14-Jährigen erst die schottische, dann die irische U-14-Auswahl. Einer der Jungs aus Leeds, ein Verteidiger namens Micah Richards, steht heute im Kader der englischen Nationalelf. Cliffords Brazilian Soccer School ist heute weltweit in vierzehn Ländern vertreten. Und Clifford ist überzeugt, dass weitere Stars folgen werden.

KAPITEL 2

DIE LERNZELLE

Narren einmal ausgenommen, unterscheiden sich die Menschen nicht so sehr hinsichtlich ihres Intellekts, sondern vielmehr hinsichtlich ihres Ehrgeizes und ihres Fleißes.

Charles Darwin

NATÜRLICHES BREITBAND

Aktives Lernen ist derart wirkungsvoll, dass man es für Zauberei halten könnte. Clarissa beginnt als durchschnittliche Musikschülerin und lernt innerhalb von sechs Minuten das Pensum eines ganzen Monats. Ein unerfahrener Pilot klettert in Links Flugsimulator und steigt wenige Stunden später mit neuen Fähigkeiten wieder aus. Dass zielgerichtetes Arbeiten die Lerngeschwindigkeit verzehnfachen soll, erinnert ein wenig an das Märchen, in dem aus einer Handvoll kleiner Samen eine Bohnenranke in den Himmel wächst. Dabei ist diese Bohnenranke gar kein so schlechter Vergleich für das, was sich in unserem Gehirn abspielt.

Zu Beginn meiner Reise lernte ich eine mikroskopische Substanz namens Myelin kennen.[5]

Myelin lässt nüchterne Neurologen glänzende Augen bekommen und stammeln wie Entdecker, die soeben an einem neuen und unerforschten Kontinent an Land gegangen sind.

Sie tun ihr Bestes, sich so seriös zu geben, wie man das von Neurologen erwartet, doch seit sie Myelin kennengelernt haben, sehen sie die Welt mit anderen Augen.

»Es ist eine irre Sache«, sagt Dr. Douglas Fields, Direktor der Abteilung für Neurobiologische Entwicklung der National Institutes of

Health in Maryland. »Es ist vielleicht noch zu früh, aber es könnte ein richtig großes Ding werden.«

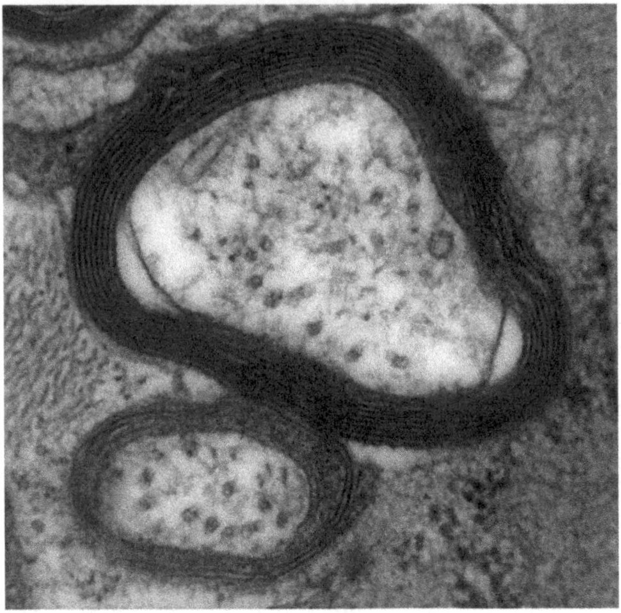

Querschnitt durch zwei Nervenstränge, die mit Myelin umhüllt werden. Die Aufnahme stammt aus einer frühen Phase des Prozesses, in einigen Fällen erreicht die Hülle eine Dicke von fünfzig Schichten. (Verwendung der Elektronenmikrofotografie mit freundlicher Genehmigung von Douglas Fields und Louis Dye, National Institutes of Health.)

»Revolutionär«, verkündet Dr. George Bartzokis, Professor für Neurologie an der University of California in Los Angeles, und erklärte mir, Myelin sei »die Grundlage des Sprechens, Lesens und Lernens und damit der Schlüssel zum Menschsein.« Wie die meisten Menschen war ich bis dahin davon ausgegangen, der Schlüssel zum Lernen und Handeln seien die Neuronen, dieses pulsierende Netz untereinander in Verbindung stehender Nervenzellen und der berühmten Synapsen, über die diese miteinander kommunizieren. Doch Fields, Bartzokis und andere Wissenschaftler klärten mich auf, dass die Neuronen zwar extrem wichtig seien, dass diese neuronenzentrische Sicht jedoch durch eine Art kopernikanische Revolution erschüttert werde. Neue Erkenntnisse haben nämlich gezeigt, dass das unscheinbare Isoliermaterial eine entscheidende Rolle für das Funktionieren unseres Gehirns spielt, vor allem beim Erwerb neuer Fähigkeiten.

Diese neue Einschätzung basiert auf drei einfachen Tatsachen. (1) Jede unserer Bewegungen, jeder Gedanke und jedes Gefühl ist ein exakt getimtes elektrisches Signal, das durch eine Reihe von Neuronen, also einen Schaltkreis von Nervenzellen transportiert wird. (2) Myelin ist das Isoliermaterial, das diese Nervenzellen umhüllt und die Intensität, Geschwindigkeit und Präzision dieses Signals erhöht. (3) Je mehr wir einen bestimmten Schaltkreis benutzen, desto mehr Myelin legt sich um die betreffenden Nervenzellen herum und umso stärker, schneller und präziser werden unsere Bewegungen und Gedanken.

»Neuronen agieren ziemlich schnell. Sie haben ihren eigenen Schalter«, sagt Fields und meint damit die Synapsen.

»Doch das bloße Ein- und Ausschalten hat noch nichts mit Lernen zu tun. Um gut Klavier, Basketball oder Schach spielen zu können, sind eine Menge Zeit und Arbeit nötig. Und hier kommt das Myelin ins Spiel.«

»Was machen Sportler beim Training?«, fragt Bartzokis.

»Sie senden präzise Impulse durch Nervenbahnen, die wiederum das Signal geben, die betreffenden Nervenzellen zu myelinisieren. Durch die vielen Stunden des Trainings haben sie eine präzise Hochgeschwindigkeitsverbindung entwickelt, eine Art Breitband. Das unterscheidet sie von allen anderen Menschen.«

Ich frage Fields, ob Myelin etwas mit dem Phänomen der Talentschmieden zu tun habe. Ohne zu zögern antwortet er:

»Ich würde behaupten, dass die koreanischen Golferinnen im Durchschnitt über mehr Myelin verfügen als die Spielerinnen aus anderen Ländern. Das heißt, mehr an den richtigen Stellen im Gehirn, die für die entscheidenden Muskelgruppen zuständig sind. Das optimiert die entsprechenden Schaltkreise. Auf jede andere Gruppe trifft natürlich Entsprechendes zu.«

»Tiger Woods?«, frage ich.

»Definitiv«, erwidert Fields. »Tiger Woods hat eine Menge Myelin an den richtigen Stellen.«

Wissenschaftler wie Douglas Fields beschäftigen sich mit Myelin, weil sie sich von der Substanz Erkenntnisse über die biologischen Grundlagen des Lernens und der kognitiven Störungen erhoffen. In unserem Fall ist Myelin das Bindeglied zwischen den verschiedenen Talentschmieden und uns. Myelin verhält sich zu unseren Fähigkeiten ungefähr so wie die Plattentektonik zur Geologie oder wie die natürliche Auslese zur Evolution: Es erklärt die Komplexität der Welt mit einem eleganten und einfachen Mechanismus. *Eine Fähigkeit ist eine Myelinschicht, die sich um eine Nervenzelle legt und auf bestimmte Signale hin wächst.*

Als Clarissa »Golden Wedding« einstudierte, aktivierte und optimierte sie einen neuronalen Schaltkreis und sorgte dafür, dass er von Myelin umhüllt wurde - und das alles, ohne es zu bemerken. Als die Piloten in Links Flugsimulator übten, aktivierten und optimierten sie neuronale Schaltkreise - und sorgten dafür, dass sie von Myelin umhüllt wurden. Und als Ronaldinho und Ronaldo Futsal spielten, aktivierten und optimierten sie ihre Schaltkreise öfter und präziser als beim Rasenfußball und sorgten so dafür, dass diese besser von Myelin umhüllt wurden.

Wie jeder wissenschaftliche Durchbruch erschüttert die Erkenntnis der Bedeutung des Myelins ältere Modelle. Nach meinem Besuch bei Fields und anderen Myelinforschern hatte ich das Gefühl, ich hätte mir eine Röntgenbrille aufgesetzt und würde die Welt in völlig neuem Licht sehen. Ich erkannte die Wirkung des Myelins nicht nur in den Talentschmieden, sondern auch in den Klavierübungen meiner Kinder, in der neuen Eishockeybegeisterung meiner Frau und meiner eigenen, fragwürdigen Leidenschaft für Karaoke.[6] Plötzlich hatte ich die angenehme Gewissheit, das Raten und Stochern im Nebel sei zu Ende, und ich hatte eine einfache und überzeugende Erklärung für das Funktionieren des Lernprozesses.

Frage: Warum ist zielgerichtetes und fehlerorientiertes Lernen so effektiv?

Antwort: Weil man einen Schaltkreis am besten entwickelt, indem man ihn betätigt, Fehler beseitigt, ihn wieder betätigt und so weiter. Die Auseinandersetzung ist keine Option, sondern eine biologische Notwendigkeit.

Frage: Warum sind Leidenschaft und Ausdauer entscheidende Voraussetzungen des Talents?

Antwort: Weil es Zeit braucht, bis sich Myelin um einen großen Schaltkreis legt. Wenn uns eine Sache keinen Spaß macht, tun wir nicht genug dafür, um wirklich gut zu werden.

Frage: Wie komme ich am besten zur Philharmonie?

Antwort: Immer die Myelinstraße entlang.

Meine erste Begegnung mit Myelin habe ich in der Abteilung für Neurobiologische Entwicklung der National Institutes of Health. Im Inkubator, der etwa so groß war wie ein kleiner Kühlschrank, stehen Reihen von Petrischalen mit einer rosafarbenen Flüssigkeit. Platinelektroden schicken winzige Impulse an Mäuseneuronen, die von einer schimmernden weißen Substanz bedeckt waren.

»Das ist es«, sagt Fields.

Der 54-jährige Fields ist ein sehniger, dynamischer Mann mit einem breiten Lächeln und einem hüpfenden Gang. Der frühere Meeresbiologe ist heute Leiter eines sechsköpfigen Teams. Die zischenden Kanister, surrenden elektrischen Kisten und sorgfältig aufgerollten Kabel und Schläuche in den sieben Räumen seines Labors erinnern an ein ordentliches und effizient geführtes Schiff. Mit der pragmatischen Art eines Kapitäns schafft es Fields, aufregende Momente ganz alltäglich erscheinen zu lassen. Je aufregender etwas ist, umso langweiliger präsentiert er es. Als er mir zum Beispiel von einer sechstägigen Klettertour in der eintausend Meter hohen Wand des El Capitan im Yosemite-Nationalpark erzählt, die er zwei Jahre zuvor unternommen hatte, frage ich ihn, wie es denn gewesen sei, in dreihundert Meter Höhe an einem Seil hängend zu schlafen. »Ach, das ist gar nicht so anders«, meint Fields mit einer Beiläufigkeit, als würde er mir von einem Ausflug in den Supermarkt erzählen. »Man gewöhnt sich dran.« Nun greift Fields in den Inkubator, holt eine der pinkfarbenen Petrischalen heraus und schiebt sie unter ein Mikroskop. »Schauen Sie mal«, sagt er mit leiser Stimme.

Ich beuge mich über das Mikroskop und erwarte ein Bild wie aus einem Science-Fiction. Stattdessen sehe ich Knäuel von spaghettiähnlichen Fäden. Fields erklärt mir, es handele sich um Nervenzellen. Das Myelin ist schwerer zu sehen, es ist als eine feine, wellige Schicht am Rand der Neuronen erkennbar. Ich blinzele, schaue genauer hin und versuche angestrengt, mir vorzustellen, dass diese Substanz das Bindeglied zwischen Mozart und Michael Jordan ist und mir helfen soll, meinen Golfabschlag zu verbessern.

Zum Glück ist Dr. Fields ein guter Lehrer, und in den Gesprächen der vorangegangenen Tage hat er mir die beiden Prinzipien erklärt, die den Zusammenhang zwischen Myelin und unseren Fähigkeiten erklären. Die Unterhaltungen mit ihm und anderen Neurologen erinnern mich selbst ein wenig ans Bergsteigen: Man kommt gehörig ins Schwitzen, doch am Ende wird man mit einem neuen und weiten Ausblick belohnt. Beginnen wir mit der ersten Erkenntnis der Gehirnforschung: Jede unserer Handlungen ist in Wirklichkeit das Ergebnis der Kommunikation von Nervenzellen im Gehirn. Im Grunde ist unser Gehirn nichts anderes als ein Bündel von Kabeln – 100 Milliarden Kabel namens Neuronen, die über Synapsen miteinander in Verbindung stehen. Wann immer wir etwas tun, schickt unser Gehirn Signale durch diese Nervenbahnen an unsere Muskeln. Wenn wir eine bestimmte Tätigkeit ausüben – wenn wir ein Lied singen, einen Golfschläger schwingen oder diesen Satz lesen –, wird ein ganz bestimmter Schaltkreis in unserem Gehirn aktiv. Selbst an einer im Grunde relativ einfachen Tätigkeit wie etwa dem Rückhandschlag beim Tennis sind Hunderttausende Neuronen und Synapsen beteiligt.

Im Grunde sieht ein solcher Schaltkreis so aus:

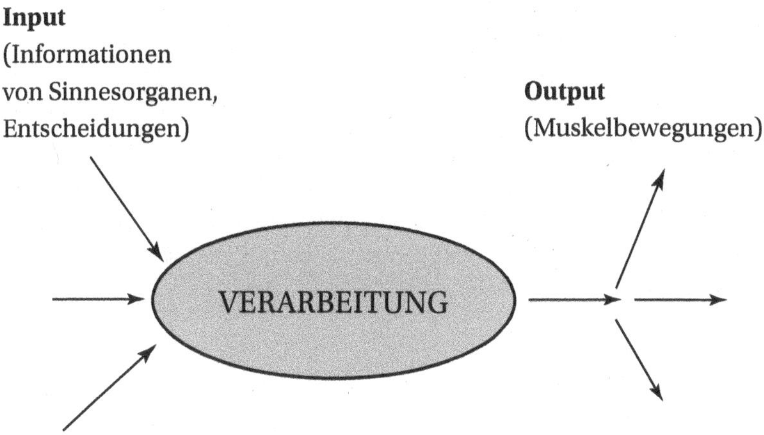

Der Input ist all das, was passiert, ehe wir eine Tätigkeit ausüben: Wir sehen einen Ball, fühlen die Position des Schlägers in unserer Hand und entscheiden uns, einen Schlag auszuführen. Der Output ist die Handlung selbst: der Befehl an die Muskeln, sich in einer bestimmten Abfolge zu bewegen, einen Schritt zu machen, Hüfte und Schulter zu drehen, mit dem Arm auszuholen und zu schlagen.

Wenn Sie einen Rückhandschlag ausführen (einen a-moll-Akkord spielen oder eine Schachfigur auf dem Brett bewegen), wird ein Signal die Nervenbahn entlang geschickt wie ein kleiner Stromstoß, der die anderen Nervenbahnen veranlasst, ebenfalls aktiv zu werden. Nicht unsere gehorsamen Muskeln kontrollieren unsere Bewegungen, Gedanken oder Fähigkeiten, sondern diese Schaltkreise. Im Grunde *ist* der Schaltkreis die Bewegung: Er gibt die Intensität und Abfolge jeder Muskelkontraktion und die Form und den Inhalt jedes Gedanken vor. Ein langsamer, unpräziser Schaltkreis bedeutet eine langsame, unpräzise Bewegung, und ein schneller, präziser Schaltkreis bedeutet eine schnelle, präzise Bewegung. Für sich genommen sind unsere Muskeln und Knochen nicht mehr als Marionetten ohne Fäden. Oder, wie Dr. Fields es ausdrückt, unsere Fähigkeiten existieren nur in unserem Kopf. Damit kommen wir zur zweiten Erkenntnis der Gehirnforschung: Je mehr wir den zu einer bestimmten Fähigkeit gehörigen Schaltkreis entwickeln, umso weniger sind wir uns bewusst, dass wir ihn verwenden. Unsere Fähigkeiten werden automatisch und Teil unseres Unbewussten. Diese Automatisierung erfolgt evolutionsbiologisch aus zwei Gründen: Je mehr Information unser Unbewusstes verarbeiten kann, desto größer die Chance, einem Säbelzahntiger zu entkommen, der hinter einem Busch lauert. Außerdem entsteht eine äußerst überzeugende Illusion: Wenn wir einmal eine bestimmte Fähigkeit erworben haben, fühlt sie sich so natürlich an, als hätten wir sie schon immer besessen.

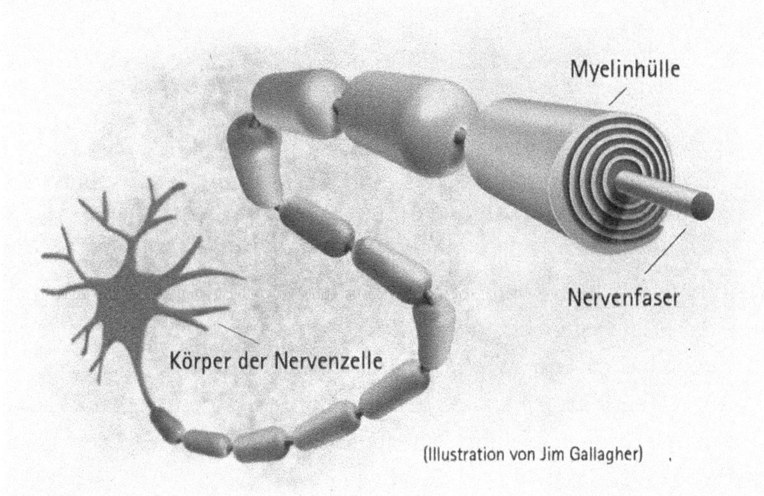

(Illustration von Jim Gallagher)

Diese beiden Erkenntnisse der Gehirnforschung - die Tatsache, dass jede Fähigkeit ein Schaltkreis ist, und die Automatisierung von Fähigkeiten - beinhaltet einen scheinbaren Widerspruch: Einerseits schaffen wir immer neue und immer kompliziertere Schaltkreise, andererseits vergessen wir gleichzeitig, dass wir sie schaffen. Und genau an dieser Stelle kommt das Myelin ins Spiel.

Das Myelin als langweilig zu beschreiben, wäre noch schmeichelhaft. Es sieht geradezu aberwitzig öde aus. Wenn das Gehirn mit seinen Signalfeuerwerken und seinen umherdüsenden elektrischen Impulsen aussieht wie eine fantastische Stadtlandschaft aus einem Science-Fiction, dann spielt das Myelin die bescheidene Rolle des Straßenbelags. Es ist die eintönige und scheinbar leblose Infrastruktur. Das Myelin ist eine sogenannte phospholipide Biomembran und besteht aus einem dichten Fett, das sich wie ein Isolierband um die Nervenzellen herumlegt und verhindert, dass Impulse aus den Zellen austreten.

Dazu bildet es unscheinbare längliche Rollen, die Neurologen gelegentlich als »wurstartig« beschreiben.

Angesichts der scheinbaren funktionellen Überlegenheit der Neuronen nannten die ersten Gehirnforscher ihre Wissenschaft »Neurologie«, obwohl das Myelin und seine Stützzellen, die auch als »weiße Masse« bekannt sind, mehr als die Hälfte unseres Gehirns ausmachen. Ein Jahrhundert lang haben sich Wissenschaftler mit der Erforschung der Neuronen und Synapsen beschäftigt und die scheinbar unwichtige Isoliermasse nur im Zusammenhang mit Multipler Sklerose und anderen, das Myelin zerstörenden Immunkrankheiten untersucht. Die Wissenschaftler hatten nicht ganz Unrecht: In der Tat lassen sich die meisten geistigen Phänomene wie Gedächtnis, Gefühl, Muskelkontrolle, Sinneswahrnehmung und so weiter mithilfe der Synapsen und Neuronen erklären. Doch eine entscheidende Frage lässt sich nicht beantworten: Warum brauchen wir so lange, um komplexe Fähigkeiten zu erlernen? Ein Experiment mit Ratten und Spielzeugautos lieferte erste Hinweise auf die Bedeutung des Myelins. Bill Greenough von der University of Illinois teilte Ratten in drei Gruppen ein und zog jede unterschiedlich auf. In der ersten Gruppe waren die Ratten isoliert und wuchsen einzeln in großen Plastikkisten auf. Die Ratten der zweiten Gruppe wuchsen zusammen auf, jedoch ebenfalls in großen Plastikkisten. Die dritte Gruppe schließlich wuchs zusammen in einer sogenannten »informationsreichen Umgebung« mit Kinderspielzeug auf, mit dem sie instinktiv spielten. Sie lernten sogar, den Hebel für die Ladefläche eines Spielzeuglastwagens zu bedienen. Bei einer Sektion der Rattengehirne fand Greenough heraus, dass die Tiere, die in einer informationsreichen Umgebung aufgewachsen waren, 25 Prozent mehr Synapsen hatten als die anderen. Greenoughs Arbeit leistete einen wichtigen Beitrag zum Verständnis der Plastizität des Gehirns und half bei der Erforschung der sogenannten Entwicklungszeitfenster, während derer sich das Gehirn in Reaktion auf seine Umwelt verändert. Doch in Greenoughs Untersuchung versteckte sich noch eine zweite

Erkenntnis, die seine Kollegen weitgehend ignorierten. In der dritten Gruppe hatte nämlich eine weitere Substanz ebenfalls um 25 Prozent zugenommen: die weiße Masse – und damit das Myelin. »Wir hatten das Myelin einfach übersehen. Jeder meinte, es sei nur ein Nebenprodukt«, erinnerte sich Greenough später. »Aber dann wurde deutlich, dass da etwas Wichtiges passiert war.«

Bis etwa zum Jahr 2000 erhielten Neuronen und Synapsen den Löwenanteil der wissenschaftlichen Aufmerksamkeit. Dann wurde ein neues Messverfahren namens Diffusions-Tensor-Bildgebung entwickelt, das es Neurologen ermöglichte, Myelin an lebenden Organismen zu beobachten. Plötzlich waren Wissenschaftler in der Lage, strukturellen Myelinmangel mit einer Reihe von Störungen wie Legasthenie, Autismus, Aufmerksamkeitsstörungen, posttraumatischen Belastungsstörungen und selbst krankhaftem Lügen in Verbindung zu bringen. Währenddessen beschäftigten sich andere Forscher mit der Frage, welche Rolle Myelin bei normal funktionierenden und hochbegabten Menschen spielen könnte. Es wurden einige faszinierende Untersuchungen durchgeführt. Im Jahr 2005 untersuchte Fredrik Ullén die Gehirne von Konzertpianisten und fand einen direkten Zusammenhang zwischen der Dauer der Spielpraxis und der weißen Masse. Im Jahr 2000 wies Torkel Klingberg einen Zusammenhang zwischen Lesekompetenz und der Zunahme der weißen Gehirnmasse nach, und im Jahr 2006 stellte Jesus Pujol eine ähnliche Verbindung zwischen Vokabular und Myelin her. Im Jahr 2005 untersuchte das Kinderkrankenhaus von Cincinnati 47 gesunde Kinder zwischen fünf und 18 Jahren und erkannte eine Verbindung zwischen dem Intelligenzquotienten und der Dichte und Organisation der weißen Masse.

Andere Wissenschaftler wie Douglas Fields entdeckten den Mechanismus, der für die Myelinzunahme verantwortlich ist. In einem Aufsatz, der im Jahr 2006 in der Fachzeitschrift *Neuron* erschien, beschreibt er, dass Stützzellen namens Oligodendrozyten und Astrozyten auf die Aktivität von Nervenzellen reagieren und die aktiven Zellen mit einer Myelinschicht bedecken. Je mehr Myelin sich um eine Nervenzelle herumlegt, desto schneller transportiert sie ein Signal – bis zu einhundert Mal schneller als eine nicht isolierte Zelle.

Aus den immer zahlreicher werdenden Untersuchungen ergab sich nach und nach ein neues Bild. Myelin ist zwar ein Straßenbelag, aber der besonderen Art. In der riesigen Metropolis unseres Gehirns verwandelt das Myelin in aller Stille schmale Gässchen in breite Hochgeschwindigkeitsautobahnen. Wo der neuronale Verkehr einst mit drei Kilometern pro Stunde dahinbummelte, düst er dank Myelin nun mit einer Geschwindigkeit von dreihundert Kilometern pro Stunde entlang. Die Refraktärphase (einfach ausgedrückt: die Wartezeit, die zwischen einem Signal und dem nächsten nötig ist) reduziert sich auf ein Dreißigstel.

Zusammengenommen ergeben die größere Geschwindigkeit und die verkürzte Refraktärphase eine um den Faktor 3000 verbesserte Informationsverarbeitung - das Ergebnis ist in der Tat Breitbandkapazität. Mehr noch, Myelin ist in der Lage, die Geschwindigkeit zu kontrollieren und ein Signal gegebenenfalls so zu verlangsamen, dass es zum optimalen Zeitpunkt an einer Synapse ankommt. Koordination ist entscheidend, denn Neuronen funktionieren binär: Sie sind entweder aktiv oder inaktiv, dazwischen gibt es nichts. Ob sie aktiv werden, hängt davon ab, ob der ankommende Impuls ausreichend stark ist, um die Aktivierungsschwelle zu überwinden. Zur Erklärung bat mich Dr. Fields, mir einen Schaltkreis vorzustellen, in dem zwei Neuronen zusammen einen Impuls erzeugen müssen, der eine dritte Nervenzelle mit einer hohen Reizschwelle aktiviert - zum Beispiel, um mit einem Golfschläger auszuholen. Jetzt kommt jedoch eine Schwierigkeit: Um den Reiz auszulösen, müssen beide Signale gleichzeitig eintreffen - so wie zwei Kinder, die gemeinsam gegen eine schwere Tür anrennen müssen, um sie zu öffnen. Die maximale Zeitdifferenz beträgt 4 Millisekunden - das ist etwa halb so lang wie der Flügelschlag einer Biene. Kommen die beiden Signale mit größerem zeitlichem Abstand an, bleibt die Tür verschlossen, die dritte Nervenzelle wird nicht aktiviert und der Golfball fliegt ins Gebüsch. »Unser Gehirn besteht aus derart vielen Verbindungen und Möglichkeiten, dass unsere Gene die Neuronen nicht auf ein derart präzises Funktionieren programmieren können«, erklärt Fields.

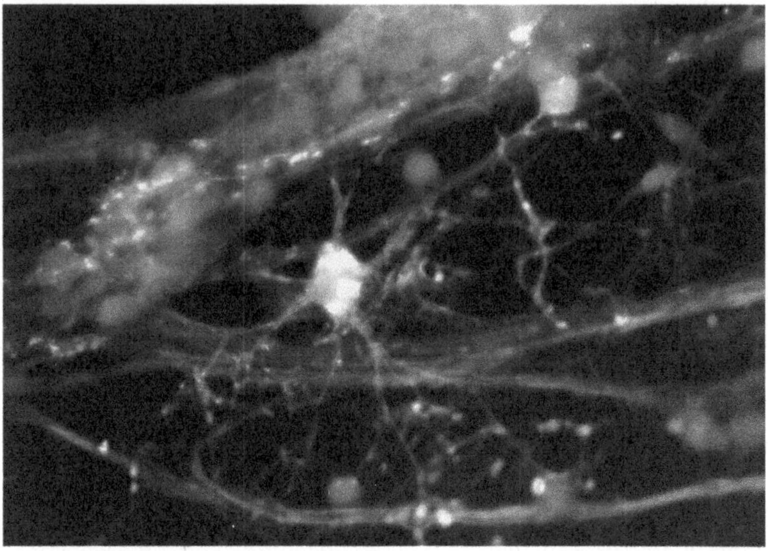

Das – genau hier – ist der Moment des Lernens: Wenn sich die Oligodendrozyten ausstrecken und die Nervenzellen mit Myelin umwickeln. Man könnte auch sagen, dass es sich um die Geburt einer Fähigkeit handelt. (Abbildung mit freundlicher Genehmigung von Douglas Fields, National Institutes of Health.)

»Das übernimmt das Myelin.« Der genaue Mechanismus der Optimierung ist zwar nach wie vor unbekannt, Fields nimmt aber an, dass es sich um einen Feedback-Mechanismus handelt, der den Output registriert, abgleicht und integriert – das ergäbe ein Bild, das so elegant ist, dass es selbst Darwin gefallen hätte. An der Außenwand der Nervenstränge entsteht Myelin, das Myelin kontrolliert die Impulsgeschwindigkeit, und Impulsgeschwindigkeit bedeutet Können. Das Myelin macht die Synapsen zwar nicht unwichtig – im Gegenteil, Fields und seine Kollegen betonen, dass Veränderungen in den Synapsen nach wie vor entscheidend für den Lernprozess sind. Doch das Myelin spielt eine Schlüsselrolle bei der Manifestation dieses Lernprozesses. Fields erklärt: »Signale müssen die richtige Geschwindigkeit haben und zum richtigen Zeitpunkt ankommen. Das Gehirn kontrolliert diese Geschwindigkeit über das Myelin.« Die Myelintheorie, die mir Fields präsentiert, klingt eindrucksvoll. Noch mehr beeindruckt mich jedoch, was er mir als Nächstes vorführt: einen Blick in das lernende Gehirn.

Im Büro eines Kollegen sehen wir uns etwas an, das aussieht wie ein Unterwasserbild aus einem Roman von Jules Verne: leuchtend grüne, krakenartige Formen, die ihre Tentakeln nach schlanken Fasern recken. Diese Kraken, so erklärt mir Fields, sind die Oligodendrozyten, im Laborslang auch Oligos genannt, die das Myelin herstellen. Wird eine Nervenzelle aktiv, reagiert das Oligo, greift nach ihr und beginnt, sie zu umwickeln. Die Tentakel wird immer länger und rollt sich, während das Oligo Zytoplasma hervorquetscht, bis eine zellophanartige Myelinfolie entsteht. Noch immer am Oligo haftend, wickelt sich das Myelin mit unheimlicher Präzision in der charakteristischen Wurstform um die Nervenfaser und schraubt sich dabei wie eine Mutter fest.

»Das ist einer der kompliziertesten und faszinierendsten intrazellularen Prozesse«, meint Fields. »Er ist extrem langsam. Das Myelin kann sich vierzig oder fünfzig Mal um eine Nervenzelle legen, aber das kann Tage und Wochen dauern. Stellen Sie sich vor, dass das erst bei einer Zelle, und dann in einem ganzen Schaltkreis mit Tausenden Zellen passiert. Das ist so, als wollte man das transatlantische Kabel isolieren.[7] Vereinfacht gesagt installieren wir jedes Mal, wenn wir aktiv einen Golfabschlag, einen Gitarrenakkord oder eine Schacheröffnung einstudieren, ganz allmählich eine Breitbandverbindung in unseren Schaltkreisen. Wir senden ein Signal aus, das von den winzigen grünen Kraken wahrgenommen wird. Diese strecken daraufhin ihre Tentakeln nach den Nervenfasern aus, ergreifen sie und legen eine neue Schicht Myelin um sie herum. Die Isolierung wird immer dicker und die Bandbreite und Präzision des Schaltkreises immer größer, was sich in einer winzigen Verbesserung und Beschleunigung der betreffenden Fähigkeit bemerkbar macht. Voraussetzung ist, dass wir uns anstrengen: Damit unser Schaltkreis optimal aktiv wird, müssen wir ihn zunächst suboptimal aktivieren, das heißt, wir müssen Fehler machen und beheben und auf diese Weise unseren Schaltkreis langsam erziehen. Außerdem müssen wir den Schaltkreis immer wieder betätigen – also Üben –, damit das Myelin seine Aufgaben richtig übernimmt. Schließlich handelt es sich um lebendiges Gewebe.

Aus allem, was wir bisher erfahren haben, lassen sich einige fundamentale Prinzipien des Myelins ableiten:

1. **Die Aktivierung des Schaltkreises ist entscheidend.** Myelin reagiert nicht auf fromme Wünsche, vage Vorsätze oder seichte Informationsberieselung. Der Mechanismus ist so angelegt, dass er auf Handlungen reagiert: den tatsächlichen elektrischen Impuls, der durch eine Nervenfaser geschickt wird. Es reagiert auf eindringliche Wiederholung. In einem späteren Kapitel erörtere ich den evolutionären Hintergrund, doch an dieser Stelle genügt es festzuhalten, dass aktives Lernen möglich wird, wenn wir aufmerksam, hungrig, konzentriert und vielleicht sogar verzweifelt sind.
2. **Myelin ist universell einsetzbar.** Es fördert alle Fähigkeiten gleichermaßen. Myelin »weiß« nicht, ob es benötigt wird, um Schusser oder Schubert zu spielen. Egal, wie es verwendet wird, es gehorcht immer denselben Regeln. Wenn Sie nach China ziehen würden, dann würde es Nervenfasern umhüllen, mit deren Hilfe sie chinesische Verben konjugieren. Anders gesagt ist es dem Myelin egal, wer sie *sind* – es interessiert sich nur für das, was sie *tun.*
3. **Myelin baut sich auf, nicht ab.** Wie eine Teermaschine schafft der Prozess der Myelinisierung neuen Belag, aber er entfernt ihn nicht wieder. Ist ein bestimmter Schaltkreis ausreichend isoliert, lässt er sich nur durch Krankheit oder Alter wieder entisolieren. Daher fällt es uns so schwer, Gewohnheiten abzulegen. Sie lassen sich nur verändern, wenn wir stattdessen neue Gewohnheiten entwickeln, indem wir neue Verhaltensweisen einüben.
4. **Das Alter spielt eine Rolle.** Bei Kindern findet die Myelinproduktion in Wellen statt, die teils genetisch bedingt sind, teils durch bestimmte Aktivitäten ausgelöst werden. Diese Wellen halten bis über das dreißigste Lebensjahr hinaus an und schaffen Zeitfenster, in denen wir besonders offen für das Erlernen neuer Fähigkeiten sind. Die Myelinmenge nimmt noch bis zum fünfzigsten Lebensjahr zu, danach setzt allmählich ein Verlust ein. Allerdings sind wir bis an unser Lebensende in der Lage, Myelin zu produzieren: 5 Prozent der Oligos bleiben unentwickelt und stehen im Bedarfsfall bereit. Wer allerdings versucht hat, in fortgeschrittenem Alter ein Instrument oder eine Fremdsprache zu lernen, der

> weiß, dass erheblich mehr Schweiß erforderlich ist, um die entsprechenden Schaltkreise zu entwickeln. Daher entwickelt sich die Mehrheit der Experten von Weltrang bereits in jungen Jahren. Ihre Gene bleiben dieselben, doch ihre Fähigkeit zur Myelinproduktion verändert sich.

Einerseits klingt die Myelinforschung nach einem aufregenden neuen Zweig der Neurowissenschaften. Andererseits ähnelt das Myelin einem anderen, wohlbekannten Mechanismus, den wir jeden Tag verwenden: unseren Muskeln. Wenn wir unsere Muskeln jeden Tag gebrauchen, um beispielsweise schwere Gegenstände zu tragen, die wir kaum heben können, dann werden die entsprechenden Muskeln gekräftigt. Und wenn wir unser Gehirn betätigen, indem wir in einem aktiven Lernprozess schwierige Aufgaben lösen, die wir kaum bewältigen können, werden die beteiligten Schaltkreise schneller und präziser.

Unsere Erkenntnisse über die Muskelbildung haben sich im Laufe der Zeit verändert. Bis in die Siebzigerjahre lief kaum jemand Marathon oder betrieb Bodybuilding. Sportler, die in diesen Disziplinen erfolgreich waren, galten als Ausnahmetalente. Diese Ansicht änderte sich, als Wissenschaftler herausfanden, wie unser Herz-Kreislauf-System tatsächlich funktioniert, dass wir seine Funktion durch gezieltes Training unseres aeroben und anaeroben Systems verbessern können, und dass wir Herz und Muskeln durch Aktivitäten an unserer Belastbarkeitsgrenze stärken können, indem wir etwa jeden Tag ein etwas schwereres Gewicht heben oder jeden Tag ein paar Meter weiter laufen. Es stellte sich heraus, dass ganz normale Menschen dank dieses Mechanismus allmählich zu Marathonläufern und Bodybuildern werden können.

Die Vorstellung, dass sich unsere Fähigkeiten so ähnlich verhalten sollen wie ein Muskel, erfordert einiges Umdenken - einen neuen Schaltkreis im Gehirn, wenn Sie so wollen. In den anderthalb Jahrhunderten seit Darwin haben wir gelernt, Talent als etwas zu verstehen, dass durch das Zusammenspiel von Genen und Umwelteinwirkungen beziehungsweise Natur und Erziehung zustande kommt. Wir haben gelernt, dass Gene einmalige Gaben verleihen, dass uns die Umwelt einmalige Möglichkeiten eröffnet, diese Gaben zum Ausdruck zu bringen, und dass die beiden zusammengenommen ein Talent erzeugen, genau wie eine Zahlenkombination auf dem Lottoschein sechs Richtige ergibt - oder eben nicht. Dass sich ein armes Land wie Brasilien zu einer fußballerischen Talentschmiede entwickeln kann, haben wir der Tatsache zugeschrieben, dass Underdogs härter trainieren und erfolgshungriger sind (obwohl es natürlich in aller Welt Menschen gibt, die davon träumen, der Armut mithilfe des Fußballs zu entkommen). Das neue Modell hilft uns zu verstehen, dass diese Menschen nicht nur mehr tun, sondern dass sie auch das Richtige tun - indem sie aktiver lernen und sich mehr Myelin erarbeiten. Bei genauerem Hinsehen handelt es sich bei diesen Talentschmieden keineswegs um Underdogs. Wie der biblische David haben sie lediglich den richtigen Hebel gegen Goliath gefunden.

ERICSSONS ARCHE

Die Myelinforschung steckt heute noch in den Kinderschuhen. Nach Aussagen eines Neurologen hätten vor wenigen Jahren noch sämtliche Myelinforscher der Welt bequem in einem Restaurant Platz gefunden. »Unsere Kenntnisse über Myelin beschränken sich auf vielleicht 2 Prozent dessen, was wir über Synapsen wissen«, meint Douglas Fields. »Wir betreten völliges Neuland.«

Was nicht heißt, dass die Myelinforscher das gewaltige Potenzial ihres Gebiets verkennen würden oder dass das neue Modell nicht schon heute großen Einfluss auf unsere Sichtweise ausübt. Es heißt nur, dass umfassendere Untersuchungen erforderlich sind, um das Verhältnis von Myelin und unseren Lernprozessen beziehungsweise Fähigkeiten zu erforschen. Das ist eine gewaltige Aufgabe. Die perfekte Myelinstudie müsste wahrhaft biblische Ausmaße annehmen und alle nur erdenklichen menschlichen Fähigkeiten in allen erdenklichen Umgebungen untersuchen. Es wäre eine Art Noah nötig, der besessen genug ist, jede mögliche Fähigkeit zu beobachten und zu messen, und dann sämtliche Sportler, Künstler oder Musiker auf seiner Arche zu einer riesigen Studie zu versammeln. In den Ohren der Myelinforscher, die heute mit Petrischalen experimentieren, klingt eine solche Untersuchung romantisch, unwiderstehlich und vollkommen unrealistisch. Wer wäre denn verrückt genug, ein Projekt wie dieses anzugehen?

An dieser Stelle betritt Anders Ericsson die Bühne. Ericsson wurde 1947 im Norden der schwedischen Hauptstadt Stockholm geboren. Als Junge schwärmte er für berühmte Entdecker, allen voran Sven Anders Hedin, eine Art Indiana Jones des 19. Jahrhunderts. Hedin war eine unwiderstehliche Gestalt: ein genialer Sprachwissenschaftler, Archäologe, Paläontologe, Künstler und Geograf, der die Mongolei, Tibet und die Himalaja-Region bereist, dem Tod immer wieder ein Schnippchen geschlagen und einige Bestseller geschrieben hatte. In seinem kleinen Zimmer in einem Stockholmer Vorort verschlang Ericsson die Bücher Hedins und träumte davon, selbst Welten zu entdecken und zu erforschen.

Als er älter wurde, musste er jedoch erkennen, dass sein Traum nicht einfach zu verwirklichen sein würde. Die Welt war erforscht, die weißen Flecken waren von der Landkarte verschwunden. Und anders als sein Vorbild Hedin schien Ericsson für nichts ein ausgesprochenes Talent zu besitzen. Er war zwar gut in Mathematik, aber Sport, Fremdsprachen, Biologie oder Musik lagen ihm nicht. Im Alter von fünfzehn Jahren entdeckte er, dass er gut Schach spielte: Er spielte in den Pausen in der Schule gegen seine Mitschüler und gewann regelmäßig. Einige Wochen lang schien es, als läge hier sein Talent. Dann wurde jedoch einer seiner Klassenkameraden – einer der schlechtesten Schachspieler der Gruppe – mit einem Mal immer besser und besiegte Ericsson in jeder Partie. Ericsson war sauer.

Aber er war auch neugierig. »Ich habe viel darüber nachgedacht«, erinnert er sich. »Was war da passiert? Wie konnte dieser Junge, den ich eben noch mit links besiegt hatte, mich plötzlich genauso mit links schlagen? Ich wusste, dass er in einem Schachclub war und trainierte, aber was war da wirklich passiert? Von da an habe ich mich bewusst bemüht, nichts wirklich zu beherrschen. Es hat mich mehr interessiert, wie andere Leute zu Experten werden, als selber einer zu werden.«

Mitte der Siebzigerjahre nahm Ericsson ein Psychologiestudium am Königlich Technischen Institut auf. Damals befand sich die Psychologie in einer Übergangsphase und war in zwei Lager gespalten: Auf der einen Seite standen die Freudianer mit ihrem gespenstischen Aufgebot unbewusster Triebe und auf der anderen die eisigen Behavioristen, die mentale Prozesse für unerforschbar erklärten und den Menschen daher als Ansammlung mathematischer In- und Outputs behandelten. Doch die Disziplin war im Umbruch. An den Universitäten in England und den Vereinigten Staaten begann die kognitive Revolution. Diese neue Bewegung, die von einer bunten Gruppe von Psychologen, Neurowissenschaftlern und Forschern der künstlichen Intelligenz vorangetragen wurde, erklärte, der menschliche Geist sei weder unerforschbar noch werde er von mysteriösen Trieben beherrscht, sondern funktioniere eher wie ein von der Evolution entwickelter Computer. Schweden erlebte damals ein goldenes Zeitalter in Sport und Unterhaltung: Ein schlaksiger Nobody namens Björn Borg gewann das Tennisturnier von Wimbledon, Ingmar Bergman war einer der großen Namen des Films, Ingemar Stenmark beherrschte die Skiabfahrt und ABBA eroberte die Popmusik. Für Ericsson fügte sich das alles zu einem Bild zusammen und gab ihm das, was er gesucht hatte: zu erforschendes Neuland. Was war Talent? Worin unterscheiden sich erfolgreiche Menschen von anderen? Woher kommt Erfolg?

»Ich war auf der Suche nach einem Gebiet, auf dem ich mich frei entfalten konnte«, erinnert er sich. »Ich wollte wissen, wie Menschen große Leistungen vollbringen, und damals war man der Ansicht, diese Frage liege jenseits der Wissenschaft.«

Im Jahr 1976 schrieb Ericsson seine Dissertation über den Nutzen der Selbstbeschreibungen von Menschen – vor allem Aussagen über ihre inneren Zustände – bei der Erklärung ihrer Leistungen. Seine Arbeit weckte das Interesse des Psychologen und Wirtschaftswissenschaftlers Herbert Simon, einer der Pioniere der kognitiven Revolution, der später den Wirtschaftsnobelpreis für seine Arbeiten zur Entscheidungsfindung erhalten sollte. Simon lud Ericsson in die Vereinigten Staaten ein, und schon 1977 erforschten die beiden an der Carnegie

Mellon University in Pittsburgh gemeinsam grundlegende Fragen der menschlichen Problemlösung.

Mit seiner ersten Arbeit stellte Ericsson einen der geheiligten Grundsätze der Psychologie auf den Prüfstand: die Vorstellung, das Kurzzeitgedächtnis sei eine angeborene, feste und klar begrenzte Größe. In einem berühmten Aufsatz aus dem Jahr 1956 hatte der Psychologe George Miller behauptet, wir könnten uns im Durchschnitt nur sieben Ziffern merken. Das galt als unumstößliche Tatsache und veranlasste die staatliche Telefongesellschaft der Vereinigten Staaten, sich für siebenstellige Telefonnummern zu entscheiden. Diese Kapazitätsgrenze galt als genauso unveränderlich wie unsere Schuhgröße. Ericsson entwickelte ein einfaches Experiment, um diese Behauptung zu überprüfen. Er brachte Testpersonen bei, ihr Kurzzeitgedächtnis für Zahlenfolgen zu erweitern, indem er ihnen im Sekundenabstand immer neue Ziffern vorlegte. Für die Wissenschaftsgemeinde war das so, als wolle er seinen Probanden beibringen, ihre Füße wachsen zu lassen. Das Kurzzeitgedächtnis galt als Teil der unveränderlichen Hardware. Sieben Ziffern waren die Obergrenze, da gab es nichts zu rütteln.

Als sich eine von Ericssons Testpersonen eine achtzigstellige Ziffer merken konnte, war die Wissenschaftsgemeinde verblüfft. Als eine zweite sogar über einhundert Stellen erreichte, schien sich Millers Schallmauer in Luft aufgelöst zu haben. »Die Leute waren sprachlos«, erinnert sich Ericsson.

»Sie konnten nicht glauben, dass es keine allgemein gültige Obergrenze gab. Aber genau so war es.« Ericsson zeigte, dass die herkömmliche Vorstellung des Kurzzeitgedächtnisses falsch war. Seine Kapazität verhält sich keineswegs wie eine feste Schuhgröße, sondern lässt sich durch Übung erweitern. In diesem Moment hatte Ericsson ein Aha-Erlebnis: Dies war das unbekannte Territorium, das eines Entdeckers wie Sven Hedin würdig war. Wenn das Kurzzeitgedächtnis keine Obergrenze hatte, was war dann noch fest? Menschliche Fähigkeiten waren doch nichts anderes als eine Form des Gedächtnisses. Wenn eine Weltklasseskiläuferin den Abhang hinuntersaust, benutzt sie Gedächtnisstrukturen, die ihren Muskeln sagen, was sie wann zu tun haben. Auch ein professioneller Cellist griff auf solche Gedächtnisstrukturen zurück. Konnte nicht allen diesen Fähigkeiten derselbe Trainingseffekt zugrunde liegen?

»Nach der damals vorherrschenden Meinung gab die Hardware die Obergrenze vor«, erinnert sich Ericsson. »Aber wenn wir in der Lage sind, durch Training unsere Leistungsgrenzen zu erweitern, dann ist das etwas völlig anderes. Es handelt sich um ein lebendiges System, nicht um einen Computer. Es kann sich selbst erschaffen.«

Damit begann Ericssons inzwischen dreißigjährige Reise durch die Welt des Talents. Er erforschte alle Formen erlernter Fähigkeiten und untersuchte Krankenschwestern, Turner, Violinisten, Dartspieler, Sekretärinnen, Scrabblespieler und Offiziere von Spezialeinheiten. Er nahm zwar keine Myelinmessungen vor (er ist schließlich Psychologe, nicht Neurologe, und außerdem war damals das Verfahren der Diffusions-Tensor-Bildgebung noch nicht erfunden). Doch er untersuchte einen anderen, ebenso wichtigen Aspekt der Talententwicklung: Er maß den Lernprozess, insbesondere dessen Qualität und Dauer.

Mit einigen Kollegen veröffentlichte er eine bemerkenswerte Sammlung von Büchern (zuletzt das *Cambridge Handbook of Expertise and Expert Performance*). Kernaussage ist eine nadelöhrartige Statistik: Ganz gleich, um welches Gebiet es sich handelt – es sind zehntausend Stunden Übungspraxis erforderlich, um zum Experten zu werden. Ericsson spricht von »zielgerichtetem Lernen« und definiert dies als Arbeit an einer bestimmten Fähigkeit unter konstanter Einbeziehung von kritischem Feedback und bewusster Korrektur von Schwächen. (Für unsere Zwecke ist Ericssons »zielgerichtetes Lernen« dasselbe wie unser »aktives Lernen«. Da Ericsson Psychologe ist, bezieht sich sein Begriff nicht auf die Myelinbildung im Gehirn, sondern auf einen Bewusstseinszustand. Der Vollständigkeit halber sei jedoch erwähnt, dass ihm die Vorstellung gefällt. »Ich finde den Zusammenhang zwischen Myelin und dem Lernprozess hochinteressant«, sagte er mir im Gespräch.)

In Zusammenarbeit mit Wissenschaftlern wie Herbert Simon und Bill Chase bestätigte er die berühmte Zehn-Jahres-Regel, die auf das Jahr 1899 zurückgeht und besagt, dass zehn Jahre Arbeit erforderlich sind, um ein Gebiet vollständig zu beherrschen. (Selbst Bobby Fischer, das Wunderkind der Schachwelt, musste neun Jahre lang hart arbeiten, ehe er im Alter von siebzehn Jahren Großmeister wurde.) Diese Daumenregel wird oft verwendet, um zu entscheiden, in welchem Alter man mit welcher Disziplin beginnen sollte: Da Frauen im Tennis ihre Höchstleistung im Alter von siebzehn Jahren erreichen, sollten Mädchen ab einem Alter von sieben Jahren an den Sport herangeführt werden. Da sich Männer etwas langsamer entwickeln, reicht es, wenn Jungen im Alter von etwa neun Jahren mit dem Tennis anfangen. Doch die Zehn-Jahres- beziehungsweise Zehntausend-Stunden-Regel bedeutet noch sehr viel mehr: Erstens werden sämtliche unserer Fähigkeiten grundsätzlich nach demselben Prinzip angelegt, und zweitens hat dieser Prozess körperliche Grenzen, die offenbar auf alle Menschen gleichermaßen zutreffen. Ericssons Entdeckungen provozieren instinktiven Widerspruch: Was ist mit den Genies? Was ist beispielsweise mit dem jungen Mozart, der aus dem Gedächtnis ganze Musikstücke Note für Note niederschreiben konnte, nachdem er sie nur ein einziges Mal gehört hatte? Was ist mit den Inselbegabten, die sich an ein Klavier setzen oder Rubiks Zauberwürfel in die Hand nehmen und auf Anhieb brillante Leistungen vollbringen? Ericsson und seine Kollegen beantworten diese Einwände mit Zahlen. In seinem Buch *Genius Explained* schätzt Michael Howe von der Exeter University, dass Mozart im Alter von sechs Jahren bereits 3500 Unterrichtsstunden bei seinem Vater absolviert hatte – das macht sein musikalisches Gedächtnis nicht weniger eindrucksvoll, doch es bietet eine Erklärung dafür. Inselbegabte brillieren in der Regel in stark eingeschränkten Disziplinen mit eindeutigen, logischen Regeln (in Mathematik und am Klavier, aber nicht mit der Jazzklarinette). Außerdem verfügen Inselbegabte in der Regel über eine Menge Übung, weil sie beispielsweise zu Hause viel Musik hören. Das wahre Talent der Genies besteht nach Meinung der Wissenschaftler in der Fähigkeit, mit großem Einsatz aktiv zu lernen, auch wenn es nicht unbedingt so aussieht, als würden sie lernen. Ericsson bringt es auf den Punkt, wenn er sagt: »Genies haben keinen Zelltyp, den wir anderen Menschen nicht auch hätten.« Trotzdem gibt es vermutlich einen winzigen Anteil der Bevölkerung, der von dem angeborenen Drang besessen ist, immer besser zu werden – einen Drang, den die Psychologin Ellen Winner als »Perfektionswut« bezeichnet. Doch diese hochmotivierten Aktivlerner sind selten und leicht zu erkennen. (Eine Daumenregel: Wenn Sie fragen müssen, ob Ihr Kind zu dieser Gruppe gehört, dann tut es das nicht.)

Aus der Kombination von Ericssons Erkenntnissen und der jüngsten Erkenntnisse zum Myelin lässt sich eine Art Universalgesetz des Lernens ableiten, das sich auf folgende prägnante Formel bringen lässt: *Aktives Lernen x 10000 Stunden = Weltklasse-Fähigkeit(en).* Dieses Gesetz gibt uns ein Instrument an die Hand, mit dessen Hilfe wir den Geheimnissen des Talents auf die Spur kommen können, auch wenn das wahre Leben komplizierter als eine einfache Formel ist. Wenn wir den gemeinsamen Lerngesetzen in scheinbar vollkommen unterschiedlichen Welten auf die Spur kommen, stellen sich mit einem Mal merkwürdige Fragen. Zum Beispiel: Was haben Romanautorinnen mit Skateboardfahrern gemeinsam?

KAPITEL 3

DIE BRONTËS, DIE Z-BOYS UND DIE RENAISSANCE

Tugend ist ein Habitus.

Aristoteles

DIE MÄDCHEN, DIE AUS DEM NICHTS KAMEN

In der westlichen Kultur erzählen wir uns immer wieder dieselben Geschichten über Genies. Aus dem Nichts taucht plötzlich ein junger Mensch auf, der unsere alltäglichen Vorstellungen sprengt. Er verfügt über eine mysteriöse Begabung für Kunst, Mathematik, Baseball oder Physik, und dank dieser Begabung verändert er sein Leben und das Leben der Menschen in seiner Umwelt.[8]

Von allen bekannten Geschichten über jugendliche Talente ist die der drei Brontë-Schwestern vermutlich am schwersten zu überbieten. Der Mythos geht auf Elizabeth Gaskell und ihre Biografie *Das Leben der Charlotte Brontë* aus dem Jahr 1857 zurück und liest sich ungefähr so: In einem Dorf namens Haworth in den fernen Mooren von West Yorkshire lebten einst in einer zugigen Pfarrei drei Schwestern namens Charlotte, Emily und Anne. Ihre Mutter war verstorben, und ihr Vater, der Dorfpfarrer, war ein eisiger Tyrann. Diese drei Mädchen schrieben wunderbare Romane und starben in der Blüte ihrer Jugend. In Gaskells Biografie las sich die Geschichte der drei Mädchen wie ein tragisches Märchen. Das Märchenhafteste war, dass sie mit *Jane Eyre, Sturmhöhe, Agnes Grey* und *Die Herrin von Wildfell Hall* einige der bedeutendsten Romane der englischen Literatur schrieben. Der Beleg für ihre göttliche Gabe war laut Gaskell eine Reihe kleiner Bücher, die die Brontës als Kinder geschrieben und in denen sie fantastische Geschichten über die imaginären Königreiche Glasstown, Angria und Gondal erfunden hatten.

Gaskell schrieb: »Man vertraute mir ein wunderbares Päckchen an, das auf engstem Raum schier unvorstellbare Mengen an Manuskripten enthielt: Geschichten, Theaterstücke, Gedichte, Romanzen, vor allem von Charlotte, und in einer so winzigen Handschrift gehalten, dass sie ohne Lupe kaum zu entziffern waren ... Wenn sie ihrer Schöpferkraft freien Lauf lässt, überschlagen sich ihre Fantasie und ihre Sprache bis fast zum Delirium.«

Geheimnisvolle Büchlein, geniale Schöpferkraft, überirdisch begabte Kinder – das war starker viktorianischer Tobak. Mit ihrer Biografie schuf Gaskell die Vorlage, der spätere Brontë-Biografen in Ermangelung von Originaldokumenten treu blieben. Gaskells Geschichte bot Stoff für Filme, Theaterstücke und moralische Fabeln. Sie hat nur einen winzigen Haken: Sie ist falsch. Die wahre Geschichte der Brontës ist sehr viel spannender.

Die Wahrheit über die Brontës wurde von Juliet Barker entdeckt, einer Literaturhistorikerin der Universität Oxford, die sechs Jahre lang das Brontë-Museum in Haworth leitete.

Sie durchforstete Quellen in Yorkshire und ganz Europa und trug Berge von bis dahin weitgehend unbeachtetem Material zusammen. Im Jahr 1994 veröffentliche sie eine mehr als tausendseitige Biografie mit dem Titel *The Brontës*, mit der sie dem Gaskell-Mythos ein für alle mal den Garaus machte. In ihrer Biografie zeichnet Barker ein vollkommen neues Bild. Haworth war alles andere als ein verlorenes Dorf in den Mooren, sondern eine geschäftige Kleinstadt. Das Zuhause der Brontës war weitaus anregender als von Gaskell geschildert, die Mädchen hatten Bücher, aktuelle Zeitschriften und Spielsachen zur Verfügung, und ihr Vater war kein Tyrann, sondern ein toleranter Mann. Am gründlichsten räumt Barker aber mit dem Mythos auf, die Brontës seien als Romanautorinnen Naturgenies gewesen. Sie zeigt, dass die berühmten Büchlein nicht nur dilettantisch waren – das würde nicht weiter überraschen, schließlich waren die Autorinnen Kinder –, sondern dass sie keinerlei Hinweis auf das spätere Genie der Brontë-Schwestern enthielten. Es handelte sich keineswegs um originelle Schöpfungen, sondern um schlichte Imitationen von Magazinartikeln und Romanen der Zeit, die drei Mädchen und ihr Bruder Branwell kopierten exotische Abenteuererzählungen und Romanzen, ahmten bekannte Autoren nach und bedienten sich bei deren Figuren und Geschichten.

Barkers Analyse der Büchlein machte zwei Dinge klar: Erstens produzierten die Mädchen eine große Vielfalt an Material - in fünfzehn Monaten füllten sie immerhin 22 Kladden von durchschnittlich 80 Seiten. Und zweitens waren ihre Texte zwar komplex und fantasievoll, doch sie waren alles andere als gut.[9] Barker schreibt: »Biografen übersehen die improvisierte Qualität der Texte, die entsetzliche Rechtschreibung und die nicht-existente Zeichensetzung genauso wie die zumeist unreifen Gedanken und Darstellungen. Diese Schwächen schmälern keineswegs die Leistung der Mädchen, die in derart jungen Jahren eine solche Menge an Texten produzierten, doch sie verdeutlichen, dass die Brontës alles andere waren als geborene Romanautorinnen.«

Unser Begriff des aktiven Lernens ermöglicht uns, das Phänomen der Brontës besser zu verstehen. Die Ungelenkheit ihrer frühen Texte steht keineswegs im Widerspruch zur späteren Qualität ihrer Romane - im Gegenteil, sie ist eine Voraussetzung. Die drei Schwestern wurden keine großen Autorinnen, *obwohl* sie mit unreifen Imitationen begannen, sondern gerade *weil* sie viel Zeit und Energie auf ihre unreifen Spielereien verwendeten und im geschützten Raum ihrer Büchlein Myelin bildeten. Ihre Kindheitstexte sind eine Form des kollaborativen, aktiven Lernens, mit deren Hilfe sie ihre Erzählmuskeln trainierten. Oder wie es Michael Howe in *Genius Explained* beschreibt: »Die Tatsache, dass es sich bei den kreativen Ausflügen in eine erfundene Welt um eine gemeinsame Aktivität handelte, trug enorm zum Spaß der Autorinnen bei. Es war ein wunderbares Spiel, in dem jede der Teilnehmerinnen die neuesten Geschichten ihrer Schwestern begierig las und darauf reagierte.«

Ein Buch zu schreiben, und sei es noch so kurz, ist nichts anderes als eine Art Spiel. Regeln wollen aufgestellt und eingehalten, Figuren erfunden, Landschaften beschrieben und Handlungsstränge entwickelt werden. Jede dieser Aktivitäten lässt sich als eigenständige Handlung begreifen, als Aktivierung eines Schaltkreises, der mit anderen Schaltkreisen in Verbindung steht. Die Büchlein, die sich der väterlichen Kontrolle entziehen und ohne jeden Druck von außen geschrieben werden, funktionieren ähnlich wie ein Flugsimulator: Sie sind ein Ort, an dem die Brontë-Schwestern millionenfach ihre Schaltkreise betätigen, Tausende schriftstellerische Knoten schürzen und lösen und Hunderte Texte verfassen konnten, die vom künstlerischen Standpunkt aus vollkommen dilettantisch waren, die sie jedoch glücklich machten und ihnen ermöglichten, ihre schriftstellerischen Fähigkeiten zu entwickeln. *Eine Fähigkeit ist eine Myelinschicht, die sich um einen Schaltkreis legt und auf bestimmte Signale hin wächst.* Als Emily Brontës Roman *Wuthering Heights* im Jahr 1847 veröffentlicht wurde, staunten die Rezensenten über die Originalität der Autorin. In der Hand hielten sie ein komplexes Meisterwerk über den Furcht einflößenden und faszinierenden Außenseiter Heathcliff, dessen einzig sympathischer Zug in seiner Liebe zu der leidenschaftlichen Catherine besteht, die jedoch tragischerweise den reichen Edgar Lipton heiratet. Die Kritiker staunten zu Recht über die Qualität des Romans, doch sie täuschten sich hinsichtlich der Originalität. In den Kritzeleien der Büchlein sind bereits sämtliche Zutaten vorhanden: die poetische Nebellandschaft (namens Gondal), der finstere Held (namens Julius Brenzaida), die starrköpfige Heldin (Augusta Geraldine Almeda) und der reiche Freier (Lord Alfred). So gesehen ist es keineswegs erstaunlich, dass Emily Brontë einen derart guten Roman schreiben konnte. Sie hatte schließlich lange aktiv gelernt.

DIE MYELIN-SKATER

Mitte der Siebzigerjahre stellte eine Gruppe von Jugendlichen mit dem Namen Z-Boys die Skateboard-Welt auf den Kopf. Die schlaksigen, braungebrannten Jungs aus einem Surfladen der kalifornischen Stadt Venice skateten, wie es noch niemand gesehen hatte. Sie vollführten Kunststücke in der Luft, rutschten an Bordsteinkanten und Treppengeländern entlang und bevorzugten die Punk-Ästhetik, wie wir sie heute aus der Szene kennen. Vor allem bewiesen sie ein Gespür für dramatische Auftritte, als sie im Sommer 1975 ihre Premiere beim Skateboard-Wettbewerb im kalifornischen Del Mar ablieferten.

Augenzeugen berichten, die Z-Boys, mysteriöse Außenseiter und ungeschliffene Diamanten, hätten den einst gesetzten Sport mit der Wucht eines Dschingis Khan heimgesucht. In einer Besprechung des Dokumentarfilms über die Z-Boys schrieb die englische Tageszeitung *The Guardian*: »Wenn Adams locker in die Hocke geht, sein Brett an beiden Enden packt und zum Sprung ansetzt, während er mit explosiver Energie über die Piste rast, dann ist klar, was das bedeutet. Das Skateboard ist kein Sportgerät mehr wie ein Tennisschläger, sondern eher eine E-Gitarre, ein Instrument des aggressiven, frechen und spontanen Selbstausdrucks.«

Der Ausdruck war allerdings alles andere als spontan. Die Z-Boys waren überwiegend begeisterte Surfer und hatten Hunderte Stunden auf dem Brett gestanden. Als eines Tages der Wellengang zu schwach war, hatten sie einfach den gehockten, aggressiven Surfstil auf die Straße übertragen. Ein weiterer Faktor, der zu ihrem Aufstieg beitrug, war eher dem Zufall geschuldet. Anfang der Siebzigerjahre entdeckten sie nämlich ein einmaliges Übungsgerät, das als eine Art Myelinbeschleuniger wirkte und ihnen ermöglichte, ihre Schaltkreise rasant zu optimieren. Es handelte sich um einen leeren Swimmingpool.

Aufgrund einer anhaltenden Dürre, einer Feuersbrunst und einer Immobilienkrise war in vielen Swimmingpools in Bel Air und Beverly Hills das Wasser abgelassen. Sie waren leicht zu finden: Die Z-Boys fuhren die Nebenstraßen ab und setzten einen Späher aufs Autodach, der über die Hecken schaute. Zunächst war es extrem schwer, die steilen, gerundeten Wände der Pools hinunterzufahren. In den ersten Tagen kam es zu spektakulären Aus- und Unfällen, ganz zu schweigen von den Besuchen durch die Polizei, die von überraschten Hausbesitzern und Nachbarn alarmiert wurde. Irgendwann im Laufe des Jahres 1975 hoben die Z-Boys jedoch ab.

»Nachdem wir die Pools entdeckt hatten, wurde es ernst«, erinnert sich Skip Engblom, Mitbesitzer des Surfladens und Mentor der Gruppe. »Wir wurden immer besser und schneller. Wir waren wie Maler mit einer neuen Leinwand.«

In einem britischen Dokumentarfilm mit dem Titel *Skateboard Kings* aus dem Jahr 1978 beschreibt ein Skater namens Ken seine Erfahrung:

»Poolskaten ist das schwerste überhaupt. Du musst den ganzen Körper koordinieren, es ist völlig anders als normales Skaten. Wenn ich da drin bin, dann arbeitet mein Hirn auf Hochtouren, ich komme hoch, ich komme oben an, und ich weiß, ob der Kontakt stimmt und ob ich die Wende kriege oder rausfliege ... Du gehst da rein und willst es einfach schaffen, du kriegst mehr Luft und mehr Luft, und wenn du es gecheckt hast, dann ist es nur noch geil.«

Schauen wir uns einmal genauer an, was Ken da beschreibt. Die Form des Schwimmbeckens gibt seinen Bemühungen einen konkreten Rahmen vor, sie konzentriert seine Aufmerksamkeit auf ganz bestimmte Gedanken und darauf, ob er einen bestimmten Bewegungsablauf korrekt durchführt oder nicht. Dazwischen gibt es nichts. Im Pool müssen sich die Z-Boys an die Regeln ihres neuen Spiels halten, oder sie scheitern. Aus Sicht des aktiven Lernens schafft der Swimmingpool eine Welt, die gewisse Ähnlichkeiten mit den Büchlein der Brontës und den Futsalplätzen der Brasilianer hat. Schaltkreise werden aktiviert und optimiert. Fehler werden korrigiert. Myelin wird gebildet. Talent erblüht. *Eine Fähigkeit ist eine Myelinschicht, die sich um einen Schaltkreis legt und auf bestimmte Signale hin wächst.*

Seit Vasaris Giotto-Biografie begreift die westliche Kultur Talent als Resultat der Einmaligkeit jedes Menschen: Die kosmischen Würfel sorgen dafür, dass jeder Mensch anders ist. Demnach waren die Brontës und die Z-Boys so erfolgreich, weil sie begnadete und von der Muse geküsste Außenseiter waren. Wir wollen diese Einmaligkeit gar nicht in Abrede stellen, doch im Falle der Brontës und der Z-Boys bestand sie in der Bereitschaft, Dinge zu tun, mit denen sie ihre bemerkenswerten Fähigkeiten entwickelten: die richtigen Schaltkreise zu aktivieren und Kladden mit kindischen Geschichten vollzukritzeln beziehungsweise stundenlang durch leere Swimmingpools zu düsen und schwere Stürze in Kauf zu nehmen. Im Yorkshire des 19. Jahrhunderts lebten viele Mädchen so abgeschieden wie die Brontës, und viele Jungs in Los Angeles waren so tough und cool wie die Z-Boys. Doch dem Myelin ist es egal, wer wir sind. Es reagiert nur auf das, was wir tun.

Wir haben nun gesehen, wie aktives Lernen und Myelin das Talent ausgewählter kleiner Gruppen erklären. Jetzt wollen wir unsere Theorie auf zwei größere Gruppen anwenden: zunächst auf die Künstler der italienischen Renaissance – und schließlich auf die gesamte Menschheit.

DAS MICHELANGELO-PRINZIP

Vor einigen Jahren veröffentlichte der Statistiker David Banks von der Carnegie Mellon University einen Aufsatz mit dem Titel »The Problem of Excess Genius« (zu Deutsch: Das Problem der Geniehäufung). In diesem Artikel weist er darauf hin, dass sich Genies nicht gleichmäßig über den Planeten und die Geschichte verteilen, sondern dass sie an bestimmten Orten und Zeiten geballt auftreten. Er schreibt weiter: »Deshalb stellt sich für Historiker die Frage: ›Warum sind einige Epochen und Orte in so erstaunlichem Maße produktiver als andere?‹ Es ist geradezu peinlich, dass diese Frage nie gestellt wird, obwohl die Antwort spannende Auswirkungen auf Bildung, Politik, Wissenschaft und Kunst hätte.«

Banks wählte drei Fälle der Geniehäufung aus: Athen zwischen den Jahren 440 und 330 vor unserer Zeitrechnung, Florenz zwischen 1440 und 1490 und London zwischen 1570 und 1640. Keiner dieser drei Orte ist so brillant oder so gut dokumentiert wie Florenz. Innerhalb weniger Generationen brachte eine Kleinstadt mit nicht einmal 30 000 Einwohnern mehr Künstler und Kunstwerke hervor als jede andere Stadt vorher oder nachher. Die Existenz eines einzelnen Genies lässt sich ja noch erklären, aber Dutzende im Verlauf weniger Jahrzehnte?

Banks nennt einige der gängigen Erklärungen für die Geniehäufungen in der Renaissance:

Wohlstand, der zur Förderung der Künstler eingesetzt wurde,

Friede, der die notwendige Stabilität für künstlerische und philosophische Leistungen schuf,

Freiheit, die Künstler vor Repressalien durch Staat und Kirche schützte,

gesellschaftliche Mobilität, die es talentierten Menschen ermöglichte, künstlerisch tätig zu werden,

ein Paradigmenwechsel, der neue Perspektiven eröffnete und Medien bereitstellte, die wiederum eine neue Welle der Kreativität anstießen.

Diese Erklärungen klingen zunächst plausibel, so Banks, und es wäre durchaus denkbar, dass sie durch einen glücklichen Zufall zusammengekommen sein und die florentinische Renaissance angestoßen haben könnten. Leider widersprechen dem die historischen Tatsachen. Das Florenz des 15. Jahrhunderts bot zwar Möglichkeiten der gesellschaftlichen Mobilität, doch die Stadt war weder außergewöhnlich wohlhabend noch besonders friedlich oder gar frei. Im Gegenteil, sie litt unter den Nachwirkungen einer verheerenden Pestepidemie, sie wurde durch die Auseinandersetzungen der mächtigsten Familien in zwei Lager gespalten und von der Kirche mit eiserner Faust regiert.

Vielleicht trifft ja dann das genaue Gegenteil zu, so die gängige Logik. Vielleicht waren es ja gerade die Zwistigkeiten, die Pest und die Tyrannei der Kirche, die den kreativen Schub bewirkten. Aber auch diese Erklärung lässt sich so nicht halten, denn es gibt unzählige Städte und Länder, in denen ähnliche Bedingungen herrschten, ohne dass sie künstlerische Talente hervorgebracht hätten.

Dieses Dilemma ist ein Beispiel für die Widersprüche, die sich ergeben, wenn man Talent mit herkömmlichen Modellen begreifen will. Je mehr man in der Vielzahl der möglichen Erklärungen nach einmaligen Faktoren sucht, umso widersprüchlicher wird die Beweislage und umso mehr muss man zu dem Schluss kommen, dass Genies einfach geboren werden und dass ein Phänomen wie die Renaissance eben einfach ein Glücksfall der Geschichte ist. Der Historiker Paul Johnson bringt diese Theorie auf den Punkt, wenn er schreibt: »Das Genie erwacht plötzlich zum Leben und spricht zu uns aus dem Nichts, nur um dann auf ebenso geheimnisvolle Weise wieder zu verstummen.«

Betrachten wir die Frage nun durch die Brille des aktiven Lernens. Myelin reagiert nicht auf Reichtum, Frieden und Paradigmenwechsel.

Ihm ist es egal, was die Kirche sagt, wer einer Epidemie zum Opfer fällt oder wie viel Geld jemand auf dem Konto hat. Es stellt dieselbe Frage, die wir den Brontës und den Z-Boys gestellt haben: Was haben die florentinischen Künstler *getan*? Wie haben sie gelernt und wie lange? Florenz war eine jener Städte, in der die mächtige gesellschaftliche Einrichtung der Zünfte entstand. Zünfte waren Zusammenschlüsse von Webern, Malern, Goldschmieden und anderen Handwerkern, mit deren Hilfe der Wettbewerb reguliert und die Qualität sichergestellt werden sollte. Sie hatten ihre eigenen Hierarchien, Abgaben und Schutzpatrone sowie strenge Regeln, nach denen sie festlegten, wer in einer Zunft tätig werden konnte und wer nicht. Vor allem aber waren sie Talentschmieden. Im Rahmen ihres Ausbildungssystems kamen Jungen im Alter von sieben Jahren zu einem Meister, bei dem sie fünf bis zehn Jahre lang lebten und lernten.

Ein Lehrling arbeitete unter der ständigen Beobachtung des Meisters, der oft die gesetzliche Vormundschaft für das Kind übernahm. Lehrlinge lernten das Handwerk buchstäblich von der Pike auf, sie rührten Farben an, bereiteten Leinwände vor und schleiften Meißel. Sie kooperierten und konkurrierten innerhalb der Hierarchie. Nach einigen Jahren wurden sie zum Gesellen und schließlich mit Geschick und Glück zum Meister. Dieses System brachte regelrechte Künstlerstammbäume hervor: Leonardo da Vinci ging bei Verrocchio in die Lehre, Verrocchio bei Donatello und Donatello bei Ghiberti. Michelangelo lernte bei Ghirlandaio, Ghirlandaio bei Baldovinetti und so weiter und so fort. Gleichzeitig besuchte jeder Künstler regelmäßig die Werkstätten seiner Kollegen. So entstand ein System der Kooperation, das man heute als soziales Netzwerk bezeichnen würde.

Lehrlinge brachten vereinfacht gesagt Tausende Stunden damit zu, Lösungen für Probleme zu suchen, zu scheitern und es erneut zu versuchen, und das innerhalb eines Systems, das darauf angelegt war, systematisch Qualität hervorzubringen. Ihre Erfahrung ist vergleichbar mit dem, was ein zwölfjähriger Praktikant erleben würde, der ein Jahrzehnt lang unter der direkten Betreuung von Steven Spielberg Filmkulissen bauen, Drehbücher schreiben und Kameras dirigieren würde. Wenn dieser Praktikant irgendwann selbst ein genialer Filmemacher würde, dann wäre das wohl kaum eine Überraschung, sondern beinahe unvermeidlich – siehe Ron Howard.

Nehmen wir das Beispiel Michelangelo. Zwischen dem sechsten und dem zehnten Lebensjahr lebte er bei einem Steinmetz und konnte schon mit Hammer und Meißel umgehen, ehe er lesen und schreiben lernte. Nach einer kurzen und wenig erfreulichen Berührung mit der Schulbildung kam er in die Werkstatt des berühmten Ghirlandaio. Er arbeitete an Auftragsarbeiten mit, entwarf, kopierte und meißelte Fresken für eine der größten Kirchen in Florenz. Bis zum Alter von siebzehn Jahren lernte er unter dem Meistersteinmetz Bertoldo und anderen bekannten Handwerkern und lebte im Haus von Lorenzo de' Medici. Ehe er im Alter von 24 Jahren seine Pietà schuf, war er ein vielversprechender, aber kaum bekannter Künstler. Betrachter beschrieben die Pietà als Werk eines Genies, doch ihr Schöpfer widersprach: »Wenn die Leute wüssten, wie hart ich gearbeitet habe, um diese Meisterschaft zu erlangen, dann käme es ihnen nicht mehr so wunderbar vor.«

»Das System der Lehre, das lange Zeiten des Lernens vorsah und Lehrlinge schon früh mit Materialien, Kopierarbeiten und der Arbeit in der Gruppe vertraut machte, ließ aus gewöhnlichen Jungen Männer mit außergewöhnlichen künstlerischen Fähigkeiten werden«, schrieb Bruce Cole in seinem Buch *Renaissance Artists at Work*: »Kunst konnte nach Auffassung der Renaissance in einer Reihe von Schritten gelehrt werden, angefangen mit der Zubereitung der Farben und dem Kopieren über die Mitarbeit an den Werken des Meisters bis hin zur eigenen Kreation von Gemälden und Skulpturen.« Wir sehen die großen Künstler der Renaissance gern als homogene Gruppe, doch in Wirklichkeit waren sie eine willkürlich zusammengewürfelte Truppe. Sie kamen aus reichen und armen Familien, sie hatten unterschiedliche Persönlichkeiten, andere Lehrer und ihre jeweils eigene Motivation. Eines hatten sie allerdings gemeinsam: Sie brachten einen großen Teil ihrer Jugend in Talentschmieden zu, wo sie aktiv lernten, Schaltkreise aktivierten und optimierten, Fehler ausmerzten, miteinander konkurrierten und ihre Fähigkeiten schärften. Sie arbeiteten an dem größten Kunstwerk, das ein Mensch schaffen kann: an der Entwicklung ihres eigenen Talents.

GESTATTEN, MR. MYELIN

George Bartzokis ist Professor für Neurologie an der University of California in Los Angeles. Meist wirkt der Mittfünfziger genau so, wie man sich das von einem nüchternen, distinguierten Wissenschaftler erwarten würde: Er trägt Anzug und Krawatte, hat die Haare fein säuberlich zurückgekämmt und verfügt über ausgesuchte Manieren. Doch wenn er über Myelin spricht, geht eine Veränderung mit ihm vor. Er beugt sich erregt nach vorne, seine Augen leuchten, und sein Gesicht verzieht sich zu einem breiten Grinsen. Er macht den Eindruck, als wolle er gleich von seinem Stuhl aufspringen. An der UCLA ist er auch als »Mr. Myelin« bekannt.

»Warum treffen Jugendliche schlechte Entscheidungen?«, fragt er und antwortet, ohne auf meine Reaktion zu warten: »Sie haben zwar schon sämtliche Gehirnzellen, aber diese Zellen sind noch nicht ausreichend isoliert. Solange ein Schaltkreis nicht ausreichend isoliert ist, steht er nicht sofort zur Verfügung, um impulsives Verhalten auf der Stelle zu korrigieren. Jugendliche kennen zwar den Unterschied zwischen richtig und falsch, aber sie brauchen länger, um zu entscheiden, was richtig und was falsch ist.

Warum sind ältere Menschen dagegen oft weise? Weil ihre Schaltkreise vollständig isoliert sind und sofort bereitstehen. Sie können komplexe und vielschichtige Gedankengänge durchführen, und genau das macht Weisheit schließlich aus. Die Myelinmenge im Gehirn nimmt bis etwa zum fünfzigsten Lebensjahr zu. Außerdem müssen Sie bedenken, dass es sich um eine lebendige Substanz handelt, es zerfällt und wird wiederhergestellt. Komplexe Aufgaben wie die Führung einer Regierung oder das Schreiben von Romanen werden meist besser von Menschen durchgeführt, die mehr Myelin haben.« Er fährt fort: »Warum können Affen nicht sprechen, obwohl sie über dieselben Gehirnzellen und Neurotransmitter verfügen wie wir? Weil wir 20 Prozent mehr Myelin haben. Um so sprechen zu können wie wir beide hier, ist schnelle Informationsverarbeitung nötig, und Affen haben kein Breitband. Sie können vielleicht lernen, auf dem Niveau eines Dreijährigen zu kommunizieren, aber darüber hinaus geht nichts – sie verwenden Kupferkabel.«

Bartzokis stellt weitere Fragen und gibt Antworten. Vieles ist inzwischen durch Experimente belegt, für anderes stehen die Beweise noch aus, doch er meint, dies sei nur eine Frage der Zeit.

Warum haben Babys, die mit Muttermilch aufgezogen werden, einen höheren Intelligenzquotienten? Weil die Fettsäuren der Muttermilch Myelinbausteine enthalten. Deshalb wird in vielen Ländern Babynahrung inzwischen mit Omega-3-Fettsäuren versetzt, und deshalb mindert der Verzehr von Fisch, der diese Fette ebenfalls enthält, das Risiko von Gedächtnisverlust, Altersdemenz und Alzheimer. Die Lektion ist dieselbe: Je mehr Myelin wir an Bord haben, desto klüger sind wir.

Warum hat sich Michael Jordan aus dem aktiven Sport verabschiedet? Seine Muskeln haben sich nicht verändert, doch mit zunehmendem Alter verringerte sich die Myelinmenge in seinem Gehirn - zwar kaum merklich, doch immerhin genug, dass sein Gehirn nicht mehr in der Lage war, die präzisen Impulse abzugeben, die ein Michael Jordan für seine explosiven Bewegungen benötigt.

Warum überlebte der zerbrechlich wirkende Cro-Magnon-Mensch, während der größere, kräftigere und mit dem größeren Gehirn ausgestattete Neandertaler ausstarb? Weil der Cro-Magnon-Mensch über mehr Myelin verfügte. Er dachte und kommunizierte effektiver als der Neandertaler, weshalb er ihn schließlich auch überlebte. (Bartzokis wartet auf die Ergebnisse einer DNA-Studie eines Neandertalerzahns, der diese Hypothese bestätigen soll.)

Warum können Pferde gleich nach ihrer Geburt auf eigenen Beinen stehen, während Menschen ein Jahr dazu benötigen? Wenn ein Pferd zur Welt kommt, sind seine Muskelschaltkreise bereits myelinisiert und aktiv. Ein menschlicher Säugling bringt zwar die erforderlichen Muskeln mit, doch das Myelin lässt noch ein Jahr auf sich warten. Die Schaltkreise werden erst durch die Übung gefestigt.

»Als sich die Evolution für das Myelin entschieden hat, hat sie dieselbe Entscheidung getroffen wie ein Ingenieur, der das Internet entwickelt«, meint Bartzokis. »Sie hat sich gegen die Größe und für die Bandbreite entschieden. Es spielt keine Rolle, wie groß ein Computer ist, er soll nur sofort bereitstehen und mich mit der Arbeit anfangen lassen. Genau das bietet das Internet: einen sofortigen Zugriff auf eine Vielzahl von Computern. Wir funktionieren im Grunde nicht anders als Google.«

Schließlich erklärt Bartzokis: »Wir sind Myelinwesen. Das ist unsere Natur.«

Das sind große Worte. Doch diese Aussage eröffnet möglicherweise revolutionäre neue Möglichkeiten, über Fähigkeiten, Talent und den Menschen selbst nachzudenken. Doch um zu verstehen, was Mr. Myelin damit meint, müssen wir einen kleinen Umweg machen.

Seit Darwin sieht das traditionelle Talentverständnis ungefähr so aus: Gene (Natur) und Umwelt (Erziehung) machen uns gemeinsam zu dem, was wir sind.[10] Demnach wären unsere Gene die kosmischen Spielkarten, die wir bei Geburt zugemischt bekommen, und die Umwelt ist das Kartenspiel, das wir mit ihnen bestreiten sollen. Gelegentlich sorgt das Schicksal für eine ideale Kombination aus Genen und Umwelt, und das Ergebnis ist ein Genie. So gesehen wäre die Größe eines Beethoven oder Beckenbauer ein Ergebnis der Kombinatorik: Beide hatten die Gene, die sie zu außergewöhnlichen Fähigkeiten prädestinierten, und beide hatten das große Glück, in eine Umwelt hineingeboren zu werden, in der sie diese Fähigkeiten entwickeln konnten. Dieses Zusammenspiel aus Natur und Erziehung hat lange unsere Vorstellungen geprägt. Das Modell ist einfach und erklärt eine Vielzahl von natürlichen Phänomenen. Doch bei der Erklärung des menschlichen Talents ergibt sich ein Dilemma: Die Theorie ist vage und wenig aussagekräftig. Zu behaupten, Talent sei das Ergebnis von Genen und Umwelt ist ungefähr so, als würde man sagen, ein Kuchen bestünde aus Butter, Zucker und Mehl. Das ist zwar richtig, aber es hilft uns nicht weiter. Wenn es um die Entwicklung unserer Fähigkeiten geht, ist die Liste der Zutaten, die wir ohnehin nicht verändern können, relativ uninteressant. Viel interessanter ist es, sich das anzusehen, was wir verändern können: das Myelin und die Schaltkreise des Gehirns. Um das alte Modell zu ersetzen, müssen wir uns ansehen, wie die Gene tatsächlich funktionieren.

Gene sind nämlich alles andere als kosmische Spielkarten. Es handelt sich vielmehr um evolutionäre Baupläne zur Konstruktion von immens komplizierten Maschinen: uns Menschen. Die Gene enthalten Anweisungen in Form von Molekülen, nach denen unser Körper bis ins kleinste Detail konstruiert wird. Entwurf und Konstruktion sind hochkomplexe Vorgänge, doch im Grunde ist die Aufgabe der Gene ganz einfach: Sie weisen Zellen an, wie sie eine Wimper oder einen Zehennagel zu formen haben.

In Sachen Verhalten ist die Herausforderung für die Gene eine andere. Wir Menschen bewegen uns durch eine große und vielfältige Welt, in der wir allen möglichen Gefahren, Möglichkeiten und neuen Erfahrungen begegnen. Unsere Umwelt verändert sich schnell, weshalb sich unser Verhalten und damit auch unsere Fähigkeiten schnell ändern müssen. Wie also soll eine Betriebsanleitung für unser Verhalten aussehen? Wie können die Gene, die unbeweglich in unseren Zellen sitzen, dafür sorgen, dass wir uns an eine sich ständig verändernde und gefährliche Umwelt anpassen können? Dazu haben unsere Gene eine geschickte Strategie entwickelt: Ihre Bauanleitung enthält Anweisungen, uns mit bestimmten Trieben, Neigungen und Instinkten auszustatten. Die Gene haben unser Gehirn so eingerichtet, dass beim Kontakt mit bestimmten Reizen – einem leckeren Essen, vergammelten Lebensmitteln, einem Tiger oder einem möglichen Partner – ein vorinstalliertes Programm startet, das dafür sorgt, dass unser Verhalten mittels Emotionen in die gewünschte Richtung gelenkt wird. Beim Anblick eines leckeren Essens verspüren wir ein Hungergefühl, wir reagieren mit Ekel auf vergammelte Lebensmittel, mit Angst auf einen Tiger und mit Lust auf einen möglichen Partner. Mithilfe dieser vorinstallierten Programme finden wir eine Lösung für die jeweilige Situation.

Im Umgang mit Tigern und Partnern funktioniert diese Strategie sehr gut. Die Anweisungen für einen Trieb sind schließlich nicht weiter kompliziert: *Wenn x, dann y*. Wie sieht es aber mit komplexen höheren Verhaltenweisen aus, etwa Saxofonspielen oder Scrabble? Wie wir gesehen haben, müssen dazu Millionen von Zellen mit genauestem Timing zusammenwirken. Auch der Erwerb dieser höheren Fähigkeiten ist letztlich eine Frage des Bauplans. Doch wie soll der aussehen, damit die Maschine in der Lage ist, derart komplexe Fähigkeiten auszuführen?

Eine Möglichkeit bestünde darin, eine Fähigkeit detailliert in den Genen anzulegen. Die Gene würden damit den Bauplan liefern, um die Schaltkreise für eine bestimmte Fähigkeit - sei es Musizieren, Jonglieren oder Rechnen - anzulegen. Auf den richtigen Reiz hin wird der Schaltkreis aktiv und das Talent wird erkennbar: Beckenbauer tritt gegen den Ball und Beethoven komponiert Sinfonien. Diese Strategie klingt einfach und sinnvoll, doch sie birgt zwei große Probleme. Zum einen ist sie aus biologischer Sicht immens teuer. Die Entwicklung dieser Schaltkreise kostet Zeit und Energie, die anderswo fehlen würde. Zweitens wäre es ein Glücksspiel. Jemand mit dem Gehirn eines genialen Softwareentwicklers wäre im Jahr 1850 genauso fehl am Platz wie ein Ausnahmehufschmied im Jahr 2010. Im Laufe von nur einer Generation werden früher gefragte Fähigkeiten mit einem Mal unwichtig und umgekehrt.

Vereinfacht gesagt wäre es ein unkluges und kostspieliges Verfahren. Doch unsere Gene haben Millionen Jahre des Spießrutenlaufens überlebt und lassen sich nicht auf solche Spielchen ein. (Andere Gene waren vielleicht weniger klug, doch die sind längst verschwunden und mit ihnen ihre Träger.)[11]

Sehen wir uns nun eine zweite Planungsstrategie an. Wie wäre es, wenn die Gene nicht bestimmte Fähigkeiten vorprogrammieren würden, sondern Millionen von Breitbandinstallierern in den Schaltkreisen unseres Gehirns verteilen würden? Diese Breitbandinstallierer wären nicht weiter kompliziert, im Gegenteil, sie wären identisch und würden lediglich eine Isolierschicht um Nervenzellen legen, um dafür zu sorgen, dass diese schneller und effektiver werden. Sie würden nach einer einfachen Regel vorgehen und sich jeweils um die Schaltkreise kümmern, die am häufigsten und intensivsten aktiviert werden: Schaltkreise, die am meisten benutzt werden, bekommen das meiste Breitband, Schaltkreise, die weniger benutzt werden, bekommen weniger Breitband.

Diese Installierer wären am wirkungsvollsten, wenn sie in der Kindheit und Jugend, wenn wir uns an unsere Umwelt anpassen, am meisten Isoliermaterial produzieren könnten. Außerdem wäre es sinnvoll, wenn wir uns ihrer nicht bewusst wären, um unsere ohnehin beschränkte Wahrnehmung nicht zusätzlich abzulenken. (Aus Sicht der Planer ist es schließlich unwichtig, ob wir bemerken, wie wir eine bestimmte Fähigkeit erwerben - es reicht vollkommen aus, dass wir sie erwerben. Ähnlich funktioniert auch unser Immunsystem.) Aus unserer beschränkten Sicht fühlt sich die neue Fähigkeit tatsächlich an wie ein Geschenk, so als würden wir eine angeborene Gabe zum Ausdruck bringen. Doch es ist alles andere als eine Gabe: Das eigentliche Geschenk sind die winzigen Breitbandinstallierer, die eifrig jeden aktivierten Schaltkreis isolieren, ganz egal, ob wir jagen, musizieren, rechnen oder Sport treiben. Wie jede nützliche Anpassung gehört dieser Breitbandinstallierer schon bald zum standardmäßigen Betriebssystem der gesamten Spezies.

Wir sind Myelinwesen. Das Myelin ist unser Breitband, und die Installierer sind die eifrigen Oligodendrozyten, die erkennen, wenn ein Schaltkreis aktiviert wird, und die diesen isolieren. Wann immer wir eine Fähigkeit erwerben, benutzen wir diesen einfachen Mechanismus für unsere jeweiligen Zwecke. Das ist deshalb möglich, weil unsere Gene uns selbst - oder besser: unsere Bedürfnisse und Handlungen - darüber entscheiden lassen, welche Fähigkeiten wir wollen oder brauchen. Dieses System ist flexibel, wirtschaftlich und gibt jedem Menschen die Möglichkeit, die erwünschten oder benötigten Fähigkeiten zu erlernen. Der Beweis sind die Talentschmieden, die zehntausend Stunden, die zur Beherrschung einer Fähigkeit erforderlich sind, und nicht zu vergessen das verkniffene Clint-Eastwood-Gesicht. Sie sind das Ergebnis eines evolutionären Mechanismus, der darauf ausgelegt ist, auf bestimmte Signale zu reagieren. *Eine Fähigkeit ist eine Myelinschicht, die sich um einen Schaltkreis legt und auf bestimmte Signale hin wächst.*

Was nicht heißen soll, dass jeder von uns das Zeug dazu hat, ein Einstein zu werden (dessen Gehirn bei der Autopsie eine ungewöhnliche Menge Sie-wissen-schon-was aufwies).[12] Doch obwohl Talent sich oft so anfühlt und so aussieht, als handele es sich um eine Gabe Gottes, haben wir sehr großen Einfluss darauf, welche Fähigkeiten wir entwickeln. Vor allem haben wir mehr Potenzial, als wir ahnen. Wie Mr. Myelin so schön sagt, haben wir alle die Möglichkeit, Webmaster unseres eigenen Internets zu werden.

Der Trick ist das Gewusst-wie.

KAPITEL 4

DIE DREI REGELN DES AKTIVEN LERNENS

Versuchs wieder. Scheiter wieder. Scheiter besser.
Samuel Beckett

ADRIAAN DE GROOTS KINNLADE

Jede Erörterung über den Erwerb von Fähigkeiten muss bei einem Phänomen beginnen, das ich gern als Kinnladeneffekt bezeichne. Damit meine ich diese Mischung aus ungläubigem Staunen, Bewunderung und Neid (nicht notwendigerweise in dieser Reihenfolge), die wir verspüren, wenn plötzlich und scheinbar aus dem Nichts ein Talent auftaucht und Leistungen vollbringt, dass uns die Kinnlade herunterklappt. Dieser Effekt stellt sich nicht ein, wenn wir Pavarotti singen hören und Michael Phelps schwimmen sehen - das sind Stars, und wir können gut damit leben, dass sie anders sind als wir. Der Kinnladeneffekt stellt sich dann ein, wenn wir Talent in Menschen erkennen, von denen wir bislang angenommen hatten, sie seien genauso wie wir. Es ist dieses Gefühl der Überraschung, das sich einstellt, wenn sich herausstellt, dass der vermeintliche Trottel von nebenan plötzlich Gitarrist einer erfolgreichen Rockband ist, oder wenn unser eigenes Kind ein unerwartetes Talent für Integralrechnung an den Tag legt. In Momenten wie diesen fragen wir uns: Wo kam denn *das* her?

Bei meiner Reise zu den verschiedenen Talentschmieden erlebte ich diesen Kinnladeneffekt immer wieder. Zuerst sah ich, wie sich die netten kleinen Kinder, die sich nicht von meinen Sprösslingen unterschieden, geradezu rührend mit ihren süßen Minibaseballschlägern und Viertelgeigen abmühten. Ihre Leistung war so wenig beeindruckend, wie man das von Kindern in diesem Alter eben erwarten würde. Nach den Kleinsten kamen die Älteren an die Reihe, und ich bemerkte von Jahrgang zu Jahrgang einen Quantensprung. Es war, als würde ich durch eine Ausstellung über die Entwicklung des Dinosauriers gehen. Eine höher entwickelte Spezies folgte auf die andere: Erst die Zehn- bis Zwölfjährigen (die schon verdammt gut waren), dann die Fünfzehnjährigen (Hut ab) und schließlich die Achtzehnjährigen, die sich zu ausgewachsenen Raubsauriern entwickelt hatten (volle Deckung!). Die Entwicklung verlief mit atemberaubender Geschwindigkeit: Jede neue Gruppe war sehr viel besser, schneller und talentierter als die vorangegangene. Es war so, als würde man im Zeitraffer die Entwicklung von einem niedlichen Gecko zu einem mächtigen Tyrannosaurus Rex verfolgen: Sie wissen, dass die beiden im Grunde miteinander verwandt sind, aber das verhindert nicht, dass Ihnen die Kinnlade herunterfällt.

Der Kinnladeneffekt wirkt jedoch nur in eine Richtung: Die Beobachter sind erstaunt, sprachlos und verwirrt, doch die Träger des Talents sind keineswegs überrascht und wirken geradezu blasiert. Der Grund sind nicht nur unterschiedliche Perspektiven - die gewollte Naivität des Beobachters und die falsche Bescheidenheit des Genies -, sondern die typische Wahrnehmung während des Lernprozesses. Deshalb drängt sich die Frage auf: Wie verläuft dieser Lernprozess, dass er zwei derart unterschiedliche Wahrnehmungen hervorbringt? Wie kommt es, dass Menschen, die so aussehen wie Sie und ich, mit einem Mal ein Talent entwickeln und sich dessen kaum bewusst werden? Auf der Suche nach einer Antwort wenden wir uns an den gescheiterten Mathematiklehrer Adriaan Dingeman de Groot.

Der 1914 geborene de Groot war ein niederländischer Psychologe und passionierter Hobbyschachspieler. Er erlebte seinen eigenen Kinnladeneffekt, als einige Mitglieder seines Schachclubs, die genau so alt waren wie er und dieselbe Erfahrung mitbrachten, plötzlich schier übermenschliche Leistungen vollbrachten und im Blind- und Simultanschach wie beiläufig zehn Gegner gleichzeitig besiegten. Wie Anders Ericsson Jahrzehnte später wunderte sich de Groot über seine eigenen Niederlagen und fragte sich, wie es diese Jungen geschafft hatten, so gut zu werden. Nach der gängigen wissenschaftlichen Erklärung der Zeit verfügten gute Schachspieler über ein fotografisches Gedächtnis, mit dessen Hilfe sie Informationen aufnahmen und Strategien entwickelten. Demnach wirkten die Gehirne von Schachgroßmeistern im Vergleich zu Gehirnen von Normalsterblichen wie Kanonen neben Erbsenpistolen. Doch de Groot hatte seine Zweifel an dieser Theorie und wollte mehr herausfinden.

Also entwickelte er ein Experiment, an dem Schachmeister und gewöhnliche Spieler teilnahmen. De Groot stellte die Figuren in realen Spielpositionen auf dem Schachbrett auf, gab den Versuchsteilnehmern fünf Sekunden Zeit, sich die Stellung einzuprägen, und überprüfte dann deren Erinnerung. Die Ergebnisse entsprachen seinen Erwartungen: Die Schachmeister erinnerten sich vier- bis fünfmal besser an die Positionen als die normalen Schachspieler (Weltklassespieler gaben die Stellungen fast zu 100 Prozent richtig wieder).

Dann griff de Groot zu einem genialen Trick. Statt reale Spielpositionen nachzustellen, verteilte er die Figuren nach dem Zufallsprinzip auf dem Brett und wiederholte den Test. Plötzlich hatten die Schachmeister keinen Vorteil mehr gegenüber den normalen Spielern. Sie erinnerten sich genauso gut oder schlecht wie Normalsterbliche, im Gegenteil, einer der Großmeister schnitt sogar schlechter ab als ein Anfänger. Die Schachmeister hatten kein fotografisches Gedächtnis: Wenn die Aufstellung nichts mehr mit Schach zu tun hatte, büßten sie ihre Überlegenheit ein.

De Groot erklärte, im ersten Experiment hätten die Schachmeister nicht einzelne Figuren gesehen, sondern Muster. Wo Anfänger Bauern und Läufer so sahen, als handele es sich um einzelne Buchstaben, gruppierten die Schachmeister diese Buchstaben zu Wörtern und ganzen Sätzen. Als die Stellung nichts mehr mit realen Spielpositionen zu tun hatte, versagten die Schachmeister - nicht weil sie plötzlich dümmer geworden wären, sondern weil ihre Lesestrategie nicht mehr funktionierte. Der Kinnladeneffekt war verschwunden. Der Unterschied zwischen ihnen und den Normalsterblichen hatte also nichts damit zu tun, dass hier Kanonen gegen Erbsenpistolen antraten. Der Unterschied lag lediglich in der Organisation: Es war der Unterschied zwischen jemandem, der eine Sprache versteht, und jemandem, der sie nicht versteht. Eine Fähigkeit zu besitzen bedeutet, wichtige Elemente zu erkennen und so zu gruppieren, dass sie einen Sinn ergeben. Psychologen bezeichnen diese Fähigkeit als »Chunking« oder das Zerlegen und Ordnen von Informationen.

Um Ihnen zu demonstrieren, wie Chunking funktioniert, versuchen Sie, sich die folgenden beiden Sätze einzuprägen:

Am Dienstag stiegen wir auf den Mount Everest.
Tse reve Tnuomned fu ariw negeit sgats neidma.

Beide Sätze enthalten genau dieselben Buchstaben, nur im zweiten Fall in umgekehrter Reihenfolge. Den ersten Satz können Sie sich deshalb merken, weil Sie wie de Groots Schachgroßmeister viele Stunden damit zugebracht haben, ein kognitives Spiel zu erlernen, in diesem Fall das Lesen. Sie haben sich die Form der Buchstaben eingeprägt und gelernt, diese Buchstaben von links nach rechts in sinnvolle Einheiten - nämlich Wörtern - zu gruppieren, und Sie wissen, wie Sie diese Wörter zu noch größeren Sinneinheiten - nämlich zu Sätzen - ordnen können, die Sie verwenden, verstehen und an die Sie sich erinnern können.

Der erste Satz ist leicht zu merken, denn er besteht im Grunde lediglich aus drei Bestandteilen: »am Dienstag« ist der erste, »stiegen wir« der zweite, »auf den Mount Everest« der dritte. Jeder dieser Teile setzt sich wiederum aus kleineren Einheiten zusammen. Die Buchstaben »w«, »i« und »r« ergeben zusammen eine Einheit namens »wir«. Das Muster aus vier diagonalen Linien bildet eine noch kleinere Einheit, nämlich das »w«. Und so weiter - diese Gruppen von Sinneinheiten sind ineinander geschachtelt wie Matrjoschkas. Lesen ist nichts anderes als die Fähigkeit, diese Matrjoschkas eine nach der anderen zu öffnen und zu schließen oder, um es mit dem Myelin zu sagen, mit Lichtgeschwindigkeit bestimmte Schaltkreise im Gehirn zu aktivieren.

Dieser Prozess des Chunking erscheint uns auf den ersten Blick paradox. Der Gedanke, dass sich eine scheinbar so flüssige, elegante und mühelose Tätigkeit wie das Lesen aus einer Abfolge eigener kleiner

Schaltkreise zusammensetzen soll, widerspricht unserem gesunden Menschenverstand. Doch Wissenschaftler haben in zahllosen Untersuchungen gezeigt, dass sämtliche unserer Fähigkeiten - und nicht nur kognitive Fähigkeiten wie Schach - genauso aufgebaut sind. Auch unsere Bewegungsabläufe setzen sich aus Einzelbestandteilen zusammen. Wenn eine Bodenturnerin ihr Programm einstudiert, setzt sie es aus einer Abfolge von Einzelbewegungen zusammen, die sich wiederum in kleinere Bewegungen zerlegen lassen. Die Turnerin fasst eine komplexe Abfolge von Muskelbewegungen genauso zusammen, wie Sie beim Lesen eine Abfolge von Buchstaben zu dem Wort »Everest« zusammengefasst haben. Die Flüssigkeit kommt zustande, wenn die Turnerin den Bewegungsablauf so oft wiederholt hat, dass sie die Einzelbestandteile zu einem Ganzen zusammenfassen kann, genau wie Sie den obigen Satz verarbeitet haben. Wenn sie ihre Schaltkreise aktiviert, um einen Rückwärtssalto zu machen, muss sie nicht denken, »okay, ich stoße mich mit den Beinen ab, lehne mich zurück, nehme den Kopf zwischen die Schultern und bringe die Hüften nach oben«, genauso wenig wie Sie beim Lesen jeden einzelnen Buchstaben verarbeiten müssen. Die Turnerin aktiviert einfach den Schaltkreis für den Rückwärtssalto, den sie durch langes Training entwickelt und optimiert hat.

Wenn das Chunking effektiv funktioniert, ist das Ergebnis eine Illusion, die den Kinnladeneffekt provoziert. Aus Sicht der Normalsterblichen wirken professionelle Musiker, Schachgroßmeister und Turnerinnen unendlich überlegen, so als wären sie in einem einzigen großen Satz über einen Abgrund hinweggesprungen. Doch wie de Groot gezeigt hat, unterscheiden sie sich gar nicht so sehr von den Amateuren, wie es zunächst scheinen mag. Sie haben nicht etwa übernatürliche Kräfte, sondern sie haben sich allmählich die Fähigkeit erworben, Sinneinheiten herzustellen und zu ordnen: Sie haben ein Gerüst gebaut, Schraube für Schraube, Schaltkreis für Schaltkreis - oder, wie Mr. Myelin sagen würde, Schicht für Schicht.[13]

REGEL 1: ZERLEGEN UND ORDNEN

Wie wir gesehen haben, geht es beim aktiven Lernen darum, Schaltkreise aufzubauen und diese zu optimieren. Aber wie fühlt sich das in der Praxis an? Woher wissen wir, dass wir es tun?

Aktives Lernen fühlt sich so an, als würden wir im Dunkeln ein unbekanntes Zimmer erforschen. Wir fangen langsam an, stoßen gegen Möbel, halten inne, denken nach und fangen wieder an. Vorsichtig und nicht ganz ohne schmerzhafte Fehler zu machen, tasten wir uns immer und immer wieder durch den Raum, korrigieren Fehler, vergrößern unsere Reichweite und legen ganz allmählich eine Karte im Kopf an, mit deren Hilfe wir uns schließlich sicher und intuitiv bewegen können.

Die meisten Menschen lernen automatisch auf diese Art und Weise. Es ist ein universeller Instinkt, beim Lernen einen Ablauf zu verlangsamen und in seine Einzelbestandteile zu zerlegen. Als Kinder haben uns Eltern und Lehrer Tausende Male gesagt, wir sollen langsam machen und Schritt für Schritt vorgehen. Doch ehe ich die Talentschmieden besucht habe, hatte ich keine Ahnung, wie effektiv diese einfache und intuitive Strategie ist. In diesen Talentschmieden verläuft dieser Prozess auf drei Ebenen. Erstens sollen die Schüler sich eine Aufgabe als Ganzes ansehen, als Megaschaltkreis gewissermaßen. Zweitens teilen sie das Ganze in kleinstmögliche Einzelbestandteile auf. Und drittens spielen sie mit der Zeit, sie verlangsamen den Prozess und beschleunigen ihn wieder, um auf diese Weise den Ablauf von Innen kennenzulernen. In den Talentschmieden lernen die Schüler so, wie ein Regisseur eine Filmszene angeht: Sie gehen in die Totale, um das Panorama in den Blick zu nehmen, nur um im nächsten Moment auf einen Käfer zu schwenken und in Zeitlupe zu zeigen, wie er über ein Blatt krabbelt.

Der Blick aufs große Ganze. Das große Ganze zu sehen bedeutet, sich die erwünschte Fähigkeit - ein Lied, einen Schlag, eine Bewegung - als zusammenhängendes Ganzes genau anzusehen oder anzuhören. In Talentschmieden verbringen die Schüler sehr viel Zeit mit aufmerksamem Hinhören und Hinsehen. Das klingt nach Zen-Buddhismus, doch es bedeutet im Grunde genommen, dass wir eine bestimmte Fähigkeit so lange auf uns wirken lassen, bis wir uns vorstellen können, sie selbst auszuführen.

»Wir sind darauf programmiert, andere nachzuahmen«, erklärt Anders Ericsson. »So seltsam das klingt, aber wenn wir uns in die Situation eines außergewöhnlichen Menschen versetzen und etwas angehen, das dieser bewältigt hat, dann hat das große Auswirkungen auf unsere Fähigkeiten.«

Die Nachahmung muss gar keine bewusste Handlung sein. In Kalifornien lernte ich eine achtjährige Tennisspielerin namens Carolyn Xie kennen, die zu den führenden Sportlerinnen ihrer Altersgruppe gehört. Sie spielte wie ein typisches Wunderkind, mit einer kleinen Besonderheit. Statt wie in diesem Alter üblich die Rückhand beidhändig zu schlagen, schlug sie sie mit einer Hand und im Stile von Roger Federer. Nicht ein bisschen wie Roger Federer, sondern genau wie er, mit gesenktem Kopf und Torero-Abschluss.

Ich fragte sie, wo sie den Schlag gelernt hatte. »Keine Ahnung«, erwiderte sie. »So schlage ich einfach.« Ich fragte ihren Trainer, aber der wusste es auch nicht. Als ich mich später mit ihrer Mutter Li Ping unterhielt, erzählte sie mir, was sie am Abend vorhatten, und erwähnte dabei, dass sie sich ein Spiel von Roger Federer ansehen wollten. Dabei stellte sich heraus, dass die Familie seit Langem großer Federer-Fan war und fast sämtliche seiner Spiele zu Hause auf Video hatte. Vor allem Carolyn sah sich diese Videos an, wann immer sie konnte. Mit anderen Worten, in ihrem kurzen Leben hatte sie Tausende Male Federers Rückhand gesehen. Und nicht nur gesehen, sondern, ohne es zu bemerken, in ihrer Essenz aufgenommen.[14]

Ein weiteres Beispiel ist Ray LaMontagne, der in einer Schuhfabrik in Lewiston im US-Bundesstaat Maine arbeitete und im Alter von 22 Jahren auf den Gedanken kam, Sänger und Komponist zu werden. Da LaMontagne kaum musikalische Erfahrung und noch weniger Geld hatte, kaufte er sich Schallplatten von Stephen Stills, Otis Redding, Al Green, Etta James und Ray Charles und schloss sich zwei Jahre lang in seiner Wohnung ein. Jeden Tag übte er stundenlang, indem er die Platten anhörte und mitsang. Seine Freunde nahmen an, er sei umgezogen, und die Nachbarn hielten ihn für verrückt oder dachten, er habe sich in einer musikalischen Zeitmaschine eingesperrt – was ja durchaus nicht ganz falsch war. »Ich habe gesungen und gesungen und gelitten und gelitten, weil ich gewusst habe, dass ich es falsch mache«, erinnert sich LaMontagne. »Ich habe lange gebraucht, aber irgendwann habe ich gelernt, aus dem Bauch heraus zu singen.« Acht Jahre später veröffentlichte LaMontagne sein erstes eigenes Album, das sich eine halbe Million Mal verkaufte. Der Grund für seinen Erfolg war seine soulige Stimme, die das Musikmagazin *Rolling Stone* als »gospelig« beschrieb und die andere mit Otis Redding und Al Green verwechselten. Alle stimmten überein, LaMontagnes Stimme müsse eine Gabe Gottes sein. Doch die wahre Gabe war vermutlich die Lernstrategie, mit der er diese Stimme entwickelt hatte.

Einer der erfolgreichsten Formen der Nachahmung begegne ich im Moskauer Tennisclub Spartak, einem eisigen Schrottplatz, der mit Anna Kurnikowa, Marat Safin, Anastassija Myskina, Jelena Dementjewa, Dinara Safina, Michail Juschny und Dmitri Tursunow ein Talent nach dem anderen hervorgebracht hat und der zwischen 2005 und 2007 mehr Tennisspielerinnen unter den ersten zwanzig der Weltrangliste platzierte als die gesamten Vereinigten Staaten zusammen. Außerdem kommt die Hälfte des siegreichen russischen Davis-Cup-Teams des Jahres 2006 aus diesem Verein. Das ist gar nicht schlecht für einen Club, der nur einen einzigen Hallenplatz zur Verfügung hat! Als ich den Verein im Dezember 2006 besuche, erinnert er mich eher an die Kulisse eines *Mad Max*-Films: Nach einer Fahrt durch einen Wald voller riesiger, hungriger und beängstigend schneller Hunde komme ich an einige Baracken. Vor dem Tor steht ein abgestellter Tieflader, auf der Straße schimmern Öllachen. Als ich näherkomme, sehe ich, wie sich hinter den blinden Plastikfenstern der Halle Schemen hin und her bewegen, doch ich vermisse den typischen Klang von Tennisschlägern und -bällen. Beim Betreten der Halle sehe ich auch warum: Die Schüler schwingen zwar ihre Schläger, aber sie verwenden keine Bälle.

Bei Spartak heißt das »imitatsiya«: Zeitlupenschläge mit einem imaginären Ball. So trainieren hier alle Schüler, von den Anfängern bis zu den Profis. Ihre Trainerin, eine spritzige, wettergegerbte Siebzigjährige namens Larisa Preobrazhenskaya, läuft in der Halle auf und ab wie eine

Mechanikerin, die eine riesige Maschine wartet. Sie ergreift kleine Arme und führt sie Schritt für Schritt durch einen Bewegungsablauf. Und als die Kinder schließlich Bälle schlagen – eins nach dem anderen, in einer Reihe stehend (bei Spartak gibt es keinen Privatunterricht) –, hält Preobrazhenskaya sie häufig an und lässt sie die Bewegung noch einmal in Zeitlupe durchgehen. Und noch einmal. Und vielleicht noch einmal.

Ich fühle mich an eine Ballettstunde erinnert: Es wirkt wie eine sorgsam einstudierte Choreografie aus langsamen, einfachen und präzisen Bewegungen, mit der Betonung auf *tekhnika*. Preobrazhenskaya hat eine eherne Regel: Während der ersten drei Jahre darf keiner ihrer Schüler an einem Turnier teilnehmen. Bei amerikanischen Eltern käme sie damit vermutlich nicht gut an, doch die russischen Eltern stellen diese Regel nicht infrage. »Technik ist *alles«*, erklärt mir Preobrazhenskaya später und schlägt dabei mit chruschtschowhafter Heftigkeit auf den Tisch. Ich zucke zusammen und revidiere im Stillen den Eindruck der Tennis-Oma, den ich von ihr hatte. »Ohne Technik anzufangen ist ein Fehler! Ein großer, großer Fehler!«

Herunterbrechen in Einzelbestandteile. Von all den Talentschmieden, die ich besuchte, verkörpert die Meadowmount School of Music im US-Bundesstaat New York die Technik des Herunterbrechens in Einzelbestandteile am besten. Meadowmount liegt fünf Stunden nördlich von Manhattan zwischen den grünen Hügeln der Adirondack Mountains. Ihr Gründer, der renommierte Violinist Ivan Galamian, wählte den Ort aus demselben Grund, aus dem die Regierung des Staates ihre Gefängnisse hierher verlegt: Er liegt weitab von allem, ist billig und vor allem ist es hier ruhig. (Galamian hatte sich erst im nahe gelegenen Elizabethtown niedergelassen, doch ihm schienen die Mädchen des Ortes aufgrund ihrer Schönheit eine zu große Ablenkung. Er musste es wissen, denn er heiratete eine Frau aus Elizabethtown.)

Ursprünglich bestand die Schule aus einem alten Haus und ein paar Blockhütten und hatte weder Strom noch fließend Wasser, Fernsehen oder Telefon. Seither hat sich wenig geändert. Das Schulgelände ist zwar malerisch, doch es hat wenig zu bieten: Die Schüler schlafen in spartanisch ausgestatteten Schlafsälen, die Übungshütten stehen auf schwankenden Pfählen, die aus Baumstämmen, Hohlblocks und in einem Fall sogar aus einem alten Wagenheber bestehen. Meadowmount lässt sich besser durch seine berühmten Schüler beschreiben, darunter Yo-Yo Ma, Pinchas Zukerman, Joshua Bell und Itzhak Perlman, oder durch eine einfache Gleichung, die so etwas wie das Motto der Schule geworden ist: In sieben Wochen lernen die Schüler hier so viel wie anderswo in einem Jahr und verfünffachen damit ihre Lerngeschwindigkeit. Die Schüler wissen das, doch sie verstehen es kaum, weshalb es in ihren Worten oft so klingt, als handele es sich um eine Art Snowboard-Kunststück.

»Das Mädchen da ist vollkommen verrückt«, sagt der sechzehnjährige David Ramos und zeigt auf Tina Chen, eine chinesische Kursteilnehmerin, die kurz zuvor bei einem der abendlichen Schulkonzerte ein Violinkonzert von Erich Korngold gespielt hatte. »Sie behauptet, sie hätte es in drei Wochen gelernt, aber ich habe gehört, es waren in Wirklichkeit nur zwei.« Leistungen wie diese sind in Meadowmount alltäglich, unter anderem weil die Lehrer das Konzept des Chunking hier bis zum Exzess betreiben. Schüler schneiden ihre Notenblätter in horizontale Streifen, die sie in einen Umschlag stecken und in zufälliger Reihenfolge herausziehen. Die einzelnen Streifen brechen sie in kleinere Einheiten herunter, indem sie den Rhythmus verändern. Schwierige Passagen spielen sie beispielsweise im Galopprhythmus (das klingt dann wie Pferdegetrappel: ta-*tamm*, ta-*tamm*, ta-*tamm*). Diese Technik zwingt die Schüler, Noten paarweise zusammenzufassen, und gibt ihnen danach eine Pause, ehe sie die nächsten beiden Töne spielen. Die verschiedenen Techniken haben ein Ziel: eine Fähigkeit in ihre Bestandteile (sprich: Schaltkreise) herunterzubrechen, diese einzeln zu lernen, und sie dann wieder zu immer größeren Einheiten (neuen, verknüpften Schaltkreisen) zusammenzufassen.

Verlangsamung. In Meadowmount werden schnelle Tonfolgen derart in die Länge gezogen, bis sie Walgesängen ähneln. Ein Lehrer nannte als Daumenregel: Wenn ein Passant das Stück erkennt, ist es noch zu schnell. Schulleiter Owen Carman kann seine Schüler drei Stunden lang mit einem einzigen Notenblatt beschäftigen. Neue Schüler spielen drei- bis fünfmal so langsam, wie sie je zuvor gespielt haben. Doch am Ende spielen sie das Blatt perfekt. Mit einer anderen Lernmethode hätten sie dazu vermutlich ein oder zwei Wochen benötigt. Warum ist die Verlangsamung eine derart effektive Methode? Das Myelinmodell bietet zwei Erklärungen. Erstens erlaubt uns die Verlangsamung, genau auf Fehler zu achten und damit präziser zu werden – und wenn es um Myelin geht, ist Präzision alles. Der Footballtrainer Tom Martinez sagt gern: »Das Interessante ist nicht, wie schnell man etwas kann. Viel interessanter ist, wie langsam man es richtig machen kann.« Und zweitens hilft die Verlangsamung dem Übenden, die Fähigkeit in all ihren Einzelheiten – die Form und den Rhythmus der ineinandergreifenden Schaltkreise – zu verstehen.

Im 20. Jahrhundert nahmen Psychologen an, Lernerfolg hänge von unveränderbaren Größen wie der Intelligenz oder dem persönlichen Entwicklungsstadium ab. Barry Zimmerman, Professor für Psychologie an der City University of New York, hat diese Ansicht nie geteilt. Er interessiert sich vielmehr für den Lernprozess, der stattfindet, wenn Menschen beobachten, urteilen und sich strategisch um die Verbesserung ihrer eigenen Leistung bemühen – mit anderen Worten, wenn sie sich selbst etwas beibringen. Zimmermans Interesse an dieser Art des Lernens, die auch »selbstreguliertes Lernen« genannt wird, veranlasste ihn, im Jahr 2001 ein Experiment durchzuführen, das mehr an einen Hütchentrick erinnert als an Wissenschaft. Zusammen mit Anastasia Kitsantas von der George Mason University wollte er die folgende Frage beantworten: Ist es möglich, die Leistung eines Menschen allein aufgrund dessen zu beurteilen, was dieser über seine Übungspraxis aussagt? Ist es beispielsweise möglich, Ballerinas mit unterschiedlichen Fähigkeiten über Pirouetten zu befragen und dann korrekt vorherzusagen, welche die beste, die zweitbeste und die drittbeste ist, und zwar nicht aufgrund ihrer Darbietung, sondern aufgrund der Worte, mit denen sie ihr Training beschreiben?

Die Fähigkeit, die Zimmerman und Kitsantas untersuchten, war der Volleyballaufschlag. Sie baten Profis, Amateurspieler und Anfänger, den Bewegungsablauf sowie ihre Ziele, Planung, strategische Entscheidungen, Selbstbeobachtungen, Anpassungen und so weiter zu beschreiben – insgesamt fragten sie zwölf Größen ab. Auf Grundlage dieser Antworten schätzten sie das Niveau der Spieler ein. Danach ließen sie diese den Aufschlag durchführen, um ihre Einstufung zu überprüfen. Ihre Einschätzungen trafen zu rund 90 Prozent zu.

»Unsere Vorhersagen waren sehr genau«, berichtet Zimmerman. »Das bedeutet, dass Experten anders und sehr viel strategischer trainieren. Wenn sie einen Fehler machen, schieben sie die Schuld nicht auf ihr Pech oder Unvermögen. Sie haben eine Strategie, die sie korrigieren können.«

Mit anderen Worten verhalten sie sich wie de Groots Schachmeister. Aufgrund ihrer Übung hatten sie etwas entwickelt, das wichtiger war als die bloße Fähigkeit: Sie hatten ein umfassendes konzeptionelles Verständnis, dass es ihnen erlaubte, ihre Leistung zu kontrollieren und anzupassen, Probleme zu beheben und ihren Schaltkreis auf neue Situationen anzupassen. Sie zerlegten Abläufe in ihre Einzelbestandteile und hatten das Chunking zu ihrer persönlichen Sprache gemacht.

In Meadowmount lerne ich einen vierzehnjährigen Cellisten namens John Henry Crawford kennen, der vielleicht am besten beschreibt, wie sich das aktive Lernen anfühlt. Ich treffe ihn allein in einer gammeligen Garage, in der das möglicherweise einzige Zugeständnis der Schule an die Freizeitbedürfnisse ihrer Schüler untergebracht ist: ein alter Ping-Pong-Tisch. Crawford beschreibt das Gefühl der Beschleunigung, das er in Meadowmount erlebt: »Letztes Jahr hat es sieben Wochen gedauert, bis es gefunkt hat und ich richtig angefangen habe zu lernen«, erzählte er mir. »Dieses Jahr spüre ich es jetzt schon. Es passiert im Kopf.«

Wir spielen eine Runde Tischtennis, und John Henry spricht im Rhythmus des Balles.

»Wenn es funkt, dann hat jede Note eine Bedeutung. Es ist, als würde ich ein Haus bauen. Der Stein hierhin, der dahin, ich setze sie aufeinander und habe ein Fundament. Dann die Mauern. Dann das Dach und die Farbe. Und dann hält hoffentlich alles zusammen.«

Wir spielen ein Match. Lange Zeit liegen wir gleichauf, gegen Ende gehe ich mit 20 zu 17 in Führung. Dann setzt John Henry fünf Schmetterbälle hintereinander und gewinnt.

»Was soll ich sagen?«, meint er und zuckt entschuldigend mit den Schultern. »Dieses Haus hier kann ich inzwischen auch ganz gut bauen.«

REGEL 2: WIEDERHOLEN

»Nicht Übung macht den Meister - meisterhafte Übung macht den Meister.« Myelin lässt das alte Sprichwort in neuem Licht erscheinen. Biologisch gesehen gibt es keine Alternative zur aufmerksamen Wiederholung. Nichts - weder Reden noch Nachdenken, Lesen oder Vorstellen - trägt effektiver zur Entwicklung einer Fähigkeit bei als die Ausführung der Handlung selbst, die Aktivierung der Nervenzellen, die Korrektur von Fehlern und die Optimierung der Schaltkreise.

Diese Wahrheit lässt sich durch eine einfache Rätselfrage illustrieren: Was muss man tun, um einem Superstar seine Fähigkeiten zu nehmen (ohne ihm eine Verletzung zuzufügen)? Was muss man tun, damit Ronaldinho keine Tore mehr schießt und Yo-Yo Ma seine Konzerte vergeigt?

Die Antwort ist ganz einfach: Man muss sie einen Monat lang am Üben hindern. Um Fähigkeiten verschwinden zu lassen, ist keine genetische Operation und keine Hypnose erforderlich. Es reicht, wenn ein Talent dreißig Tage lang daran gehindert wird, systematisch seine Schaltkreise zu aktivieren. Die Muskeln verändern sich nicht, die viel gepriesenen Gene bleiben dieselben, doch Sie haben das Talent an seinem schwächsten Punkt erwischt. Bartzokis weist zu Recht darauf hin, dass Myelin eine lebendige Substanz ist, die wie alles in unserem Körper einem ständigen Zyklus der Ersetzung und Reparatur unterliegt. Darum ist tägliche Übung so wichtig, vor allem mit zunehmendem Alter. Der Klaviervirtuose Vladimir Horowitz, der bis weit über das achtzigste Lebensjahr hinaus Konzerte gab, berichtete: »Wenn ich einen Tag nicht übe, dann merke ich es. Wenn ich zwei Tage nicht übe, dann bemerkt es meine Frau. Und wenn ich drei Tage nicht übe, dann bemerkt es die ganze Welt.«

Wiederholung ist unschätzbar wertvoll und durch nichts zu ersetzen. Es gibt allerdings ein paar Ausnahmen. Bei gängigen Übungsmethoden gilt: je mehr, umso besser. Sie können hundert a-moll-Akkorde spielen oder hundert Mal ein Neuner Eisen schwingen, aber zweihundert Mal wäre doppelt so gut. Beim aktiven Lernen liegt der Fall anders. Hier stellt mehr Zeit ebenfalls einen Vorteil dar, aber nur, wenn wir in unserer

Lernzone an der Grenze unserer Fähigkeiten bleiben und dort aufmerksam Schaltkreise aufbauen und optimieren. Es scheint jedoch so etwas wie eine verbindliche Obergrenze dafür zu geben, wie viel ein Mensch pro Tag aktiv lernen kann. Ericssons Untersuchungen zeigen, dass die meisten Experten von Weltrang - zum Beispiel Pianisten, Schachspieler, Romanautoren und Sportler - pro Tag nur zwischen drei und fünf Stunden lang trainieren, ganz egal welche Fähigkeit sie einüben.

In den meisten Talentschmieden kamen die Schüler auf erheblich weniger Stunden pro Tag. In der Tennisschule Spartak trainierten die Sechs- bis Achtjährigen zwischen drei und fünf Stunden pro Woche, ältere Jugendliche kamen auf bis zu fünfzehn Stunden. Die jugendlichen Baseballspieler auf Curaçao, die zu den besten der Welt gehören, trainieren während sieben Monaten im Jahr drei Mal pro Woche. Es gibt allerdings einige Ausnahmen. In den siebzehnwöchigen Kursen in Meadowmount üben die Schüler pro Tag fünf Stunden. Doch insgesamt hielt sich das Trainingspensum in den Talentschmieden auf einem vernünftigen Maß und bestätigte das, was ich schon an Clarissas Übung von »Golden Wedding« und »Die Blaue Donau« gesehen hatte: Sobald wir die Zone des aktiven Lernens verlassen, können wir genauso gut aufhören.[15]

Das bestätigen auch die Beobachtungen des Tennistrainers Robert Lansdorp. Der heute über Sechzigjährige ist im Tennisgeschäft das, was Warren Buffett im Investmentbanking ist, und hat mit Tracy Austin, Pete Sampras, Lindsay Davenport und Maria Scharapowa gearbeitet. Es amüsiert ihn, dass viele Tennisprofis heute Tausende Aufschläge üben.

»Haben Sie je Connors, McEnroe oder Federer beim Training zugesehen?«, fragt er mich. »Die trainieren keine tausend Schläge. Die sind kaum eine Stunde auf dem Platz. Wenn man die Koordination erstmal raus hat, verliert man sie nicht wieder.«

In meiner Begeisterung erzähle ich Lansdorp von Myelin, das Schaltkreise im Gehirn isoliert, langsam wächst, wenn wir diese Nerven aktivieren, und dass wir zehn Jahr benötigen, um zur Weltklasse zu gehören. Nach wenigen Sekunden unterbricht er mich.

»Klar«, sagt er und nickt mit der majestätischen Art eines Menschen, der mehr über Myelin weiß als jeder Neurologe.

»So was muss es wohl sein.«

REGEL 3: FÜHLEN

Bei meinem Besuch in Meadowmount hatte die Schule gerade einen Kurs namens »Lerntechnik« ins Programm aufgenommen, der von Skye Carman, einer Schwester des Direktors, unterrichtet wird. In der Blockhütte sitzen ein halbes Dutzend Schüler. Skye, eine überschwängliche Persönlichkeit und ehemalige Konzertmeisterin der Holland Symphony, eröffnet die Stunde mit der Frage: »Wer von euch kann fünf oder mehr Stunden am Tag üben?«

Vier Hände schießen in die Höhe.

Skye schüttelt ungläubig den Kopf. »Das ist sehr gut. Ich hätte das im ganzen Leben nicht geschafft. Ich hasse üben! Deswegen habe ich mich gezwungen, so effektiv wie möglich zu üben. Deswegen meine Frage. Was macht ihr als Erstes, wenn ihr übt?«

Die Schüler sehen sie fragend an.

»Stimmen. Bach spielen«, sagt ein großer Junge schließlich. »Oder so.«

»Hmmmm«, macht Skye und hebt eine Augenbraue angesichts dieses offensichtlichen Mangels an Strategie. »Dann wollen wir mal sehen. Ich nehme an, ihr fangt einfach an zu spielen, oder? Ihr stimmt euer Instrument, sucht euch ein Stück aus und spielt drauflos. Als wäre es ein Fußball.«

Die Schüler nicken. Skye hat sie ertappt.

»Das ist verrückt!«, ruft sie aus und wirft die Arme in die Luft. »Machen Sportler das so? Denkt ihr, die spielen einfach drauflos? Ihr müsst wissen, dass das, was ihr da macht, nichts anderes ist als Leistungssport. Ihr seid Sportler. Euer Spielfeld ist zwar nur ein paar Zentimeter lang, aber es ist euer Spielfeld. Ihr braucht einen festen Stand und müsst wissen, wo ihr steht. Als Erstes stimmt ihr euer Instrument. Und dann stimmt ihr euer Ohr.«

Skye erklärt, es gehe darum, einen festen Stand zu finden, um Fehler zu erkennen. Um Fehler zu vermeiden, muss man sie im Ansatz spüren können.

»Wenn eine Saite falsch gestimmt ist, dann sollte euch das *stören«*, erklärt sie. *»Es sollte euch sehr stören. Das ist es, was ihr spüren müsst.*

Was ihr in Wirklichkeit übt, ist eure Konzentration. Das ist ein Gefühl. Und das wollen wir jetzt üben.«

Die Schüler schließen die Augen und sie streicht den Bogen über eine offene Saite. Dann dreht sie den Stimmwirbel einen Millimeter weit, zieht den Bogen erneut über die Saite, und der Ton ändert sich. Die Schüler legen die Stirn in Falten, sie wirken fast ärgerlich, so als wollten sie, dass Skye die Saite neu stimmt. Skye lächelt.

»Genau so«, sagt sie. »Merkt es euch.«

Myelin kommt auf leisen Sohlen. Wir können genauso wenig spüren, wie es sich um unsere Nervenfasern legt, wie wir spüren können, wenn unser Herz oder unsere Lungen nach dem Training ein wenig effektiver werden. Es ist jedoch möglich, einige Gefühle wahrzunehmen, die mit dem Erlernen einer neuen Fähigkeit einhergehen.

Bei meinen Besuchen in den verschiedenen Talentschmieden bat ich Schüler, mir mit einigen Schlagworten zu beschreiben, was sie in ihren produktivsten Übungsstunden empfinden. Hier sind einige davon:

Aufmerksamkeit
Verbindung
Aufbau
Ganzheit
Wachheit
Fokus
Fehler
Wiederholung
Müdigkeit
Schärfe
Konzentration[16]

Die Begriffe sind eindeutig. Sie beschreiben das Gefühl, sich nach etwas zu strecken, es nicht zu erreichen, und sich erneut zu strecken. Es ist die Sprache der Bergsteiger, die schrittweise, Stück für Stück, eine Felswand hinaufklettern. Es ist das Gefühl, sich nach einem Ziel zu recken und es ganz knapp zu verfehlen, das Martha Graham »göttliche Unzufriedenheit« nannte. Oder das Glenn Kurtz in seinem Buch *Practicing* beschreibt: »Mit jedem Tag, mit jeder Note ist die Übung dieselbe, essenziell menschliche Geste: Das Gefühl, sich nach einer Idee zu strecken, nach der Größe dessen, was wir uns wünschen, und zu spüren, wie es uns zwischen den Fingern zerrinnt.«

Das Gefühl erinnert an Robert Bjorks »Lernzone«, diesen produktiven und unbequemen Bereich knapp jenseits der Grenze unserer Fähigkeiten, den wir zwar noch erreichen, aber nicht mehr fassen können. Aktives Lernen ist nicht bloßer Kampf, sondern eine gezielte Auseinandersetzung mit festen Bestandteilen:

1. Suchen Sie sich ein Ziel.
2. Strecken Sie sich danach.
3. Bewerten Sie die Differenz zwischen Ihrem Ziel und Ihren Fähigkeiten.
4. Beginnen Sie von vorn.

Nach dem typischen Gesichtsausdruck zu urteilen, dem ich in Talentschmieden begegnet bin, ist die Lernzone kein allzu gemütlicher Ort. Doch man kann Gefallen daran finden. Einer der evolutionären Vorteile des Myelins besteht darin, dass es ausnahmslos jeden Schaltkreis isoliert, selbst wenn uns die damit verbundene Erfahrung zunächst nicht gefällt. In Meadowmount beobachten die Lehrer, wie ihre Schüler allmählich Gefallen am Üben finden. Zunächst schmeckt es ihnen überhaupt nicht. Doch schon bald ertragen es die Schüler, und irgendwann haben sie sogar ihren Spaß daran.

»Die meisten Schüler beschleunigen den Lernprozess sehr schnell«, erzählt Direktor Owen Carman. »Es ist so, als würden sie sich nach innen wenden. Sie suchen nicht mehr außen nach Lösungen, sondern in sich selbst. Sie erkennen, was funktioniert und was nicht. Das lässt sich nicht vortäuschen, und es lässt sich nicht borgen, klauen oder kaufen. Es ist ein ehrliches Handwerk.«

Die Lehrer erkennen bestimmte Zeichen: gekritzelte Hieroglyphen auf den Notenblättern, eine neue Intensität der Gespräche, eine gesteigerte Wertschätzung für Aufwärmübungen. Geigenlehrerin Sally Thomas beobachtet Veränderungen im Gang. »Wenn sie hierher kommen, stolzieren sie herum wie Gockel. Das legen sie bald ab. Und das ist gut so.«[17]

Eines der Bilder, das meiner Ansicht nach am besten vermittelt, wie sich aktives Lernen anfühlt, ist die Geschichte der tapsenden Babys. Um es kurz zu machen: Vor einigen Jahren führten norwegische und amerikanische Wissenschaftler eine Untersuchung durch, um herauszufinden, wie Kleinkinder besser laufen lernen können. Der entscheidende Faktor war weder die Körpergröße noch das Gewicht, das Alter oder die Entwicklung des Gehirns, sondern (Überraschung!) die Zahl der Stunden, die Kinder damit zubrachten, ihre Schaltkreise zu entwickeln und Laufen zu üben.

Diese Untersuchung stützt nicht nur unsere These, sie macht auch anschaulich deutlich, wie sich aktives Lernen anfühlt. Im Grunde ist es so, als würden wir wie Kleinkinder durch die Gegend torkeln, tollpatschig auf ein Ziel zustolpern und dabei immer wieder hinfallen. Es ist dieses beunruhigende Gefühl, auf wackeligen Beinen zu stehen, das jeder vernünftige Mensch eigentlich am liebsten vermeiden würde. Doch je länger sich die Kleinkinder in diesem Zustand befanden, je länger sie diese Situation ertrugen und zuließen, dass sie immer wieder hinfielen, umso mehr Myelin produzierten sie und umso mehr lernten sie. Die tapsenden Kleinkinder sind ein gutes Bild für das aktive Lernen: Um etwas gut zu machen, müssen wir bereit und offen dafür sein, es zuerst schlecht zu machen. Wir erwerben unsere Fähigkeiten mit Babyschritten.

TEIL 2

INITIALZÜNDUNG

KAPITEL 5

DER ANSTOSS

Jeder große und erhebende Moment in der Geschichte der Menschheit ist der Triumph einer Begeisterung.

Ralph Waldo Emerson

»WENN SIE DAS KANN, WARUM SOLL ICH DAS NICHT AUCH KÖNNEN?«

Der Erwerb einer Fähigkeit erfordert, wie wir gesehen haben, aktives Lernen. Doch aktives Lernen ist kein Zuckerschlecken, sondern erfordert Energie, Leidenschaft und Einsatz. Mit anderen Worten verlangt es Motivation, und damit sind wir beim zweiten Geheimnis des Talents angelangt. In diesem Abschnitt wollen wir uns ansehen, wie Motivation geweckt und wie sie aufrechterhalten wird. Ich nenne diesen Moment »Initialzündung«. Das Zusammenspiel aus Initialzündung und aktivem Lernen erzeugt Fähigkeiten, genau wie das Zusammenspiel aus Benzintank und Motor ein Auto beschleunigt. Die Initialzündung liefert die Energie, und aktives Lernen verwandelt diese Energie in eine Vorwärtsbewegung beziehungsweise in die Bildung von Myelinschichten.

Bei meinen Besuchen in den Talentschmieden begegnete ich der Lernleidenschaft auf Schritt und Tritt. Sie zeigte sich darin, wie die Schüler ihre Geigen hielten, ihre Fußbälle trugen und ihre Bleistifte spitzten. Oder darin, dass sie nackte Übungsräume mit derselben Ehrfurcht betraten wie Kathedralen, und in den aufmerksamen Blicken, mit denen sie ihre Lehrer beobachteten. Die Stimmung war nicht immer heiter und fröhlich – manchmal war sie auch düster und besessen, manchmal wie die stille, dauerhafte Liebe, die man bei alten Ehepaaren findet. Doch die Lernleidenschaft war immer vorhanden, und sie war der emotionale Raketentreibstoff, der die Schüler immer weiter voranbrachte.

Wenn ich die Schüler in den Talentschmieden nach dem Ursprung ihrer Leidenschaft für Musik/Gesang/Fußball/ Mathematik fragte, hielten die meisten die Frage für lächerlich, so als hätte ich sie gefragt, seit wann sie gern Sauerstoff atmen. Meist war die Antwort ein Schulterzucken und ein »Keine Ahnung, es macht mir schon immer Spaß«.

Angesichts dieser Reaktionen wäre es allzu leicht, ebenfalls mit den Schultern zu zucken und ihre Motivation den Abgründen des menschlichen Herzens zuzuschreiben. Doch das wäre falsch. Denn in vielen Fällen lässt sich durchaus ein zündender Moment ausmachen.

Im Falle der südkoreanischen Golfspielerinnen war es der Nachmittag des 18. Mai 1998, an dem eine Zwanzigjährige namens Se Ri Pak die amerikanische LPGA-Meisterschaft gewann und zur Nationalheldin wurde. (Eine Zeitung in Seoul schrieb, »Se Ri Pak ist nicht das weibliche Pendant zu Tiger Woods, Tiger Woods ist das männliche Pendant zu Se Ri Pak.«) Vor ihr hatten Südkoreanerinnen nie auch nur einen Blumentopf im Golf gewonnen, zehn Jahre später dominierten sie die amerikanischen Meisterschaften, die 45 Teilnehmerinnen gewannen ein Drittel aller Turniere.

Für die russischen Tennisspielerinnen kam der entscheidende Moment einige Monate später, als die siebzehnjährige Anna Kurnikowa das Halbfinale in Wimbledon erreichte und dank ihres Aussehens die beliebteste Sportlerin des Internets wurde. Im Jahr 2004 kamen Russinnen regelmäßig in die Endspiele der großen Turniere, und im Jahr 2007 waren fünf Russinnen unter den besten zehn Tennisspielerinnen der Welt sowie zwölf unter den besten fünfzig. »Sie sind wie die Rote Armee«, sagte Nick Bollettieri, Gründer einer Tennisschule in Florida. »Die sind einfach nicht aufzuhalten.«

Jahr	Anzahl der südkoreanischen Teilnehmerinnen der US-amerikanischen Golfmeisterschaften	Anzahl der russischen Tennisspielerinnen unter den Top 100 der WTA
1998	1	3
1999	2	5
2000	5	6
2001	5	8
2002	8	10
2003	12	11
2004	16	12
2005	24	15
2006	25	16
2007	33	15

Andere Talentschmieden folgen demselben Muster: Auf einen ersten Durchbruch folgt ein massiver Talentschub. In beiden Fällen setzte dieser Schub erst allmählich ein, es dauerte jeweils fünf oder sechs Jahre, bis er ein Dutzend Spielerinnen erfasste. Das liegt nicht daran, dass die Inspiration zunächst nur schwach gewesen wäre und im Laufe der Jahre zugenommen hätte, sondern daran, dass aktives Lernen Zeit erfordert (zehntausend Stunden, so die Regel). Talent verteilt sich nach demselben Prinzip, nach dem sich Löwenzahn durch die Gärten der Vorstadt ausbreitet. Ein Windstoß bringt im Laufe der Zeit viele Blüten.[18]

Ein weiteres Beispiel für dieses Phänomen nahm an einem stürmischen Maitag des Jahres 1954 seinen Anfang, als ein dürrer Medizinstudent namens Roger Bannister von der Universität Oxford als Erster die Meile in weniger als vier Minuten lief. Die Geschichte ist bekannt: Physiologen und Läufer hielten die Vier-Minuten-Marke lange für eine körperlich unerreichbare Grenze, doch Bannister arbeitete sich systematisch, quasi Schritt für Schritt an den Rekord heran und unterbot die magische Grenze von vier Minuten schließlich um wenige Sekundenbruchteile. Das Rennen brachte ihm lebenslangen Ruhm ein, und das

Magazin *Sports Illustrated* sprach von der größten sportlichen Leistung des 20. Jahrhunderts.

Weniger bekannt ist allerdings, was wenige Wochen später passierte: Ein weiterer Athlet, der Australier John Landy, unterbot die vier Minuten ein zweites Mal. In der nächsten Saison folgten weitere Läufer. Schließlich waren es wahre Scharen. Drei Jahre später hatten siebzehn Athleten die größte sportliche Leistung des 20. Jahrhunderts erreicht. Es war kein Wunder passiert. Die Bahnen, das Training und die Gene waren dieselben geblieben. Auch positives Denken oder ein neues Selbstvertrauen waren nicht die Gründe. Die Veränderung fand nicht in den Läufern selbst statt, sondern kam von außen. Die siebzehn Läufer hatten eine klare Botschaft erhalten: Das kannst du auch. Damit verwandelte sich die Vier-Minuten-Marke von einer unüberwindlichen Schallmauer in einen weiteren Schritt auf dem Weg zu neuen Bestmarken. So funktioniert das Prinzip der Initialzündung. Während das aktive Lernen ein kühler, bewusster Akt ist, ist die Initialzündung eine mysteriöse Explosion, ein plötzliches Erwachen. Während das aktive Lernen ein allmählicher Prozess ist, ist die Initialzündung ein Blitzschlag aus Bildern und Gefühlen, in dem von der Evolution angelegte Programme die Energie- und Aufmerksamkeitsreserven des Geistes anzapfen. Während aktives Lernen in tapsigen Babyschritten erfolgt, hat die Initialzündung mit Signalen und unbewussten Kräften zu tun, die unsere Identität ausmachen - es sind Momente, in denen wir sagen: So will ich sein. Wir verstehen Leidenschaft oft als eine innere Kraft. Doch bei meinen Besuchen in den Talentschmieden stellte ich fest, dass die Leidenschaft oft von außen angestoßen wurde. Der richtige Flügelschlag eines Schmetterlings löste einen Wirbelsturm aus.

»Ich habe Pak damals im Fernsehen gesehen«, erinnert sich Christina Kim, eine amerikanische Golfspielerin südkoreanischer Abstammung. »Sie war nicht blond und blauäugig, und wir hatten dieselbe Herkunft. Ich habe mich gefragt: Wenn sie das kann, warum soll ich das nicht auch können?« Die Tennistrainerin Larisa Preobrazhenskaya vom Tennisclub Spartak erinnert sich an den Moment, in dem der Funke übersprang: »Die kleinen Mädchen hatten plötzlich alle ihre Haare zu Pferdeschwänzen zurückgebunden und stöhnten beim Schlagen. Sie hatten sich in kleine Annas verwandelt.« Die Initialzündung ist schwer fassbar, da sie vor allem eine unbewusste Angelegenheit ist. Was nicht heißt, dass man sie nicht verstehen oder für sich nutzen kann. In den folgenden Kapiteln wollen wir uns ansehen, wie die Initialzündung funktioniert, und wie kleine, scheinbar unbedeutende Funken zur Entwicklung von Fähigkeiten beitragen können. Wir besuchen Orte, an denen solche und ähnliche Initialzündungen stattgefunden haben, auch wenn man sich dessen dort möglicherweise gar nicht bewusst ist, und wir werden uns ansehen, wie Liebe zur Myelinbildung beiträgt. Zunächst wollen wir uns aber dem Prozess der Initialzündung selbst zuwenden.

EINE KLEINE VORSTELLUNG MIT DURCHSCHLAGENDER WIRKUNG

Im Jahr 1997 machte sich Gary McPherson an die Untersuchung eines Phänomens, das Eltern und Musiklehrer gleichermaßen seit Menschengedenken vor Rätsel stellt: Warum machen manche Kinder im Musikunterricht Fortschritte und andere nicht? Er begann eine langfristige Untersuchung der musikalischen Entwicklung von 157 zufällig ausgewählten Kindern. (Im Rahmen dieser Untersuchung entstand unter anderem auch das Video der Klarinette spielenden Clarissa.) McPhersons Ansatz war einmalig umfassend. Er begann mit der Beobachtung der Kinder, einige Wochen bevor sie ihr Instrument auswählten (meist im Alter von sieben oder acht Jahren) und begleitete sie bis zum Schulabschluss. In diesem Zeitraum verfolgte er den Fortschritt der Kinder mithilfe von detaillierten Befragungen, biometrischen Untersuchungen und Videoaufnahmen von Übungsstunden.

Nach neun Monaten Unterricht ergab sich eine typische Mischung: Eine Handvoll Kinder hatte sich explosionsartig entwickelt, eine Handvoll hatte kaum etwas gelernt und die meisten waren irgendwo dazwischen. Die musikalischen Fähigkeiten der Gruppe verteilten sich entlang der zu erwartenden Glockenkurve. Die Frage war nur: War diese Glockenkurve das unvermeidliche Ergebnis einer willkürlich ausgewählten Gruppe, die eine bestimmte Fähigkeit erlernen will. Oder versteckte sich irgendwo ein Faktor X, der erklärte, warum die einen Erfolg hatten und die anderen nicht?

McPherson analysierte die Daten, um dieser Frage auf die Spur zu kommen. War der Faktor X die Intelligenz? Nein. War es das Gehör? Nein. Waren es mathematische Kenntnisse, ein besonderes Rhythmusgefühl, sensomotorische Fähigkeiten oder das Familieneinkommen? Die Antwort lautete jedes Mal Nein.

Schließlich untersuchte McPherson einen weiteren Faktor: Die Antworten der Kinder auf eine simple Frage, die er ihnen vor ihrer ersten Unterrichtsstunde gestellt hatte. Die Frage hatte gelautet: Was meinst du, wie lange du das Instrument spielen wirst?

»Die meisten haben zuerst mit dem typischen ›hm, weiß nicht‹ geantwortet«, erinnert sich McPherson. »Doch wenn ich nachgehakt und sie ein paar Mal gefragt habe, dann haben sie irgendwann eine solide Antwort gegeben. Kinder haben nämlich schon zu diesem Zeitpunkt eine ziemlich genaue Vorstellung davon. Sie nehmen irgendetwas in ihrer Umgebung wahr, das sie sagen lässt, ja, das ist was für mich.«

Bei dieser ersten Befragung sollten die Kinder angeben, wie lange sie das Instrument spielen wollten (die Optionen waren: dieses Schuljahr, während der gesamten Grundschule, während der gesamten Schulzeit, mein Leben lang), und die Antworten wurden schließlich in drei Kategorien eingeteilt:

kurzfristige Leistungsbereitschaft,
mittelfristige Leistungsbereitschaft,
langfristige Leistungsbereitschaft.

Dann teilte McPherson die Kinder danach ein, wie lange sie jede Woche übten: wenig (20 Minuten pro Woche), mittel (45 Minuten pro Woche) und viel (90 Minuten pro Woche) und verglich beide Ergebnisse mit ihrem Abschneiden bei einem Leistungstest. Und so sah das Resultat aus:

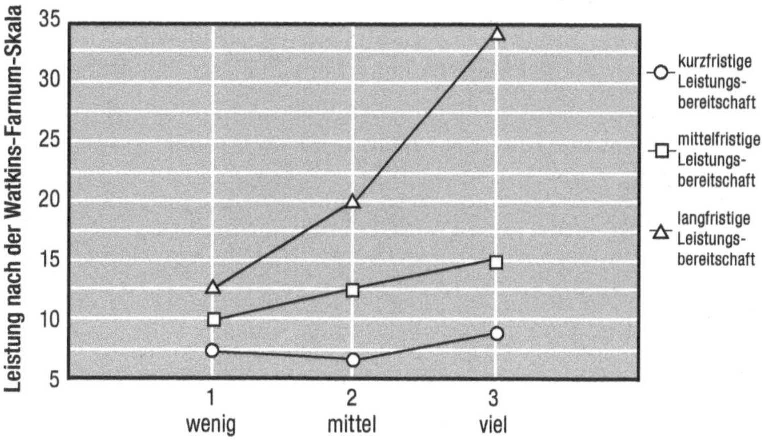

Durchschnittliche Übungszeit pro Woche
Quelle: Dr. Gary McPherson

Als McPherson die Grafik sah, war er erstaunt. »Ich wollte meinen Augen nicht trauen«, erinnert er sich. Der Fortschritt hing nicht etwa von den Fähigkeiten oder dem Charakter der Kinder ab, sondern von einer kleinen, aber wirkungsvollen Vorstellung, die die Kinder bereits mit in den Unterricht brachten. Die Unterschiede waren erstaunlich. Bei gleichen Übungszeiten waren die Kinder, die langfristige Leistungsbereitschaft mitbrachten, um 400 Prozent besser als die Kinder, die sich nur kurzfristig binden wollten. Mit nur 20 Minuten Übung pro Woche wiesen Erstere immer noch größere Fortschritte auf als die kurzfristig motivierten Kinder, die anderthalb Stunden pro Woche übten. Wenn langfristige Leistungsbereitschaft und intensive Übung zusammenkamen, dann explodierten die Fähigkeiten.

»Wir gehen automatisch davon aus, dass ein Kind als unbeschriebenes Blatt in den Unterricht kommt, doch die Vorstellungen, mit denen die Kinder in die erste Unterrichtsstunde gehen, haben vermutlich größeren Einfluss auf ihre Leistung als alles, was ein Musiklehrer leisten kann, und sogar größeren Einfluss als die Übungsdauer«, erklärt McPherson. »Das Entscheidende ist die Selbstwahrnehmung. An einem bestimmten Moment ganz zu Beginn kristallisiert sich ein Bild heraus, und sie sagen sich: ›Ich bin ein Musiker.‹ Diese Vorstellung tritt eine Lawine los.«

Clarissa ist McPhersons Beispiel für diesen Lawineneffekt. Am Tag vor ihrer Hochgeschwindigkeitsübung hatte Clarissas Musiklehrer versucht, ein neues Stück namens »La Cinquantaine« mit ihr einzuüben. Wie so oft war der Unterricht nicht sonderlich Erfolg versprechend verlaufen. Frustriert beschloss der Lehrer, Clarissa eine Jazzversion von »La Cinquantaine« vorzuspielen, eben »The Golden Wedding«. Er spielte ein paar Takte, das Ganze dauerte vielleicht eine Minute. Doch diese Minute genügte.

»Während er das Stück gespielt hat, ist etwas passiert«, berichtet McPherson. »Clarissa war begeistert von der Jazzversion. Sie war wie gebannt. Sie hat gesehen, wie er das Stück gespielt hat, und er scheint Gefühl hineingelegt zu haben, denn plötzlich hat sich Clarissa selbst das Stück spielen sehen. Ihr Lehrer hat das vermutlich nicht einmal bemerkt, aber sie war plötzlich begeistert und wollte das Stück lernen.« McPherson beschreibt einen interessanten Prozess. Das Spiel ihres Lehrers löst bei Clarissa eine intensive emotionale Reaktion aus. Diese Reaktion – egal, ob wir sie Faszination, Begeisterung oder Liebe nennen – ließ Clarissa sofort ihren Motivationstank anzapfen, der das aktive Lernen anfeuerte. Ihr passierte genau das, was auch den koreanischen Golferinnen und den russischen Tennisspielerinnen passierte. In deren Fall reichte der Brennstoff aus, um innerhalb eines Jahrzehnts eine Vormachtstellung in zwei Sportarten zu erreichen. Und Clarissa bekam genug Energie, um in sechs Minuten so viel zu lernen wie sonst in einem ganzen Monat. McPhersons Grafik ist genauso wenig eine Darstellung angeborener Fähigkeiten wie die obige Tabelle der südkoreanischen und russischen Sportlerinnen. Sie demonstriert vielmehr, wie die Initialzündung funktioniert. Diese Entwicklung wurde nicht durch die Gene angestoßen, sondern durch eine kleine, wirkungsvolle Vorstellung: ein Bild ihres künftigen Selbst als Musiker, das den Lernprozess anstieß, lenkte und beschleunigte, und das von außen kam. Diese Kinder kamen nicht mit dem Wunsch zur Welt, Musiker zu werden. Wie in Clarissas Fall wurde dieses Bedürfnis von außen angestoßen, durch die Eltern, die Familie, die Lehrer, andere Menschen oder ein Bild, das ihnen in ihrem kurzen Leben begegnet war. Dieser Anstoß löste eine heftige, wenngleich fast unbewusste Reaktion aus, die sich in einer Vorstellung kristallisierte: So will ich auch sein. Das war nicht unbedingt eine logische Vorstellung, und sie hatte nichts mit ihren musikalischen Fähigkeiten, ihrem Gehör und ihrem Rhythmusgefühl zu tun. Vielleicht war sie ein reines Zufallsprodukt. Doch auch Zufälle haben Konsequenzen, und eine davon war eine Initialzündung mit Folgen.[19]

WIE SIE DEN SCHALTER UMLEGEN

Wenn wir ehrlich sind, ist Motiviertheit ein etwas irrationaler Zustand. Wir geben unsere momentane Bequemlichkeit auf, um in Zukunft möglicherweise einen Nutzen von unseren Anstrengungen zu haben. Es reicht nicht aus zu sagen »Ich will X«. Wir sagen vielmehr, »Ich will X später, und deswegen muss ich jetzt wie verrückt Y machen«. Wir sprechen über Motivation, als handele es sich um eine rationale Einschätzung eines Zusammenhangs von Ursache und Wirkung, doch es handelt sich eher um eine Art Wette, deren Ausgang alles andere als sicher ist. Was ist nämlich, wenn die erwarteten Früchte unserer Anstrengungen ausbleiben? Diese paradoxe Situation wird in einer Szene von Mark Twains Roman *Tom Sawyer* sehr schön deutlich.

Tante Polly verdonnert Tom Sawyer dazu, einen Gartenzaun zu streichen. Während Tom den Pinsel schwingt, schlendert ein Nachbarsjunge namens Ben vorüber und zieht Tom auf, indem er ihm von seinen Plänen für den Nachmittag erzählt.

»Hey – ich geh nachher schwimmen. Hast du nicht auch Lust? Aber du arbeitest ja lieber, he? Klar hast du Lust, schwimmen zu gehen!«

Tom musterte den Jungen kurz und erwiderte:

»Was meinst du mit arbeiten?«

»Was? Das ist doch Arbeit, oder?«

Tom wandte sich wieder dem Zaun zu und antwortete wenig interessiert:

»Vielleicht, vielleicht auch nicht. Aber es passt Tom Sawyer.«

»Hör auf, du willst doch nicht sagen, dass dir das Spaß macht!«

Tom pinselte weiter.

»Spaß? Ich wüsste nicht, warum es mir keinen Spaß machen sollte. Man bekommt ja nicht jeden Tag die Chance, einen Zaun zu streichen.«

Plötzlich sah die Sache ganz anders aus. Ben ließ den Apfel sinken, an dem er eben noch gekieft hatte. Tom schwang munter den Pinsel, trat einen Schritt zurück, um das Ergebnis zu begutachten, tupfte hier und da nach und blickte prüfend auf den Zaun. Ben verfolgte jede Bewegung und wurde immer neugieriger. Schließlich sagte er:

»Hey Tom, lass mich auch mal.«

Tom überlegte und wollte schon zustimmen, doch dann entschied er sich dagegen:

»Nein, nein. Ich glaube das geht nicht, Ben. Weißt du, Tante Polly nimmt es ziemlich genau mit dem Zaun hier. Der geht raus auf die Straße. Wenn er hinten raus gehen würde, dann wär's mir und ihr egal. Aber sie nimmt es ziemlich genau mit dem Zaun hier. Das braucht viel Sorgfalt. Ich denke, es gibt unter Tausend oder vielleicht unter Zweitausend höchstens einen Jungen, der das richtig kann.«

Wir alle wissen, wie die Geschichte endet. Bei Ben hat es gezündet, die Motivation wirkt ansteckend, und schon bald sieht Tom zu, wie die Nachbarskinder sich darum reißen, an seiner Stelle den Zaun streichen zu dürfen. Die Geschichte mag pure Fiktion sein, doch sie zeigt, welche Botschaften als Initialzündung besonders wirkungsvoll sind.

Im vorigen Unterkapitel haben wir drei Beispiele der Initialzündung kennengelernt: die südkoreanischen und russischen Athletinnen, die Meilenläufer und die angehenden Musiker. Was haben diese drei gemeinsam? Erstens war ihre Initialzündung eine Reaktion. Sie hatten vermutlich das Gefühl, der Anstoß komme aus ihnen selbst, aber das stimmt so nicht. In jedem Fall ist er eine Reaktion auf einen Impuls von außen, der sie in Form eines Bildes ansprach: der Sieg einer Landsfrau, der Durchbruch eines anderen Läufers oder die mysteriöse Identifikation mit einem Lehrer, die plötzlich den Wunsch weckte, Musikerin zu werden. Die Frage ist jedoch, was haben diese Impulse gemeinsam?

Die Antwort ist, dass sie alle mit Identität und Gruppenzugehörigkeit zu tun haben. Jeder dieser Impulse funktioniert wie ein rotes Blinklicht und sagt: Diese Menschen tun etwas, das sich richtig lohnt. Es verspricht damit eine zukünftige Zugehörigkeit zu dieser Gruppe.

Das Bedürfnis nach Zugehörigkeit ist eines von wenigen wichtigen Grundbedürfnissen, und die Aussicht auf Zugehörigkeit aktiviert unser eingebautes Motivationssystem und richtet unsere Energie darauf aus, dieses Ziel zu erreichen. Diese Motivation wirkt: Wer hätte nicht das Bedürfnis, zu einer erfolgreichen Gruppe zu gehören? Interessant ist jedoch, wie stark dieser unbewusste Impuls sein kann.

»Wir gehören zu den geselligsten Lebewesen auf dem Planeten«, erklärt Dr. Geoffrey Cohen von der University of Colorado. »Alles hängt vom gemeinsamen Einsatz und der Kooperation ab. Ein Signal, uns mit einer Gruppe zu identifizieren, wirkt wie ein empfindlicher Schalter. Die Leistungsfähigkeit ist bereits vorhanden, doch wenn dieser Schalter umgelegt wird, geht die Energie, die wir in diese Fähigkeit stecken, durch die Decke.«

Cohen gehört zu einer immer größer werdenden Gruppe von Psychologen, die sich mit der Erforschung der unbewussten Mechanismen hinter unseren Entscheidungen, Motiven und Zielen beschäftigen. Offiziell nennt sich sein Fachgebiet Automatismusforschung, doch er und seine Kollegen sind so etwas wie die Mechaniker der Initialzündung, die der unbewussten, aber entscheidenden Verbindung zwischen unserer Motivation und den sie auslösenden Umweltsignalen nachgehen. Automatismusexperten weisen gern darauf hin, dass die Motivationsschaltkreise in unserem Gehirn nicht ganz neu sind. Im Gegenteil, sie sind Millionen von Jahren alt und haben ihren Sitz in der Amygdala, einem Bereich, der gelegentlich auch als Reptilgehirn bezeichnet wird.

»Ein Ziel zu verfolgen, motiviert zu sein sind Zustände, die dem Bewusstsein vorausgehen«, erklärt John Bargh, Psychologe der Universität Yale, der Mitte der Achtzigerjahre einer der Pioniere auf dem Gebiet der Automatismusforschung war. »Unser Gehirn sucht ständig nach Hinweisen darauf, wo es seine Energie genau in diesem Moment investieren soll. Wir schwimmen in einem Ozean von solchen Signalen und reagieren ständig auf sie, doch wie die Fische im Wasser bemerken wir es gar nicht.«

Ich fragte Bargh nach einem bemerkenswerten Muster, das ich in den Talentschmieden entdeckt hatte: Sie waren fast durchweg unscheinbare bis unattraktive Orte. Würde man sämtliche der Trainings- und Unterrichtseinrichtungen dieser Talentschmieden zusammentragen, dann wäre das Resultat eine Barackensiedlung. Die Gebäude sind improvisierte Wellblechhütten, die Farbe blättert ab, die Rasenflächen sind kahl und ungepflegt. Viele der Talentschmieden wirkten so heruntergekommen, dass es mir schon fast verdächtig vorkam, wenn ich irgendwo eine sorgfältig gestutzte Hecke oder ein Gebäude aus der Nachkriegszeit entdeckte. Es wirkte fast so, als bestünde ein direkter Zusammenhang zwischen dem Verfallsgrad der jeweiligen Schule und der Anzahl der Talente, die sie hervorbrachte. Barghs Ansicht nach gibt es diesen Zusammenhang in der Tat, und er erklärte mir auch warum.

»Wenn wir in einer netten, angenehmen Umgebung sind, dann fahren wir unseren Einsatz automatisch herunter. Warum auch arbeiten? Aber wenn wir sehen, dass es schwer ist, sind wir motiviert. Eine nette und gepflegte Tennisschule vermittelt uns den Eindruck, dass wir die angenehme Zukunft schon erreicht haben, und wir sind demotiviert.«

Aus den Untersuchungen von Bargh und seinen Kollegen kristallisiert sich eine These heraus, die ich als Onkel-Dagobert-Prinzip bezeichnen würde. Unser Unbewusstes ist ein reicher Geizkragen mit einem Geldschrank voller Energiereserven. Jede Bitte, seinen Tresor zu öffnen, stößt auf taube Ohren – so leicht lässt sich Onkel Dagobert nicht aufs Kreuz legen. Doch wenn die richtige Kombination von Bedürfnissen zusammenkommt, dann fliegt der Geldschrank von allein auf. Vor einigen Jahren führte der Automatismusforscher Greg Walton einige faszinierende Experimente zur Talentexplosion durch. Er gab einer Gruppe von Erstsemestern der Universität Yale eine scheinbar unschuldige Sammlung von Magazinartikeln zu lesen. Darunter war der autobiografische Bericht eines Studenten namens Nathan Jackson. Seine Geschichte war kurz: Er kam an die Universität, wusste nicht so recht, was er studieren sollte, entwickelte ein Interesse an der Mathematik und war heute Professor für Mathematik an einer Universität des Landes. Neben dem Artikel war Jacksons Kurzprofil mit Geburtsort, Geburtsdatum und schulischer Laufbahn abgedruckt. Wie die anderen Artikel in der Sammlung war auch dieser im Grunde vollkommen uninteressant - abgesehen von einem winzigen Detail: In der Hälfte aller verteilten Artikelsammlungen war das Geburtsdatum von Nathan Jackson so geändert, dass es mit dem Geburtsdatum der jeweiligen Testperson, die den Artikel lesen sollte, übereinstimmte. Nach der Lektüre fragte Walton die Testteilnehmer nach ihrer Einstellung zur Mathematik und maß, wie viel Zeit sie auf eine unlösbare mathematische Aufgabe zu verwenden bereit waren.

Nach der Auswertung stellte Walton fest, dass die Gruppe mit den manipulierten Geburtsdaten nicht nur eine positivere Einstellung zur Mathematik hatten, sondern dass sie bereit war, 65 Prozent mehr Zeit auf eine unlösbare mathematische Aufgabe zu verwenden. Das beste war, dass die betreffenden Teilnehmer keinerlei Veränderung an sich feststellten. Die zufällige Übereinstimmung der Geburtsdaten wirkte im Unbewussten.

»Sie waren allein in einem Raum, als sie den Test absolvierten. Die Tür war verschlossen, sie waren isoliert. Doch das Geburtsdatum stellte eine sinnvolle Verbindung her«, berichtet Walton. »Sie waren nicht allein. Das Interesse an der Mathematik wurde ein Teil von ihnen. Sie wussten nicht warum. Plötzlich lösten *wir* die Aufgabe, nicht nur *ich*. Wir nehmen an, dass diese Hinweise deshalb so stark wirken, eben weil sie so versteckt und indirekt sind. Wenn wir ihnen dieselbe Information explizit mitgeteilt hätten, hätte sie vermutlich einen weitaus geringeren Effekt gehabt. Dahinter steckt keinerlei Strategie: Wir halten diese Information nicht für nützlich, weil wir nicht einmal über sie nachdenken. Es passiert einfach automatisch.«

Wenn unser Bild für aktives Lernen ein Schaltkreis ist, der langsam von einer Schicht Isoliermaterial umwickelt wird, dann ist das Bild für die Initialzündung eine Lichtschranke oder ein hochempfindlicher Schalter, der mit einem Kraftwerk in Verbindung steht. Die Initialzündungen funktionieren nach einem einfachen Wenn-dann-Prinzip, und das »dann« ist immer dasselbe: Mach dich an die Arbeit. Ich will so sein wie jemand, den ich gesehen habe? Mach dich an die Arbeit! Ich will zu einer attraktiven Gruppe gehören? Mach dich an die Arbeit! Bargh und seine Kollegen führten eine Reihe von Experimenten durch, die ähnlich verblüffend waren wie das von Walton und in denen Umweltsignale (etwa in Kreuzworträtseln verborgene Reizwörter) über das Unbewusste auf die Motivation und die Leistungsbereitschaft nichts ahnender Testpersonen wirkten. Die Wissenschaftler haben Berge von Daten gesammelt, die zeigen, warum diese Strategie so effektiv ist. Einer der Gründe ist, dass das Unbewusste pro Sekunde rund 11 Millionen Informationseinheiten verarbeiten kann, während unser Bewusstsein gerade einmal auf 40 kommt. Dieser Unterschied macht deutlich, warum es sinnvoll und notwendig ist, bestimmte mentale Aufgaben an das Unbewusste zu delegieren, und warum Appelle an das Unbewusste so wirkungsvoll sind.

Wenn eine Botschaft an das Unbewusste gerichtet wird, sei es durch aktive Manipulation (etwa durch Werbung oder andere Mittel, die menschliches Verhalten beeinflussen wollen) oder einfach durch unsere Umwelt, dann kann dieser Anstoß unerwartete Folgen haben. Ein gutes Beispiel ist eine Untersuchung, die der Klinische Psychologe Marvin Eisenstadt aus Long Island in den Siebzigerjahren durchführte. Eisenstadt untersuchte die Familiengeschichte sämtlicher historischer Persönlichkeiten, die wichtig genug waren, um einen mehr als halbseitigen Eintrag in der *Encyclopaedia Britannica* verdient zu haben. Eisenstadt ging es weniger um die Motivation an sich als vielmehr darum, seine Theorie zu überprüfen, dass Genie und Psychose mit dem Verlust eines Elternteils in der Kindheit zusammenhing. Am Ende kam er auf eine Liste von 573 Schriftstellern, Naturwissenschaftlern, Politikern, Komponisten, Soldaten, Philosophen und Entdeckern von Homer bis John F. Kennedy, die einen eleganten Beweis für den Zusammenhang von Motivation und dem Tod des Vaters oder der Mutter lieferten.

Die Liste der berühmten Waisen und Halbwaisen ist lang. Zu den Politikern, die in der Kindheit mindestens einen Elternteil verloren hatten, gehören Julius Caesar (Vater, 15), Napoleon Bonaparte (Vater, 15), fünfzehn britische Premierminister, George Washington (Vater, 11), Thomas Jefferson (Vater, 14), Abraham Lincoln (Mutter, 9), Lenin (Vater, 15), Adolf Hitler (Vater, 13), Mahatma Gandhi (Vater, 15), Josef Stalin (Vater, 11); nachträglich können wir noch Bill Clinton einfügen (Vater). Zu den Wissenschaftlern und Künstlern gehören Kopernikus (Vater, 10), Isaac Newton (Vater, vor der Geburt), Charles Darwin (Mutter, 8), Dante Aligheri (Mutter, 6), Michelangelo (Mutter, 6), Johann Sebastian Bach (Mutter und Vater, 9), Georg Friedrich Händel (Vater, 11), Fjodor Dostojewski (Mutter, 15), John Keats (Vater, 8; Mutter, 14), George Byron (Vater, 3), Ralph Waldo Emerson (Vater, 8), Herman Melville (Vater, 12), William Wordsworth (Mutter, 7; Vater, 13), Friedrich Nietzsche (Vater, 4), Charlotte, Emily und Anne Brontë (Mutter im Alter von 5, beziehungsweise 3 und 1), Virginia Woolf (Mutter, 13) und Mark Twain (Vater, 11). Im Durchschnitt verloren die Mitglieder dieser illustren Gruppe im Alter von 13,9 Jahren einen Elternteil, im Vergleich zu 19,6 Jahren für eine Kontrollgruppe. Alles in allem ist diese Liste lang genug, um die Frage zu rechtfertigen, die französische Wissenschaftler im Jahr 1978 in einer Untersuchung stellten: Regieren die Waisen die Welt?[20]

Die genetische Erklärung für Leistungen von Weltrang hilft in diesem Fall nicht weiter, denn die Gemeinsamkeit dieser Menschen ist ein biografisches Ereignis und kein Gen. Doch wenn wir den Verlust eines Elternteils als Signal für einen Motivationsschub verstehen, wird der Zusammenhang mit einem Mal deutlich. Der Verlust eines Elternteils gibt uns ein Zeichen: Du bist nicht sicher. Man muss kein Psychologe sein, um zu verstehen, dass dieses Gefühl große Energiereserven freisetzen kann, und man muss kein Darwinist sein, um zu verstehen, wie sich diese Reaktion evolutionsbiologisch entwickelt hat. Diese Botschaft verändert die Beziehung eines jungen Menschen zur Welt, sie definiert seine Identität neu und gibt ihm Energie und Orientierung, um auf die Gefahren und Möglichkeiten der Umwelt zu reagieren. Eisenstadt sprach von einem »Sprungbrett von immenser kompensatorischer Energie«. Und in seinem Buch *Origins of Genius* schrieb Dean Keith Simonton über den Verlust eines Elternteils: »Derart nachteilige Ereignisse fördern die Entwicklung einer Persönlichkeit, die stark genug ist, um die vielen Hindernisse und Enttäuschungen auf dem Weg zum Erfolg zu überwinden.« Wenn wir einen Schritt weitergehen und annehmen, dass die Wissenschaftler, Künstler und Schriftsteller auf Eisenstadts Liste die erforderlichen zehntausend Stunden Praxis hinter sich gebracht haben, dann wird der Mechanismus der Initialzündung noch deutlicher. Es war nicht der Verlust eines Elternteils, der ihnen das Talent mitgab. Dieser Verlust war vielmehr ein Signal - du bist nicht sicher! -, das einen alten Selbsterhaltungsschalter umlegte und sie veranlasste, Zeit und Energie auf ihre jeweiligen Bemühungen zu verwenden und auf diese Weise über Jahre hinweg Schritt für Schritt und Schicht für Schicht ihre Talente zu entwickeln. Daher sind die historischen Persönlichkeiten auf Eisenstadts Liste keine genialen Ausnahmeerscheinungen, sondern die logische Konsequenz der universellen Prinzipien, die uns alle beherrschen: 1. Talent erfordert aktives Lernen, 2. aktives Lernen erfordert Energie und 3. diese Energie wird durch bestimmte Signale freigesetzt. George Bartzokis würde darauf hinweisen, dass diese herausragenden Persönlichkeiten diese Botschaft im frühen Jugendalter erhielten, während sich ihr Gehirn in einer entscheidenden Entwicklungsphase befand, in der das Gehirn besonders viel Myelin produziert.[21]

Ein weiteres Beispiel für eine Initialzündung ist mir persönlich etwas vertrauter. In unserer sechsköpfigen Familie ist meine Tochter Zoe mit sechs Jahren nicht nur die Jüngste, sondern sie rennt auch am schnellsten. Ich hatte mir nie Gedanken über ihren rasanten Antritt gemacht, doch als ich Myelin kennenlernte, fragte ich mich, wie viel ihrer Geschwindigkeit angeboren ist, und wie viel aus der Kombination aus Übung und Motivation stammt, die sie als die Kleinste bekommt.

Ich führte eine nicht-repräsentative Befragung unter Freunden und Bekannten durch. Es schien sich um ein Muster zu handeln: Die jüngsten Kinder waren oft die schnellsten Läufer. Interessanter wurde es, als ich die Gruppe ein wenig erweiterte. Ich stellte eine Liste der schnellsten 100-Meter-Sprinter der Welt zusammen und sah mir an, als wievielte sie in ihrer Familie zur Welt gekommen waren. Die Liste beginnt mit dem aktuellen Weltrekordhalter, Platz zwei ist sein Vorgänger und so weiter.

1. Usain Bolt (Zweiter von drei Kindern)
2. Asafa Powell (Sechster von sechs)
3. Justin Gatlin (Vierter von vier)
4. Maurice Greene (Vierter von vier)
5. Donovan Bailey (Dritter von drei)

6. Leroy Burrell (Vierter von fünf)
7. Carl Lewis (Dritter von vier)
8. Calvin Smith (Sechster von acht)

So klein diese Probe ist, das Muster ist eindeutig. Von den acht Sprintern war keiner der Erstgeborene der Familie und nur einer gehörte zur älteren Hälfte der Kinder. Im Durchschnitt wurden die schnellsten Männer der Welt als vierte von 4,6 Kindern geboren. Ähnliche Ergebnisse finden sich unter den Stürmern der National Football League, die im Schnitt unter 4,4 Kindern als Nummer 3,2 zur Welt kamen. Dieses Phänomen ist umso erstaunlicher, da wir Geschwindigkeit in der Regel für eine angeborene Begabung halten. Das eben beschriebene Muster lässt jedoch vermuten, dass Geschwindigkeit keine Begabung ist, sondern aktives Lernen voraussetzt, das durch bestimmte Signale motiviert wird. In diesem Fall lautet die Botschaft: Du bist zu langsam, mach schneller! Wir können mit Sicherheit davon ausgehen, dass ältere und kräftigere Kinder diese Botschaft Hunderte, vielleicht Tausende Male an ihre kleineren Geschwister gegeben haben, die mit einer Intensität und einem Einsatz darauf reagieren, wie sie die älteren Kinder (die meist dieselben Gene haben) nie erleben. (Denken wir dabei daran, dass Myelin eine Frage der Impulsgeschwindigkeit ist: Je mehr wir haben, desto schneller können unsere Muskeln agieren, eine Tatsache, die Sprintern sehr entgegenkommt.)

Was nicht heißen soll, dass die Jüngsten in einer großen Familie automatisch auch schnell rennen können, genausowenig wie der Verlust eines Elternteils in der Kindheit bedeutet, dass jemand britischer Premierminister wird. Es heißt jedoch, dass Geschwindigkeit wie jedes Talent durch ein Zusammentreffen von Schlüsselfaktoren zustande kommt, die nichts mit den Genen zu tun haben und direkt mit den starken, unbewussten Reaktionen auf motivierende Botschaften zusammenhängen, die uns wiederum die Energie geben, um aktiv zu lernen und Myelin zu produzieren. Wie McPhersons Musikschüler, die südkoreanischen Golfspielerinnen und die russischen Tennisstars sind Zoe und die anderen Sprinter nicht deshalb so talentiert, weil sie so zur Welt kamen, sondern weil sie irgendwann einer mächtigen Idee verfielen, die sie aus den Bildern und Botschaften ihrer Umwelt aufnahmen und von der sie den zündenden Funken erhielten.

WAS HAB ICH FÜR EIN GLÜCK!

Zukünftige Zugehörigkeit und Sicherheit sind zwei starke Botschaften. Doch sie sind nicht die einzigen, die unser Talent zünden können.

Anfang der Achtzigerjahre beschloss eine junge Geigenlehrerin names Roberta Tzavaras, an drei staatlichen Grundschulen des New Yorker Stadtteils Harlem Unterricht in klassischer Musik anzubieten. Das Problem war, dass es mehr Schüler als Instrumente gab. Da Tzavaras der Ansicht war, dass jedes Kind Geige lernen könne, beschloss sie, die Instrumente im Losverfahren zu vergeben. Der erste Jahrgang machte erstaunlich schnell Fortschritte, genau wie die beiden nachfolgenden. Das Programm wurde ein voller Erfolg und nennt sich heute Opus 118 Harlem Center for Strings. Tzavaras und ihre Schüler traten in der Carnegie Hall, dem Lincoln Centre und im Fernsehen auf. Außerdem inspirierten sie einen Kinofilm mit dem Titel *Music from the Heart.*

Schon bald fand Opus 118 seine Nachahmer, darunter auch zwei staatliche Schulen: Die Wadleigh Schule für Schöne Künste in Harlem und PS 233 in Flatbush im New Yorker Stadtteil Brooklyn. Diese beiden Programme ermöglichen einen interessanten Vergleich, da sie ungefähr zur selben Zeit aufgelegt wurden und beide von David Burnett von der Musikhochschule in Harlem unterrichtet wurden. Der Vergleich ist vor allem deshalb aufschlussreich, weil eines der Programme ein Erfolg war und das andere nicht.

Wenn wir hätten vorhersagen sollen, welches der beiden Programme ein Erfolg würde, dann wäre uns dies vermutlich leichtgefallen. Wadleigh hatte gegenüber PS 233 eine Reihe von Vorteilen: Der Schwerpunkt der Schule lag auf der künstlerischen Erziehung, die Eltern hatten durch die Wahl dieser Schule ein Interesse an der musischen Bildung ihrer Kinder bewiesen, die Schüler hatten ein Interesse an Musik, die Schule verfügte über einen nagelneuen Konzertsaal und über genug Geld, um allen Kursteilnehmern ein Instrument zur Verfügung zu stellen. PS 233 war dagegen eine typische innerstädtische Schule. Die Schüler hatten keine offensichtliche Neigung für Geige oder die Künste ganz allgemein. Außerdem konnte sich die Schule zu Beginn des Programms lediglich fünfzig Geigen leisten, die meisten davon Kindergeigen, weshalb Burnett gezwungen war, sie ähnlich wie in Opus 118 nach einem Losverfahren zu vergeben. Zu Kursbeginn schien das Ergebnis absehbar: Das Programm an Wadleigh würde ein Erfolg werden, und der Kurs an PS 233 war zum Scheitern verurteilt.

Doch ein Jahr später hatte Wadleigh seine Schwierigkeiten, während sich das Programm an PS 233 prächtig entwickelte. Der Geigenunterricht an Wadleigh hatte Probleme mit der Disziplin, während sich die Schüler der PS 233 äußerst diszipliniert verhielten. An Wadleigh wurden die guten Geigenschüler gemobbt, weshalb viele den Unterricht abbrachen, während die Schüler der PS 233 regelmäßig übten und immer besser wurden. Um eine Erklärung gebeten, konnte Burnett lediglich sagen, das Programm an Wadleigh sei nie richtig aus den Startlöchern gekommen.

Was war der Grund? Meiner Ansicht nach findet sich die Antwort in dem Dokumentarfilm *Little Wonders*, der über Opus 118 gedreht wurde. In einer der ersten Szenen des Films steht Tzavaras vor einer ersten Klasse und erklärt den Schülern, zu welcher Gruppe sie eines Tages gehören können - wenn sie etwas Glück haben. Während sie das Losverfahren erklärt, zappeln die Schüler nervös auf ihren Stühlen und verlangen die Anmeldeformulare, die sie zu Hause von den Eltern unterschreiben lassen müssen. Eine Woche geht vorüber und die Spannung steigt. Dann kommt Tzavaras mit dem Stapel der ausgelosten Anmeldungen zurück in die Klassenzimmer. In der angespannten Stille liest sie die Namen der Gewinner vor. Als sie ihre Namen hören, reagieren die Kinder, als hätte man ihnen einen Stromschlag versetzt. Sie tanzen, jubeln und werfen die Arme in die Luft. Dann rennen sie nach Hause, um ihren Eltern die freudige Nachricht zu überbringen: Sie haben gewonnen! Sie können eine Saite nicht von einer Seite unterscheiden, aber das ist vollkommen egal. Wie die Kinder in McPhersons Untersuchung haben sie eine Initialzündung erlebt - das macht den ganzen Unterschied. Wenn Talent nach dem Zufallsprinzip an die Menschen verteilt würde, dann wäre das Programm von Wadleigh vermutlich das erfolgreichere. Doch wenn Talent etwas ist, das durch einen äußeren Anstoß gezündet wird, dann ist der Grund für den Erfolg von PS 233 klar. Das genetische Potenzial war an beiden Schulen dasselbe, und sogar der Unterricht war derselbe. Der Unterschied war, dass die Schüler an Wadleigh motivationstechnisch einen freundlichen Klaps bekommen hatten, während die Schüler von PS 233 durch die Botschaft von Mangel und Zugehörigkeit eine Initialzündung erhalten hatten. In beiden Fällen würden wir genauso reagieren wie diese Kinder.

Kommen wir zu der Frage zurück, mit der wir das vorige Unterkapitel begonnen haben. Wie gelang es Tom Sawyer, den Nachbarsjungen Ben dazu zu bringen, den Zaun für ihn zu streichen? Indem er mit der Präzision eines Messerwerfers im Zirkus mit motivierenden Botschaften nach Ben warf. Mit seinen wenigen Sätzen trifft er ins Schwarze und schafft den Eindruck der Exklusivität (»es passt Tom Sawyer« und »es gibt unter Tausend oder vielleicht unter Zweitausend höchstens einen«) und des Mangels (»man bekommt ja nicht jeden Tag die Chance, einen Zaun zu streichen« und »Tante Polly nimmt es ziemlich genau mit dem Zaun«.) Seine Mimik und Gestik unterstreichen die Botschaft (»Tom musterte den Jungen« und »trat einen Schritt zurück, um das Ergebnis zu begutachten, tupfte hier und da nach und blickte prüfend auf den Zaun«), als ob er mit einer hochwichtigen Sache beschäftigt sei. Hätte Tom nur ein oder zwei dieser Botschaften vermittelt oder sie über eine Stunde verteilt, hätten sie wohl kaum die gewünschte Wirkung auf Ben gehabt. Doch die reichhaltige Kombination von massierten Botschaften, die auf Bens Zündmechanismus einprasselten, legten schließlich dessen Motivationsschalter um.

Die Passage liest sich wie eine schlaue Täuschung: Der gerissene Tom Sawyer bringt den leichtgläubigen Tölpel Ben dazu, eine unangenehme Arbeit zu verrichten. Doch was wir über den äußeren Anstoß erfahren haben, erlaubt uns, die Szene anders zu lesen. Toms Überredungskünste verfangen nicht etwa deshalb, weil Ben ein Trottel ist. (Ein Trottel würde vermutlich mit den Schultern zucken und Schwimmen gehen.) Sie funktionieren deshalb, weil Ben »jede Bewegung« verfolgt und »neugierig« und »interessiert« ist. Bens Reaktion ist die eines aufmerksamen Jungen, der Toms Arbeit für attraktiv hält und eine Initialzündung verspürt - nicht anders als die Mädchen in Südkorea und Russland oder meine Tochter Zoe, die ihren älteren Schwestern hinterherläuft. Die Initialzündung hält sich nicht an gängige Regeln. Ihre einzige Funktion besteht darin, uns die Energie zu geben, ein Ziel zu verfolgen, das wir uns gewählt haben - oder, wie wir gleich sehen werden, ein Ziel, das uns das Schicksal vorgibt.

KAPITEL 6

DAS CURAÇAO-EXPERIMENT

Die ganze Insel hat gejubelt.

Lucio Anthonia, Vater eines Baseballspielers von Curaçao

DAS ERDBEBEN

Bei den Jugendweltmeisterschaften im Baseball, den Little League World Series, die jeden August in Pennsylvania ausgetragen werden, liefert eine Mannschaft von elf- und zwölfjährigen Jungs von Curaçao Jahr für Jahr eine eindrucksvolle Darbietung des Kampfes von David gegen Goliath. Genauer gesagt kämpft David gegen fünfzehn Goliaths. Obwohl die übrigen der sechzehn Mannschaften des Turniers aus kräftigen Beinahe-Männern dominiert werden, setzen sich die kleinen, drahtigen Nobodys von der unbekannten Karibikinsel auf unerklärliche Weise immer wieder durch.[22] In einem international besetzten Turnier, in dem schon die Teilnahme in zwei aufeinanderfolgenden Jahren als bemerkenswerte Leistung gelten kann, haben die Jungs von Curaçao in den letzten acht Jahren sechs Mal das Halbfinale erreicht, im Jahr 2005 den zweiten Platz belegt und im Jahr 2004 sogar den Titel gewonnen.

Die Leistungen der Mannschaft von Curaçao sind umso beeindruckender, als die Spieler charmante, liebenswerte und bescheidene Jungen sind. Dazu kommt, dass sie im Vergleich zu den anderen Teams kaum über Trainingseinrichtungen verfügen. (Auf der gesamten Insel gibt es lediglich zwei Plätze, die den Anforderungen des internationalen Jugendbaseballverbandes entsprechen, sowie einen Schlagplatz mit einem Fischernetz.) Und als wäre das noch nicht genug, dauert die Saison auf Curaçao nur gut fünf Monate, während derer die Spieler dreimal pro Woche trainieren – ein gewaltiger Unterschied zu Ländern wie Venezuela, in denen das ganze Jahr über gespielt wird. Als ich das Team im Jahr 2007 zum ersten Mal bei den Jugendweltmeisterschaften sah, wunderten sich die jüngeren Spieler über die Japaner, die schon vor dem Frühstück trainierten. (»Wieso machen die das?«, fragte mich einer der Spieler verwirrt.)

Was die Erfolgsgeschichte dieses Underdogs jedoch besonders spannend macht, ist die Tatsache, dass sie auf eine einzige Initialzündung zurückzuführen ist – genauer gesagt zwei Zündungen, die beide etwa drei Sekunden dauerten. Beide ereigneten sich am 20. Oktober 1996 im Stadion der New York Yankees, die an diesem Tag das erste Finalspiel der Baseballmeisterschaft (World Series) gegen die Atlanta Braves austrugen. Wie bei so vielen Initialzündungen hing vieles vom Zufall ab – buchstäblich von einer briefmarkengroßen Stelle, auf welcher der Ball auf den Baseballschläger trifft. Ein paar Millimeter entschieden darüber, ob es auf Curaçao zu einer Baseballrevolution kommt oder nicht.

An diesem Nachmittag sah es nicht gut aus. Im ersten Inning hatte keine Mannschaft einen Punkt erzielt. Für Atlanta stand nun ein unbekannter Neuling namens Andruw Jones aus Curaçao bereit, den Schläger in der Hand, ein Mona-Lisa-Lächeln auf den Pausbacken. Zu Beginn der Saison hatte Jones noch in einer tieferen Liga gespielt und war erst zwei Monate zuvor in die Profimannschaft aufgerückt. Ihm gegenüber stand Yankee-Star Andy Pettitte und starrte ihn mit dem düsteren Blick eines Stierkämpfers an. Obwohl Pettitte nur wenige Jahre älter war als Jones, standen sich nun ein mit allen Wassern gewaschener Veteran und ein Grünschnabel gegenüber.

Pettitte wartete, dann schleuderte er seinen besten Wurf, eine hinterhältig angeschnittene Bogenlampe. Damit wollte er Jones verführen, das zu tun, was unerfahrene Neulinge in dieser Situationen tun würden: draufhalten und den Ball in den Boden hämmern. Doch Jones war kein gewöhnlicher Neuling. Er erkannte, in welcher Richtung der Ball angeschnitten war, und jagte ihn mit einem gewaltigen Schlag in die zehnte Sitzreihe der Tribüne. Schweigend sahen 56 000 Yankee-Fans zu, wie Jones mit einem breiten Grinsen seinen Home-Run um das Feld lief.

Es war ein Traumschlag, doch er wurde noch übertroffen. Im nächsten Inning schlug Jones den Ball ein zweites Mal in die Zuschauerränge, und zwar noch weiter als beim ersten Mal. Die Fernsehkommentatoren staunten und stammelten, als müssten sie eine schwierige mathematische Gleichung lösen: Endspiel plus Yankee-Stadion plus unbekannter Teenager ist gleich zwei Home-Runs in Folge? In den folgenden Wochen wurde Jones von den Medien gefeiert, die sein Naturtalent rühmten, ihn neben Baseballlegenden wie Roberto Clemente und Mickey Mantle stellten und seine überirdische, von Gott gegebene Schlagtechnik bewunderten. (Diese Schlagtechnik war allerdings alles andere als ein Geschenk des Himmels. Jones hatte im Alter von zwei Jahren zum ersten Mal einen Baseballschläger in der Hand gehalten und war von seinem Vater Henry trainiert worden. Als er älter war, hatte er dreimal die Woche mit einem Vorschlaghammer trainiert, um Geschwindigkeit und Kraft zu entwickeln. Später sagte er: »Mein Vater hat mir gezeigt, was Baseball heißt: mir den Arsch aufzureißen.«) Die Baseball Hall of Fame in Cooperstown bat Jones um seinen Schläger. Die Nachrichtenagentur AFP sprach vom »größten Debüt in einem Meisterschaftsendspiel«. Das schüchterne Lächeln des jungen Andruw Jones war auf den Fernsehbildschirmen in aller Welt zu sehen.

Das war allerdings noch nichts im Vergleich zu dem Erdbeben in Jones' Heimat. Frank Curiel, Gründer der Jugend liga (Little League) in Curaçao, erinnert sich, was er hörte, als Jones seine beiden Home-Runs schlug. »Es war laut, verdammt laut. Böllerschüsse, Jubel, überall Geschrei. Plötzlich waren alle hellwach.« Ein paar Wochen später zeigten sich die ersten Nachbeben, als zu Beginn der Saison auf Curaçao vierhundert neue Jungs zum ersten Training erschienen. Sie waren umso motivierter, weil sie wussten, dass Jones nicht einmal der beste Spieler der Insel gewesen war.[23]

Trotz dieses Zulaufs an begeisterten Nachwuchsspielern dauerte es noch einige Jahre, bis das neue Talent erste Früchte zeigte, ganz ähnlich wie im Fall der koreanischen Golf- und der russischen Tennisspielerinnen. Myelin bildet sich schließlich nicht über Nacht. Es sollte noch bis zum Jahr 2001 dauern, fünf Jahre nach Jones' spektakulären Home-Runs, bis die erste Mannschaft aus Curaçao an den Jugendweltmeisterschaften teilnahm. Damals hielten die Ausrichter die Teilnahme für eine einmalige Angelegenheit; seit Bestehen des Turniers hatte sich Curaçao schließlich nur ein einziges Mal, und zwar im Jahr 1980, für die Teilnahme qualifizieren können. Turniersprecher Christopher Downs sagte sogar: »Curaçao hat in der Vergangenheit ziemlich miserabel abgeschnitten.« Doch diese Spieler, die sich zur Hälfte auf die Home-Runs von Jones gemeldet hatten, überraschten die Beobachter. Zwar schieden sie schließlich nach einer knappen 1:2-Niederlage gegen den späteren Weltmeister Japan aus, doch sie hatten sich einen Ruf als Favoritenschreck erworben, dem sie bis heute treu geblieben sind.

Natürlich ist dieser Erfolg nicht allein auf die Initialzündung zurückzuführen. Disziplin, qualifiziertes Training, die Unterstützung der Eltern, Nationalstolz und eine Liebe zum Spiel gehören ebenso dazu wie jede Menge aktives Lernen. (Nach allem, was ich auf der Insel gesehen habe, ist Jones' Trainingsmethode die Regel, nicht die Ausnahme.)

Curaçao ist noch aus einem weiteren Grund interessant. Nur wenige Kilometer entfernt liegt die Schwesterinsel Aruba, die Curaçao in fast jeder Hinsicht ähnelt. Auf beiden Inseln leben dieselben Menschen mit derselben Sprache, derselben von den Niederlanden beeinflussten Kultur und derselben Baseballbegeisterung - selbst ihre Flaggen sehen sich zum Verwechseln ähnlich. Auch Aruba stellt Jugendbaseballmannschaften auf, die den Teams von Curaçao bis vor wenigen Jahren ebenbürtig waren. Aruba stellte sogar einen Profispieler in der amerikanischen Baseballliga, der 1996 höher gehandelt wurde als Andruw Jones. Sein Name war Sidney Ponson, und seine Anfangserfolge bei den Baltimore Orioles hatten dem Jugendbaseball auf Aruba neuen Zulauf verschafft. Die beiden Inseln waren wie Zwillinge, bis hin zur Initialzündung, doch schließlich war Curaçao erfolgreich und Aruba nicht. Was waren die Gründe?

Zum einen hat es Curaçao wie andere Talentschmieden geschafft, das Feuer der Motivation am Brennen zu halten. Es ist eine Sache, Onkel Dagobert zu überreden, einmal in seine Schatulle zu greifen, doch es ist etwas anderes, ihn dazu zu bringen, seine Schatzkammern zu öffnen. Das macht Curaçao zu einer natürlichen Fallstudie über die Theorie und Praxis der anhaltenden Initialzündung.

DER EFFEKT DER SIXTINISCHEN KAPELLE

Eine Initialzündung ist noch keine Erfolgsgarantie. Auf jeden Durchbruch, der neue Talente anspornt, kommen Dutzende, die einfach verpuffen. Boris Becker gewann im Alter von siebzehn Jahren das Tennisturnier von Wimbledon, doch das führte nicht zu einer deutschen Talentschwemme. Miguel Cervantes begeisterte seine Leser mit seinem *Don Quijote*, ohne dass dies im Spanien des 17. Jahrhunderts zu einer schriftstellerischen Blüte geführt hätte. Der Maler Edvard Munch (»Der Schrei«) war der erste und einzige Vertreter des norwegischen Expressionismus. Diese und zahlreiche andere Fälle werfen eine interessante Frage auf: Warum wirken manche Durchbrüche als Initialzündung für neue Talente und andere nicht?

Die Antwort ist, dass Talentschmieden mehr als einen Anschub benötigen. Es sind eine ganze Reihe von Botschaften in Form von Menschen, Bildern und Vorstellungen erforderlich, um die Initialzündung über die Wochen, Monate und Jahre hinweg aufrechtzuerhalten, die nötig sind, um komplexe Fähigkeiten zu erlernen. Diese Botschaften müssen wie die Neonleuchten von Las Vegas dauernd blinken, um die Motivation am Leben zu erhalten.

Stellen Sie sich vor, was der junge Michelangelo an einem einzigen Nachmittag in Florenz erlebte. Während eines Rundgangs von weniger als einer halben Stunde konnte er ein Dutzend großer Künstler in ihren Werkstätten besuchen. Das waren keine stillen Studios, sondern wahre Taubenschläge von Gesellen und Lehrlingen, die beaufsichtigt vom Meister um Aufträge feilschten, Bestellungen aufgaben, Pläne entwickelten und neue Techniken erprobten. Er wäre an Donatellos Markusstatue, Ghibertis Paradiespforten und den Werken von Malern wie Ghirlandaio, Masaccio, Giotto und Cimabue vorbeigekommen, die zu den bedeutendsten Schöpfungen der Architektur, Malerei und Bildhauerei der gesamten Menschheitsgeschichte zählen. Diese Meisterwerke drängten sich auf wenigen Straßenzügen zusammen, sie gehörten für ihn zum Alltag und vermittelten eine elektrisierende Botschaft: *Mach dich an die Arbeit!*

Oder versetzen wir uns in die Londoner Taverne »Mermaid« zu Zeiten William Shakespeares. Dort, gegenüber des berühmten Theaters »The Globe«, trafen sich die bekanntesten Dichter der Zeit - Christopher Marlowe, Ben Jonson, John Donne und Sir Walter Raleigh - zum dichterischen Kräftemessen. Oder denken wir an die Akademie und das Lykeion in Athen, wo Plato, Aristoteles und zahlreiche andere Philosophen diskutierten und lernten. Oder an die Straßen von São Paulo, wo ich an einem Nachmittag versuchte, sämtliche Fußballbotschaften zu zählen, die mir über den Weg liefen: eine Fernsehleinwand, ein Werbeplakat, zufällig aufgeschnappte Gesprächsfetzen, vier Futsalplätze, fünf Kinder, die mit einem Ball die Straße entlang dribbelten. Bei fünfzig hörte ich auf zu zählen.

Der nach Frank Curiel benannte Baseballplatz in Willemstad auf Curaçao, den ich besuche, um mir das Training anzusehen, erinnert nicht im Entferntesten an das antike Griechenland. Der Wellblechzaun ist verbeult, neben dem Spielfeld steht eine Imbissbude, auf der Tribüne sitzen einige Eltern und trinken Limonade. Die Mannschaften wärmen sich auf, werfen sich Bälle zu und albern herum. Es erinnert mich an eine Dorfmannschaft aus den Vereinigten Staaten, vielleicht mit mehr Spielern. Doch das ist nur Tarnung. Beim genaueren Hinsehen entdecke ich eine Vielzahl von Botschaften.

Die Erste in Gestalt eines über 1,80 Meter großen, aufrechten Mannes mit geblümtem Hemd und einer roten, mit Whiskey und Red Bull gefüllten Kaffeetasse. Es ist Frank Curiel selbst, der 68 Jahre alte Gründer der Liga - Platzwart, Hausmeister, Trainer, Imbissbudenbesitzer, Trophäenhüter und gütiger Herrscher in einer Person. Er wirkt wie eine Art tropischer Don Corleone, was durch seine raue Flüsterstimme noch unterstrichen wird. Während Curiel mich auf dem Platz herumführt, erzählt er mir eine Kurzfassung seiner Lebensgeschichte: Wie er vor 45 Jahren den Jugendbaseball nach Curaçao brachte, wie er den legendären Clemente in Puerto Rico spielen sah, wie er den Plan fasste, eine Liga zu gründen, wie er am Springfield College in Massachusetts Sport studierte, wie er eine Anstellung vom Ministerium für Sport und Freizeit erhielt, und wie er mit dem Auto durch Willemstad fuhr, um Kinder und Jugendliche für seine Mannschaft zu suchen.

»Das waren die Ersten, dann kamen ihre Kinder, und heute spielen ihre Enkelkinder«, erzählt er. »Die waren alle bei mir.«

In Beschreibungen von leidenschaftlichen Trainern heißt es oft metaphorisch, sie »lebten auf dem Platz«. Im Fall von Curiel ist dies allerdings keine leere Redensart: Er wohnt in einer etwa drei auf vier Meter großen Wellblechhütte kurz hinter der Außenlinie, und nur ein Gitter vor dem Fenster verhindert, dass ihm ein verirrter Ball in die Suppe fliegt. Zwischen den überbordenden Pokalen, Gedenkplaketten und Fotos ist kaum noch Platz für sein Bett, seinen Fernseher und ein paar bescheidene Einrichtungsgegenstände. Curiel ist immer da, er schaut hinaus auf den Platz, mäht den Rasen, überprüft die Flutlichtanlage, verkauft Getränke und kümmert sich um die Jungs. Auf ein Brett neben der Tür hat er Fotos der größten Baseballmomente der Insel gepinnt. Manchmal stellt Curiel seinen Fernseher auf der Veranda auf, um sich mit den Kindern Baseballspiele oder ein zerkratztes Video von Andruw Jones' legendären Home-Runs anzusehen. Mit dem Blick eines Monarchen sieht Curiel auf sein Königreich. »Um Baseball zu spielen, benötigt man drei Dinge«, verkündet er und macht eine Art Kreuzzeichen. »Herz. Kopf. Eier. Wer nur zwei davon hat, aus dem wird nie was. Um groß zu werden, sind alle drei nötig.«

Wir gehen über den Platz. Unterwegs korrigiert Curiel einen kleinen Jungen, der gerade einen Ball in den Boden geschlagen hat. Als er in der Inselsprache Papiamento losrattert, klingt er wie eine rückwärts abgespielte Reggaeplatte. Er erklärt dem Jungen, in den Ball hineinzugehen. »So«, sagt er, stellt seine Tasse ab und führt die Bewegung vor. »So! Ja!« Der Junge schaut zu und nickt.

An einem Zementtisch auf der Tribüne sitzen zwei Männer mit Kopfhörern. Sie bereiten ihre selbstgebastelte Anlage für die wöchentliche Radioübertragung des Spiels vor. Neben ihnen steht ein Mann mit einer roten Baseballmütze. Sein Name ist Fermin Coronel und er ist Talentsucher der St. Louis Cardinals, einer von einer Handvoll Scouts, die auf der Insel leben. Unweit sitzen einige Eltern, die sich allesamt als Experten in Fragen der Taktik und der Baseballgeschichte erweisen. »Schauen Sie sich den Jungen da an, der hat einen guten Wurf«, warnt mich eine etwa fünfzigjährige Mutter. Und ein Vater erzählt mir vom

Zusatztraining seines Sohnes, der dreimal die Woche mit Gewichten joggt, um seine Muskeln aufzubauen. »Genau wie Jurrjens«, erklärt er mir und meint damit Jair Jurrjens, der seit zwei Jahren bei den Atlanta Braves spielt und dessen Vater rein zufällig einige Meter weiter steht.

Dann kommen die Spieler. An der Spitze einer lockeren Hackordnung stehen die älteren Jugendlichen, die in den Jugendmannschaften spielen und beim Training aushelfen. Viele haben an der Jugendweltmeisterschaft teilgenommen und tragen die zerschlissenen Mützen der Teilnehmer, als wären es Orden. Danach kommen die Jüngeren, die gerade erst an der Weltmeisterschaft teilgenommen haben und die noch vom Flug, den Flachbildfernsehern und der Begegnung mit echten Baseballstars aus der Profiliga schwärmen. Dann die Kinder und Jugendlichen, die sich für zukünftige Auswahlmannschaften qualifizieren wollen (und die am ernsthaftesten bei der Sache sind) und schließlich Rudel von Vier- und Fünfjährigen, die auf dem Spielfeld herumtollen wie Katzenjunge und alles ganz genau beobachten.

Für diese Kinder und Jugendlichen ist das Stadion nicht nur ein Spielfeld, sondern ein Fenster, durch das sie die aufsteigenden Kreise des Baseballhimmels sehen können wie auf einem mittelalterlichen Gemälde. Zuerst kommt die Qualifikation für die Auswahlmannschaft. Dann die Teilnahme an der Weltmeisterschaft. Und gleich danach die Auswahl durch einen der Scouts und der Vertrag in einer amerikanischen Mannschaft. Für die Kinder und Jugendlichen, die hier spielen, sind das keine Träume und Hochglanzposter, sondern konkrete Schritte auf einer Auswahlleiter[24] und greifbare Möglichkeiten, verkörpert im Knistern des Radios, der Pokalsammlung und den verspiegelten Sonnenbrillen der Scouts. (»Siehst du das Haus da unten, das mit dem neuen Auto in der Einfahrt? Da wohnt die Mutter von Andruw Jones!«) Auf dem Platz zu stehen, ist für einen Sechsjährigen dieselbe Motivation wie der Besuch in der Sixtinischen Kapelle für einen jungen Renaissancemaler. Das Paradies ist zum Greifen nahe, man muss nur die Augen aufmachen.

Abends fahre ich mit Philbert Llewellyn durch Willemstad.

Wie die meisten Erwachsenen, die mit dem Jugendbaseball zu tun haben, übernimmt Llewellyn gleich mehrere ehrenamtliche Aufgaben: Der hauptberufliche Polizist ist nebenbei Trainer, Schiedsrichter und Radiosprecher. Als gegen acht Uhr sein Handy klingelt, nehme ich an, es handele sich um eine Polizeiangelegenheit. Doch es sind zwei seiner Spieler, die dringend eine der ausgefalleneren Regeln des Baseballs klären müssen. Llewellyn gibt sein Urteil ab, legt auf und grinst entschuldigend. »Das passiert öfter«, sagt er.

Ich bin seit mehr als zehn Jahren Trainer und habe Anrufe von Spielern bekommen, die mich wegen Trainingszeiten, Trikotnummern und Pizzapartys anrufen, ganz zu schweigen von den Jungs, die sich in meine Frau verlieben und fragen, ob sie mit ihr sprechen können. Aber dass mich jemand nach Regeln fragt, das muss mir erst noch passieren.

Mit einem Schulterzucken fährt er fort: »Sie denken ununterbrochen an Baseball. Die Jungs haben nichts anderes im Kopf.«

Doch zurück zu unserer Eingangsfrage: Warum wurde Curaçao ein Erfolg und Aruba nicht? Warum entwickelte sich auf Aruba trotz identischer Gene, Kultur und Initialzündung nicht ein ähnliches Baseballwunder? Über die bereits erwähnten Faktoren hinaus spielte sicher auch das Schicksal der Vorbilder eine Rolle. Der so hoch gehandelte Sidney Ponson erwies sich als alkoholkrank. Er nahm zu, wechselte häufig die Mannschaft und wurde schließlich an Weihnachten 2004 wegen Körperverletzung festgenommen und zur Teilnahme an einem Konfliktbewältigungsprogramm verurteilt. Andruw Jones wurde dagegen fünf Mal in die Auswahlmannschaft gewählt und gewann zehn Mal einen Goldenen Handschuh (Gold Glove). Vor allem aber gab es auf Curaçao zahlreiche Instrumente, die dafür sorgten, dass die Initialzündung nicht verpuffte. Curaçao verwandelte sich in eine Talentschmiede, da der Erfolg von Andruw Jones in eine Reihe von Botschaften übersetzt und auf diese Weise verstärkt wurde. Das Frank-Curiel-Stadion sieht nämlich nur so aus, als wäre es ein Baseballplatz. In Wirklichkeit handelt es sich um eine 1 000 000-Watt-Antenne, die ununterbrochen eine Botschaft aussendet: Das könntest du sein.

DIE SPRACHE DER INITIALZÜNDUNG

Inzwischen haben wir einiges über unseren Motivationsschalter gelernt. Erstens steht er entweder auf Ein oder auf Aus. Zweitens wird er durch bestimmte Signale und Botschaften umgelegt. Nun wollen wir uns ansehen, wie er durch eine ganz bestimmte Form der Botschaft betätigt werden kann, die wir besonders häufig verwenden: Worte.

Als Motivationspsychologe fällt Skip Engblom ein wenig aus dem herkömmlichen Rahmen. Der grobschlächtige, anarchische Besitzer eines Skateboardladens im kalifornischen Santa Monica war, wie Sie sich vielleicht erinnern, einer der Mentoren der Z-Boys. In *Lords of Dogtown* (auf Deutsch: *Dogtown Boys*), einem Kinofilm über die Skatertruppe, wird das wortkarge und launische Kiffergenie von Hollywoodstar Heath Ledger ausgezeichnet getroffen. Seither hat sich Engblom jedoch seine Schmuddellocken abgeschnitten und eine Buddhafrisur zugelegt. Und er sieht seine Rolle im legendären Triumph der Z-Boys beim Skateboardwettbewerb von Del Mar im Jahr 1975 in neuem Licht. Und so lautet seine Version der Geschichte:

Anfang der Siebzigerjahre hingen plötzlich ein paar abgerissene Jungs nach der Schule in Engbloms Surfladen herum.

»Ich hab erst nichts gesagt. Am Anfang hab ich gedacht, die wollen vielleicht klauen oder was, aber als ich gesehen habe, die sind cool, da hab ich sie gelassen. Jeder andere hätte sie rausgeschmissen. Aber sie waren okay. Ich bin ohne Vater groß geworden, und die haben mich irgendwie an mich erinnert, weißt du? Also haben wir zusammen abgehangen. Nicht oft, wir sind runter zum Strand, ich habe ihnen was zu essen gegeben. Ein paar waren echt gute Surfer, also haben wir bei diesem Wettbewerb mitgemacht.

Dann ist also der Wettbewerb, und da kommt dieser Typ an, den alle für den großen Macker halten. Wollte angeblich Profi werden. Ich bin der Trainer, und ich stelle unseren kleinsten Surfer, Jay Adams, in der ersten Runde gegen diesen Typen auf. Jay war dreizehn. Ich hab gewusst, dass Jay den packt, aber Jay hat es nicht gewusst, er hatte keine Ahnung. Wir stehen also da und bereiten uns auf den Wettkampf vor, und die Leute stehen um uns rum und wundern sich, dass Jay gegen diesen Typen surft. Die sagen, ›Mann, das geht voll nicht‹. Also gehe ich zu dem Typen hin, so dass Jay mich hören kann, und ich sage zu ihm, ›Keine Sorge, Mann. Du hast keine Chance‹.

Und Jay geht da raus und nimmt den Typen auseinander. Er macht den Typen platt, von dem alle meinen, das ist *der* Typ. Danach war alles anders. Die Kids haben das gesehen und gedacht, *wow*! In dem Moment sind wir richtig gut geworden, und das haben sie gemerkt. Und das haben sie mit auf die Straße genommen, als wir damit angefangen haben. Und das war Jays Idee. Der hat gesagt, wir sollten mit dem Skateboard anfangen.

Als das mit dem Skateboard losging, haben wir das ganz systematisch gemacht, wir haben vier Tage die Woche ein paar Stunden lang trainiert. Da bekommst du den Kick nicht sofort. Das ist alles Training, immer und immer wieder. Ich hab nicht viel gesagt, nur ›cool gemacht‹ oder ›klasse Sprung‹ und so. Und manchmal hab ich die Latte ein bisschen höher gelegt und gesagt, ›ich hab gehört, letzte Woche hat der-und-der den-und-den Trick gepackt‹. Und dann haben alle wie verrückt versucht, den Trick auch zu schaffen. Weil sie auf der Rechnung stehen wollten.

Als sie dann bei dem Wettbewerb in Del Mar teilgenommen haben, da haben es alle so hingestellt, als wär's die große Überraschung gewesen. Aber die Z-Boys haben genau gewusst, was kommen würde. Sie haben es gewusst, weil sie gewusst haben, wie gut sie waren, weil sie trainiert hatten. Sie haben es gewusst. Nicht weil ich es ihnen gesagt habe.

Aber ich habe ihnen geholfen, dahin zu kommen, das auf jeden Fall.«

Engblom macht ein Pause, denkt nach und lässt mich schließlich an seiner Weisheit teilhaben.

»Okay. Du musst wissen, dass die Kids die Sachen intensiver mitkriegen, wenn sie jünger sind. Deswegen, wenn du denen was sagst, musst du dir genau überlegen, was du sagst. Du musst echt aufpassen mit dem, was du denen am Anfang sagst. Lernen, das hat viel mit Selbstvertrauen zu tun. Sie müssen es sich erst verdienen, und dann haben sie's. Und wenn es erstmal gezündet hat, dann bleibt es auch so.«

Oberflächlich betrachtet tat Engblom nicht allzu viel, er kommunizierte mit einigen dahingemurmelten Sätzen. Mit einigen bietet er den Jungen in entscheidenden Momenten die nötige Herausforderung (»Keine Sorge, Mann. Du hast keine Chance« oder »letzte Woche hat der-und-der den-und-den Trick gepackt«), mit anderen ermuntert er sie zu mehr Einsatz (»cool gemacht« oder »klasse Sprung«). Doch ohne Engblom und seine gezielten verbalen Botschaften hätte es die Z-Boys vielleicht nie gegeben. Es ist, als hätten diese hingeworfenen Sätze den Jungen geholfen, ihre Motivation und ihre Leistung zu steigern.

Wenn man den Theorien von Dr. Carol Dweck glaubt, dann senden Engbloms minimale verbale Signale genau die richtige Botschaft. Dweck ist Sozialpsychologin an der Stanford University und beschäftigt sich seit dreißig Jahren mit der Motivation. Sie hat die vielfältigsten Untersuchungen angestellt, zunächst mit Tieren, dann mit etwas komplexeren Wesen, meist mit Grund- und Sekundarschülern. Ihre erstaunlichsten Forschungsarbeiten beschäftigen sich mit dem Zusammenhang von verbalen Signalen und Motivation.

»Wenn man uns alleine lässt, dann halten wir an unseren Einstellungen fest«, erklärt sie. »Aber wenn wir eine klare Botschaft erhalten, bei der ein Funke überspringt, dann macht es mit einem Mal *klick!* und wir reagieren.«

Dieses Klicken lässt sich eindrucksvoll anhand eines Experiments demonstrieren, das Dweck mit 400 New Yorker Fünftklässlern durchführte. Die Untersuchung war etwa das experimentelle Gegenstück zum Märchen von der Prinzessin auf der Erbse. Dweck wollte herausfinden, inwieweit ein kleines Signal - ein Lob in einem Satz - einen Einfluss auf Leistung und Einsatz hat, und welches Signal dabei am wirkungsvollsten ist.

Zunächst legte Dweck den Kindern einige relativ einfache Aufgaben vor. Als die Wissenschaftler den Kindern die Ergebnisse mitteilten, fügten sie ein kurzes, aus einem Satz bestehendes Lob an. Die Hälfte der Teilnehmer wurde für ihre Intelligenz gelobt (»du bist ein sehr kluges Kind«), die andere für ihren Einsatz (»du hast sehr viel dafür getan«).

Dann sollten die Kinder eine weitere Aufgabe lösen. Diesmal hatten sie die Wahl zwischen einfacheren und schwierigeren Fragestellungen. 90 Prozent der Kinder, die für ihren Einsatz gelobt worden waren, entschieden sich für die schwierigeren Aufgaben, während die Mehrheit der Kinder, die für ihre Intelligenz gelobt worden waren, die einfacheren wählten. Zur Erklärung schreibt Dweck: »Wenn wir Kinder für ihre Intelligenz loben, dann vermitteln wir ihnen die Botschaft, es gehe darum, klug auszusehen und möglichst keine Fehler zu riskieren.«

In einer dritten Runde mussten alle Kinder schwierigere Aufgaben lösen. Keine der beiden Gruppen schnitt besonders gut ab, doch beide gingen auf sehr unterschiedliche Art und Weise mit der Situation um. »Die Kinder, die für ihren Einsatz gelobt worden waren, zeigten mehr Einsatz und probierten verschiedene Lösungswege und Strategien aus«, erklärte Dweck. »Sie sagten später aus, die Aufgaben hätten ihnen Spaß gemacht. Doch den Kindern, die für ihre Intelligenz gelobt worden waren, machte der Test keinen Spaß. Sie verstanden ihn als Beweis dafür, dass sie doch nicht klug waren.« Zum Abschluss des Experiments sollten die Teilnehmer noch einmal Aufgaben lösen, die genau so schwer waren wie die aus der ersten Runde. Die Gruppe, die für ihren Einsatz gelobt worden war, verbesserte ihre Ergebnisse um 30 Prozent, doch die zweite Gruppe, die für ihre Intelligenz gelobt worden war, schnitt nun um 20 Prozent schlechter ab. Alles wegen eines kleinen Satzes. Dweck war von den Ergebnissen derart überrascht, dass sie das Experiment fünf Mal wiederholte. Jedes Mal waren die Ergebnisse exakt dieselben.

»Wir sind extrem empfänglich für Botschaften, mit denen man uns mitteilt, worauf es ankommt«, erklärte Dweck. »Wir sehen uns die ganze Zeit über um und fragen uns: ›Wer bin ich in dieser Situation?‹ Wenn wir eine klare Antwort erhalten, dann kann diese bewirken, dass ein Funken überspringt.« Das bestätigte sich bei meinen Besuchen in den Talentschmieden. Überall sprachen Lehrer eine Sprache, die den Einsatz und den allmählichen Fortschritt betonte und nicht das angeborene Talent oder die Intelligenz. Bei Spartak wurde beispielsweise nicht Tennis »gespielt« - das Verb der Wahl war »borot'sya«, zu Deutsch »kämpfen« oder »auseinandersetzen«. Die südkoreanischen Golfspielerinnen wurden aufgefordert zu »yun sup'he« - »es zu machen«. In der Liga Vraminga, der »Ameisenliga« der Kleinsten auf Curaçao, ist das Schlüsselwort »progresa«, der Babyschritt. In Brasilien heißen die jüngsten Altersstufen »Fläschchen« (für die Fünf- und Sechsjährigen),

»Windeln« (für die Sieben- und Achtjährigen) und »Schnuller« (für die Neun- und Zehnjährigen). Die U-20-Nationalmannschaft wird als »Aspiranten« bezeichnet. (»Die Engländer nennen ihre U-20 ›Reserve‹«, erzählte mir Emilio Miranda lachend. »Wofür werden die denn reserviert?«). Überall wurde Lob nur dann ausgesprochen, wenn es tatsächlich verdient war. Das passt zu Carol Dwecks Untersuchungen, die festgestellt hat, dass mehr Lob oft nicht motivierend, sondern demotivierend wirkt: »Unsere Studie hat bewiesen, welche Wirkung von sechs kleinen Wörtern ausgehen kann. Klarheit ist alles.«

Unter der Sprache der Motivation verstehen wir in der Regel eine Sprache, die Menschen inspirieren soll, sich nach oben zu strecken – eine Sprache der Träume, der Hoffnungen und der allgemeinen Bestätigungen (»Ihr seid die Besten!«). Diese Art der Sprache spielt zwar auch eine gewisse Rolle. Doch die Erkenntnisse aus den Talentschmieden verdeutlichen, dass man mit dieser Sprache keine Initialzündung auslöst. Vielmehr funktioniert das genaue Gegenteil: Nicht das Nach-oben-strecken, sondern das Nach-unten-beugen, die Anerkennung des Einsatzes und der Arbeit. Dwecks Untersuchungen bestätigen, dass Lob wie »da hast du dich aber wirklich angestrengt« oder »gut gemacht« motivierender wirken als das, was sie als »leeres Lob« bezeichnet.

Nach allem, was wir über das Myelin gelernt haben, ist diese Erkenntnis durchaus logisch. Das Lob für den Einsatz wirkt, weil es eine biologische Wirklichkeit wiedergibt. Die Schaltkreise im Gehirn, die mit einer bestimmten Fähigkeit zusammenhängen, sind nun einmal nicht einfach aufzubauen, aktives Lernen erfordert harte Arbeit und leidenschaftlichen Einsatz. Es stimmt: Zu Beginn »spielen« wir nicht Tennis, sondern wir mühen uns ab, wir kämpfen, wir schauen aufmerksam zu und erst ganz allmählich werden wir besser. Wir lernen in kleinen Babyschritten. Eine Sprache, die den Einsatz hervorhebt, wirkt deshalb, weil sie unsere tatsächliche Lernerfahrung beschreibt – und nichts ist wirkungsvoller, wenn es um Motivation geht.

»Wenn ich eine Universität wäre, dann hätte ich eine ganz gute Erfolgsquote«, sagt Engblom. »Ich meine, 80 oder 85 Prozent meiner Jungs werden erfolgreiche Unternehmer, Sportler und Millionäre. Das kann Harvard nicht von sich behaupten.«

KAPITEL 7

WIE MAN TALENT SCHÜRT

Bildung bedeutet nicht, einen Eimer zu füllen, sondern ein Feuer zu entzünden.

William Butler Yeats

EINE LÄCHERLICHE IDEE

Talentschmieden wie Curaçao, der Tennisclub Spartak und das südkoreanische Golfteam wurden durch einen Blitzschlag gezündet: den Durchbruch eines Stars oder einen magischen Sieg. Ihren Aufstieg hätte man weder vorhersehen noch planen können. Eine andere Art der Initialzündung erfolgt dann, wenn Motivation und Talentschub ohne einen solchen Blitzschlag erfolgen. Ihr begegnen wir in unserem Alltag sehr viel häufiger. Eine ihrer eindrucksvollsten Manifestationen fand ich an einem unerwarteten Ort: einer Gruppe innerstädtischer Schulen.

Im Winter der Jahres 1993 steckten Mike Feinberg und Dave Levin in einer Existenzkrise. Die beiden waren Anfang zwanzig, teilten sich eine Wohnung und arbeiteten im zweiten Jahr als Lehrer einer staatlichen Schule in Houston. Sie waren Mitglieder der noch jungen Freiwilligenorganisation »Teach for America«, die es Universitätsabsolventen ermöglichte, zwei Jahre lang an Schulen einkommensschwacher Regionen zu unterrichten und dort Berufserfahrung zu sammeln. Ihr erstes Jahr war schwierig gewesen (zerstochene Autoreifen, Tumulte im Unterricht), und das zweite ließ sich eher noch schwieriger an. Die beiden hatten versucht, Neuerungen einzuführen, doch sie waren von inkompetenten Bürokraten, desinteressierten Eltern, undisziplinierten Schülern, dickleibigen Regelwerken und den Fallstricken des staatlichen amerikanischen Schulsystems daran gehindert worden. Levin war von seiner Schule aufgefordert worden, nach den Weihnachtsferien nicht wiederzukommen, und Feinberg, der einen noch tieferen Tiefpunkt erreicht hatte, dachte darüber nach, auf Jura umzusatteln. So verbrachten sie die Winterabende in ihrem kleinen Apartment in Houston mit einer der Lieblingsbeschäftigungen von Zwanzigjährigen in aller Welt: Sie schimpften über ihre Arbeit, tranken Bier und schauten Videos von *Raumschiff Enterprise*.

Eines Abends kamen die beiden Gestrandeten aus unerfindlichen Gründen (vielleicht hatten sie einen inspirierenden Vortrag gehört, vielleicht war es auch das Bier) auf eine verrückte Idee: Statt sich gegen das System aufzulehnen, wollten sie ihre eigene Schule gründen. Sie setzten eine Kanne Kaffee auf, legten das Album *Achtung Baby* von U2 auf Endlosschleife in den CD-Spieler, und um 5 Uhr morgens hatten sie ein Manifest fertig, in dem sie die vier Säulen ihrer künftigen Schule formulierten: mehr Unterrichtszeit, gut ausgebildete Lehrer, mehr Unterstützung durch Eltern und durch die Verwaltung. Das Koffein schien seine Wirkung nicht zu verfehlen, denn die beiden gaben ihrem Manifest einen Namen, wie ihn Captain Kirk nicht besser hätte erfinden können. Sie nannten es das »Knowledge is Power Program«, abgekürzt KIPP – Wissen ist Macht.

Zu einem anderen Zeitpunkt wäre eine derart vage und unausgegorene Idee wie KIPP vermutlich verpufft. Doch Texas hatte kurz zuvor ein Gesetz verabschiedet, das neue Mittel für Freie Schulen, die sogenannten Charter Schools, vorsah, vorausgesetzt, dass sie minimale Bildungsstandards einhielten. So kam es, dass die beiden wenige Monate später eine Chance bekamen, ihr mit Kaffee beflecktes Manifest umzusetzen. Nicht in einer ganzen Schule (so verrückt war das Bildungsministerium auch wieder nicht), sondern in einem einzigen Klassenzimmer in einer Grundschule. Dort bekamen Feinberg und Levin alle Freiheiten, den nächsten und unvermeidlichen Schritt auf ihrer idealistischen Reise zu unternehmen und auf die Nase zu fallen.

Die Mehrheit der Freien Schulen basiert auf einem pädagogischen Leitbild, sei es von Rudolf Steiner, Maria Montessori oder Jean Piaget. Da Feinberg und Levin wenig Zeit blieb, gingen sie nach dem Butch-Cassidy-Prinzip vor: Sie klauten. Sie suchten die besten Lehrer des Schulbezirks und kopierten Unterrichtspläne, Lehrmethoden, Managementpraktiken, Stundenpläne, Regeln, einfach alles. Feinberg und Levin wurden später als »innovativ« gelobt, doch damals waren sie so innovativ wie Ladendiebe während eines Stromausfalls.

»Wir haben jede gute Idee mitgenommen«, erinnert sich Feinberg. »Wir haben alles geklaut bis auf die Spüle, und die haben wir im zweiten Durchgang auch noch mitgenommen.« Aus dem intellektuellen Diebesgut bastelten sie sich ihr eigenes Bildungssystem zusammen. Dazu gehörte ein Kern harter Arbeit (lange Schultage, kürzere Sommerferien, Uniformen und ein klares System von Belohnung und Bestrafung) und eine Hülle innovativer Methoden (Stundenpläne wurden durch Rappen auswendig gelernt, und die Kinder bekamen die Telefonnummern der Lehrer, um Fragen zu den Hausaufgaben stellen zu können). An die Wand ihres Klassenzimmers hängten die beiden den Spruch »sei fleißig, sei nett«, den sie von einem bekannten Pädagogen aus Los Angeles geklaut hatten, und formulierten ein ehrgeiziges Ziel: Sie wollten alles in ihrer Macht Stehende tun, damit ihre Schüler an die Universität kamen.

»Uns war von Anfang an klar, dass die Universität der eigentliche Schlüssel ist«, erklärt Feinberg. »Wenn Sie sich das staatliche Schulsystem in den Städten ansehen, dann merken Sie schnell, wie verkorkst das alles ist. Ob Sie im Leben Erfolg haben oder nicht, hängt von der Postleitzahl des Bezirks ab, in dem Sie zur Welt kommen. Die Universität ist der einzige Ausweg.«

Im folgenden Frühjahr und Sommer rekrutierten Feinberg und Levin Freiwillige für ihr Experiment. Nach einer intensiven Werbeaktion in ihrem Stadtteil bekamen sie fünfzig Schüler zusammen, deren Eltern vom bestehenden Schulsystem genauso frustriert waren wie die beiden Schulgründer. Als der erste Jahrgang das Klassenzimmer von KIPP betrat, schien die Universität weit entfernt. Die Leistungen der Schüler lagen weit unter dem Durchschnitt: Nur 53 Prozent hatten im Vorjahr den Englisch- und Mathematiktest des Bundesstaates Texas bestanden. Das Klassenzimmer war überfüllt; die Grundschule, in der das Programm untergebracht war, hatte sich dem Experiment bis zuletzt widersetzt.

Und der lange Schultag (laut Manifest von 7:30 bis 17:00, plus jeden zweiten Samstag) stellte eine Belastung für alle Beteiligten dar.

Doch dann passierte etwas Seltsames. Irgendwann sprang der Motor an und die Schule nahm Fahrt auf. Sehr zur Überraschung aller, Feinberg und Levin eingeschlossen, hielten sich die KIPP-Schüler an den Slogan, sie waren nett und fleißig. Sogar extrem fleißig. Am Ende des ersten Schuljahres bestanden 90 Prozent die staatlichen Tests.

Mit neuem Mut machten Feinberg und Levin weiter. Im ersten Jahr lebten sie wie Nomaden: Feinberg unterrichtete in Houston und Levin zog in die Bronx. Sie mussten um jedes Klassenzimmer kämpfen, sie unterrichteten in Containern und schnorrten ungenutzte Räume von anderen Schulen. Jedes Jahr klauten sie neue Ideen zusammen und strichen das, was nicht funktionierte. Und jedes Jahr erzielten ihre Schüler bessere Resultate. Im Jahr 1999 schnitten die KIPP-Schulen in Houston und der Bronx in den staatlichen Tests besser ab als alle anderen öffentlichen Schulen in ihrem jeweiligen Bezirk. Die Schule nahm nicht nur Fahrt auf, sie rollte das Feld von hinten auf.

Bald horchte die Öffentlichkeit auf. Nachdem das Nachrichtenmagazin *60 Minutes* einen Beitrag über die Schule ausgestrahlt hatte, spendeten Donald und Doris Fisher, Eigentümer der Bekleidungskette Gap, der Schule 15 Millionen Dollar. Junglehrer meldeten sich erst zu Dutzenden, dann zu Hunderten, um selbst eine KIPP-Schule zu gründen. Im Jahr 2008 wurden im ganzen Land 16 000 Schüler an 66 KIPP-Schulen unterrichtet. In vielen Städten gehören die KIPP-Akademien inzwischen zu den Schulen mit den besten Ergebnissen. Wichtiger noch, 80 Prozent aller KIPP-Absolventen besuchen die Universität. Feinberg und Levin leiten nicht nur die Fachkomitees von KIPP und sitzen im nationalen Direktorium der Schule, sondern sie unterrichten nach wie vor Fünftklässler in Houston und der Bronx.

Man könnte KIPP als ein Märchen verstehen, in dem gutmütige Underdogs durch einen Zaubertrank groß und stark werden. Wenn das alles wäre, dann wäre unsere Geschichte hier zu Ende. Doch man kann KIPP auch als Beispiel für eine gelungene Initialzündung verstehen: Die Kunst, eine Talentschmiede von den Grundmauern her aufzubauen, und zwar ohne Home-Run und ohne magischen Durchbruch.

Deshalb wollen wir uns diese Schule nun genauer ansehen, um herauszufinden, was sie so erfolgreich macht.

VORHANG AUF

Schuldirektoren erzählen ihren versammelten Schülern am ersten Tag eines neues Schuljahres gern, sie stünden am Start eines Marathonlaufes. In vielen KIPP-Schulen, wie etwa der KIPP Heartwood Academy im kalifornischen San José, erinnert der erste Schultag eher an die Premiere eines Broadway-Musicals. Lehrer müssen sich an Skripte, Timing und Geschichten halten, das Publikum ist nervös, und zehn Minuten bevor sich der Vorhang hebt, versammeln sich die Schauspieler hinter der Bühne. In Heartwood finden diese letzten Vorbereitungen in einem leeren Klassenzimmer neben dem Hof statt, in dem sich die Schüler nach und nach einfinden.

»Okay, Leute, wir müssen da draußen flott und klar sein«, erklärt Direktorin Sehba Ali den fünfzehn versammelten Lehrern. »Wir stellen Ruhe her, dann kommt die Begrüßung, der Uni-Teil, die Vorstellung der Lehrer und zum Schluss das Motto. Alles klar?«

Sehba Ali ist 32 Jahre alt und 1,52 Meter groß. Sie trägt einen eleganten beigen Hosenanzug und sanft klackernde Pumps und strahlt dabei eine sanfte, aber unmissverständliche Autorität aus, die an eine Mischung aus Audrey Hepburn und General Eisenhower erinnert. Ali muss die Anweisungen nicht wiederholen: Die Lehrer finden sie in ihrem ordentlich getippten Skript, das jedes Ereignis, jeden Übergang und jede Aktivität des Tages genau festlegt. In den vergangenen Tagen haben sie dieses Skript mehrmals im Detail durchgesprochen. Zum Beispiel haben sie eine gute Stunde über den richtigen Abstand und die Haltung diskutiert, die KIPP-Schüler einhalten sollen, wenn sie in Reih und Glied antreten. Sie haben den Tag »bis zum i-Tüpfelchen« einstudiert und geübt, wie Ali sagt.

Im Hof haben sich inzwischen 140 neue KIPP-Schüler und ihre Eltern eingefunden. Die Kinder sind aufgeregt, die Eltern unterdrücken ihre eigene Nervosität mit Lächeln und Umarmungen. Es sind vor allem Latinos, dazwischen eine Handvoll Asiaten und Afroamerikaner, die alle aus San Josés schier uferlosen sozialen Wohnsiedlungen kommen. Wie viele KIPP-Schulen fing auch diese klein an. Im Jahr 2004 ging Ali von Tür zu Tür, um mit den Eltern über deren Erfahrungen mit dem staatlichen Schulsystem zu sprechen und sie zu fragen, ob sie nicht an einer Alternative interessiert wären. (In der Gegend hatte Ali den Spitznamen »die Frau, die viele Fragen stellt«.) Im ersten Jahr hatte KIPP 75 Fünftklässler; seither sind 150 Schüler und zwei Jahrgangsstufen dazugekommen. Die Schule hat heute eine Warteliste. All das trägt zu der aufgeregt-gespannten Atmosphäre im Hof bei. Es herrscht Aufbruchstimmung, so als würden die Kinder auf einem Ozeandampfer in eine neue Welt reisen. Die Mehrheit der Schüler wohnt im Schulbezirk von Heartwood, doch einige kommen auch von weiter her. Latha Narayannan hat ihren Sohn aus dem eine Stunde entfernten Fremont hierher gefahren. Narayannan, die eine gut bezahlte Stelle in einer Unternehmensberatung hat, erzählt, die staatlichen Schulen in ihrer Umgebung seien solide. Sie habe sich jedoch für KIPP entschieden, weil sie 100 Prozent sicher sein wollte, dass ihr Sohn Ajiit später studiere. »Ich habe gehört, was die hier machen, und genau das will ich für mein Kind«, sagt sie mir.

Um Punkt 8 Uhr betreten Ali und die übrigen Lehrer den Hof. Ali klatscht fünf Mal in die Hände. Die Kinder schweigen, die Eltern ziehen sich instinktiv zurück.

»Guten Morgen!«, ruft Ali laut. Die Kinder murmeln.

»GUTEN MORGEN!«, wiederholt Ali.

»Guten Morgen«, erwidern einige der Kinder. Enttäuscht legt Ali den Kopf schief und wartet.

»GUTEN MORGEN!«, sagt sie noch einmal.

Eine der Lehrerinnen, Lolita Jackson, gibt die richtige Antwort: »Guten Morgen, Ms. Ali.«

Diesmal kapieren die Kinder. Als Ali sie ein letztes Mal begrüßt, antworten sie im Chor: »GUTEN MORGEN, MS. ALI!« Ali heißt die Schüler willkommen und nennt jede Klasse bei ihrem neuen Namen. Die Fünftklässler sind der Jahrgang 2015, die Sechstklässler der Jahrgang 2014 – die Jahreszahl bezieht sich auf das Jahr, in dem sie sich an der Universität einschreiben werden. Dann bittet Ali eine Gruppe von älteren KIPP-Schülern, leicht erkennbar an ihren KIPP-Hemden, den Neuen zu demonstrieren, wie sie sich aufzustellen haben. Die Schüler stellen sich in einer Reihe auf, sodass ihre Fußspitzen exakt eine der farbigen Linien auf dem Asphalt berühren: die Augen gerade, die Hände angelegt, im richtigen Abstand zueinander.

»So sieht eine KIPP-Reihe aus«, ruft Ali, und eine der Lehrerinnen übersetzt es ins Spanische. »HABEN ALLE VERSTANDEN?«

»JA, MS. ALI!«, antworten die Neulinge im Chor.

Dann wird jedes Kind namentlich aufgerufen, erhält einen Ringordner und Applaus von der Gruppe. Rucksäcke, Wasserflaschen und Jacken bleiben bei den Eltern, die Kinder brauchen nichts. Die Lehrer gehen die länger werdenden Reihen entlang und achten darauf, dass die Kinder die Ordner in der linken Hand halten (ordentlich flach, mit dem Rücken nach unten), dass die Füße ausgerichtet und die Arme angelegt sind, und dass die Hemden in den Hosen und Röcken stecken. Die Kinder werden aufgefordert zu lächeln, doch sie blicken ernst drein. Ali schreitet die Gruppe ab. Bei einem Jungen bleibt sie stehen und korrigiert die Haltung seines Ordners um 20 Grad.

Das ist die KIPP-Kultur. Sie schreibt vor, wie die Kinder zu gehen haben, wie sie zu sprechen haben (die Schüler lernen mit einer Zehn-Zentimeter-, einer Dreißig-Zentimeter- und einer Raumstimme zu sprechen), wie sie am Schreibtisch zu sitzen haben (nach vorn gebeugt, aufrecht, ohne Stift in der Hand), wie sie ihre Lehrer oder Mitschüler anzusehen haben, wenn diese sprechen (mit erhobenem Kopf, die Augen und Schultern den Sprechern zugewandt) und sogar, wie sie sich auf der Toilette zu verhalten haben (jeweils nur vier oder fünf Blatt Papier abreißen und sparsam mit der Seife umgehen). KIPP-Lehrer verteilen Abfall auf dem Schulhof und beobachten, wer ihn aufhebt, um die betreffenden Schüler vor der Gruppe zu loben. Außerdem üben sie rhythmisches Klatschen, Singen und Gehen in der Gruppe.

»Jede Kleinigkeit ist wichtig«, erklärt Feinberg. »Alles, was wir tun, hat Auswirkungen auf unsere Umwelt.«

Nach dem Antritt auf dem Schulhof werden die Schüler in ein Klassenzimmer geführt, wo sie sich in ordentlichen Reihen auf den Boden setzen. Sie haben noch keine Tische, denn die müssen sie sich erst verdienen, heißt es. Die Schüler öffnen ihre Ordner und finden dort mehrere Blätter mit Mathematikaufgaben. Es ist »stille Arbeitszeit«, ein fester Bestandteil der allmorgendlichen KIPP-Routine. Nach einer halben Stunde der Stille, die an einen Gottesdienst erinnert (das anfängliche Getuschel und Gekicher wird von den Lehrern unterbunden, danach herrscht Ruhe), tritt Ms. Ali erneut vor die Klasse und begrüßt sie mit ihrem Klassennamen.

»Unser Ziel - alle bitte hersehen - unser Ziel als Team und als Familie besteht darin, dass jeder hier in diesem Raum die UNIVERSITÄT besucht.«

Ali macht eine Pause und lässt den Satz wirken. Langsam und genüsslich wiederholt sie »die Universität besucht«, und klingt dabei wie ein Pfarrer, der von der Kanzel herunter das Paradies verspricht. »Was werden wir besuchen?«, fragt sie.

»Die Universität«, antworten einige zögerlich.

Ali legt die Hand ans Ohr und tut so, als sei sie taub.

»DIE UNIVERSITÄT!«, rufen die Kinder.

Ali lächelt zufrieden und wird dann wieder ernst.

»Ich will euch nichts vormachen. Es gibt eine Menge Leute, die meinen, dass ihr das nicht schafft. Weil eure Eltern kein Geld haben. Weil ihr Latinos oder Vietnamesen seid. Aber hier am KIPP glauben wir an euch. Wenn ihr fleißig und nett seid, dann werdet ihr an der Universität studieren und erfolgreich sein. Ihr werdet etwas Besonderes sein, denn hier werdet ihr hart arbeiten, und das wird euch klug machen.

Ihr werdet Fehler machen. Ihr werdet scheitern. Und wir auch. Aber ihr werdet gut sein. Denn alles an KIPP ist verdient. ALLES ist verdient. Alles ist VERDIENT.

Ihr sitzt auf dem Boden. Ist das unbequem? Ihr wollt einen Tisch? Den müsst ihr euch verdienen. Wenn ihr gelernt habt zuzuhören, wenn ihr gelernt habt, zusammen zu klatschen, wenn ihr euch wie KIPP-Schüler verhaltet, dann bekommt ihr eure Tische.«

Mit ihren dunklen Augen blickt sie durch die Reihen, um Kontakt herzustellen. Die Kinder sehen sie an, nervös, aufgeregt und hellwach. Einem Außenstehenden wie mir kommt diese Disziplin übertrieben vor, doch die Ergebnisse sind unverkennbar: Die Kinder reagieren und werden aktiv.

»Wir beobachten euch«, fährt Ali fort. »Hier ist alles ein Test. Alles ist verdient. Ist das klar?«

Die Kinder nicken.

»Und wenn ich sage ›klar‹, dann antwortet ihr ›glasklar‹«, sagt Ali.

Sie blickt durch die Reihen, und ihre Augen blitzen voller Erwartung. Sie wiederholt: »Ist das klar?«

Und 140 Stimmen antworten: »GLASKLAR!«

Die Botschaften, die die Kinder in diesen ersten Minuten an der KIPP erhalten, lassen sich in drei Kategorien einteilen:

1. Du gehörst zu einer Gruppe.
2. Deine Gruppe betritt gemeinsam eine fremde und bedrohliche neuen Welt.
3. Diese neue Welt ist wie ein Berg, an dessen Spitze die Universität steht.

So einmalig diese drei Botschaften klingen mögen, sie sind letztlich identisch mit denen, die junge brasilianische Fußballer oder russische Tennisspielerinnen erhalten – man muss nur das Wort »Universität« durch »wie Ronaldinho« beziehungsweise »wie Kurnikowa« ersetzen. In Ermangelung dieser inspirierenden Vorbilder schafft KIPP sein eigenes São Paulo, eine Welt voller Botschaften, die sich so nahtlos ineinander fügen und so überzeugend wirken, dass sie ein eigenes Verhaltens- und Motivationsmuster hervorbringen – daher auch die detaillierte Choreografie. Wie das Frank-Curiel-Stadion auf Curaçao ist das physische Umfeld der Schule voller Botschaften. Und wie ein ganzes Team von Tom Sawyern brennen die Lehrer von Anfang an ein wahres Feuerwerk von klaren Botschaften ab. Wie Feinberg gern sagt: »Alles ist alles.« So mystisch das klingt, es beschreibt nur das Beharren der Schule auf einer inneren Stimmigkeit: Jedes Element dieser Welt, von den Streifen auf dem Asphalt zu den Blicken der Lehrer und dem Winkel, in dem die Schüler ihre Ordner zu halten haben, ist eine klare Botschaft der Zugehörigkeit und Identität: Du gehörst zu KIPP, du bist ein KIPPster. Statt »auf die Plätze, fertig, los« heißt es hier »auf die Plätze, fertig, KIPP«. Schüler bezeichnen sich gegenseitig als Mannschaftskameraden. Und die Lehrer beschreiben den Prozess nur halb im Spaß als »KIPPnose«.

»Ich erinnere mich an meinen ersten Besuch«, erzählt Sozialkundelehrer Michael Mann. »Das kam mir alles völlig überzogen vor, sogar lächerlich. Ich habe gedacht, es ist doch egal, wie jemand seinen Ordner hält. Aber ich habe gemerkt, dass diese Aufmerksamkeit auf jedes Detail einer der Gründe für den schulischen Erfolg der Kinder ist. Diese Regeln bringen die Kinder dazu, auf Kleinigkeiten zu achten und Genauigkeit zu lernen - damit haben die wenigsten von ihnen bis dahin Kontakt gehabt.«

Dass die Disziplin wirkt, wird von der Atmosphäre der Würde und Ordnung bestätigt, die an den Schulen herrscht - aber auch von neuen wissenschaftlichen Erkenntnissen. Im Jahr 2005 stellten die Psychologen Martin Seligman und Angela Duckworth eine Untersuchung mit 164 Achtklässlern an und testeten den Intelligenzquotienten sowie fünf Parameter zur Selbstdisziplin. Dabei stellte sich heraus, dass die Selbstdisziplin sehr viel größeren Einfluss auf den Notendurchschnitt hatte als die Intelligenz. Schulischer Erfolg hat offenbar mehr mit Verhalten als mit sogenannten angeborenen Fähigkeiten zu tun.

»Bis er zu uns kommt, hat jeder Schüler ein bestimmtes Verhalten gelernt«, erklärt Feinberg. »Die Kultur ist eine unendlich starke Kraft, und wir können die Kinder nur erreichen, wenn wir das Bild verändern, das sie von sich selbst haben. Das mag Außenstehenden ziemlich heftig vorkommen, aber genau das ist nötig.«

Eine Methode, um den Schülern gutes Benehmen beizubringen, nennt sich »die Schule anhalten«. Wenn jemand eine wichtige Regel bricht, wird sämtlicher Unterricht unterbrochen und Lehrer und Schüler versammeln sich zu einer Besprechung, in der sie das Geschehene diskutieren und eine Lösung suchen.[25] Einige Wochen vor meinem Besuch wurde beispielsweise die Schule angehalten, weil ein Sechstklässler eine Mitschülerin gehänselt und als »Elefant« bezeichnet hatte. Das Mal davor hatte ein Schüler eine Grimasse geschnitten, weil eine Lehrerin ihn ermahnt hatte. Den gesamten Unterricht zu unterbrechen, nur weil ein Schüler eine Mitschülerin »Elefant« nennt oder eine Grimasse schneidet, klingt nach einer unendlichen Zeitverschwendung. (An meiner Schule wäre damit der Unterricht dauerhaft ausgefallen.) Doch es funktioniert. Wie ein gigantischer Flugsimulator schafft KIPP ein Umfeld, in dem die Kinder aktiv gutes Benehmen lernen. Es ist keineswegs ineffizient, den Unterricht zu unterbrechen, wenn jemand eine Grimasse schneidet, im Gegenteil, es ist eine effiziente Methode, die Prioritäten der Gruppe zu etablieren, Fehler zu entdecken und die erwünschten Verhaltensschaltkreise zu entwickeln.

Die wichtigste Botschaft von KIPP – die Entsprechung zu Andruw Jones' Home-Runs – ist die Universität. Sie ist wie der Heilige Geist, der jeden Tag Hunderte Male angerufen wird, weniger als konkreter Ort, sondern als Ideal. Jedes Klassenzimmer ist nach der Universität benannt, die der jeweilige Klassenlehrer besucht hat: Eines heißt Berkeley, ein anderes Cornell, ein drittes Columbia. Geschickt lassen die Lehrer Anspielungen an die Universität in den Unterricht einfließen, wobei sie immer implizieren, dass ihre Schüler später dort studieren werden. In einem Sozialkundeunterricht, den ich besuche, gibt beispielsweise eine Schülerin ihre Hausaufgabe ab, ohne ihren Namen auf das Blatt zu schreiben. Der Lehrer unterbricht den Unterricht. »Was meint ihr, wie viele Aufsätze euer Professor an der Universität bekommt?«, fragt er ungläubig. »Meint ihr, er hat so viel Zeit, um herauszufinden, welcher Aufsatz eurer ist?« Und die Englischlehrerin Leslie Eichler sagt mir: »Wir sagen hier so oft ›Universität‹ wie die Leute an anderen Schulen ›äh‹.« Sogar über den Spiegeln im Klassenzimmer steht die Frage: »An welcher Universität wirst DU studieren?«

Um die Vorstellung greifbarer zu machen, unternehmen KIPP-Schüler schon im ersten Jahr Ausflüge zu Universitäten. Die Fünftklässler von Heartwood besuchen den Campus von Stanford und die University of California in Los Angeles. Siebtklässler fliegen sogar an die Ostküste und besuchen die Universitäten Yale, Columbia und Brown. Dort treffen sie sich mit Ehemaligen von KIPP, die ihnen ihre Geschichten erzählen.

»Am Anfang haben sie nur eine vage Vorstellung von der Universität«, erklärt mir Ali später und zeigt auf die neuen Fünftklässler. »Aber am Ende des ersten Jahres, wenn sie das erste Mal eine Universität gesehen haben, sagen sie untereinander Sachen wie ›Ich finde Berkeley toll, aber ich glaube, ich bin eher der Typ für die Technische Hochschule‹. Dann wissen wir, dass es gefunkt hat.«

»Wenn sie zu KIPP kommen, sind sie wie ein verlorener Punkt auf einer Landkarte. Aber mit einem einzelnen Punkt kann man nicht allzu viel anfangen«, meint Feinberg.

»Aber wenn man den Punkt mit anderen verbindet, mit einer Universität zum Beispiel, dann ändert sich das. Wenn sie von ihren Ausflügen zurückkommen, dann gehen sie ganz anders.«

In Lolita Jacksons Mathematikunterricht ist die Initialzündung mit Händen greifbar. Die kleine Frau mit den großen Ohrringen strahlt begeisternde Disziplin und Leidenschaft aus. Während der ersten zwanzig Jahre ihrer Laufbahn unterrichtete sie an staatlichen Schulen und litt zunehmend unter ihrem beengten Handlungsspielraum. Als KIPP in Heartwood seine Türen öffnete, meldete sie sich sofort, erwies sich bald als eine der besten Lehrerinnen und wurde Vertrauenslehrerin. Ali hält große Stücke auf sie. (»Ms. Jackson kann Dinge, die niemand sonst kann«, sagt sie einfach.) In ihrer ersten Mathematikstunde nach dem Ende der Einführungswoche verdunkelt sie beispielsweise das Klassenzimmer und fordert die Schüler auf, die Augen zu schließen. Dann legt sie eine CD mit dem Soundtrack von *Raumschiff Enterprise* auf. Zu den triumphalen Klängen der Musik schreitet sie im Klassenzimmer auf und ab wie der Kapitän eines Raumschiffs vor dem Start.

»Seid ihr angeschnallt, KIPPster?«, fragt sie. »Seid ihr bereit? Sitzt ihr gut? Denn es wird ein holpriger Flug. Es wird schwer, es wird hart, aber es lohnt sich, denn wir werden arbeiten und Mathematik lernen, und wir werden die Universität besuchen!«

Die Kinder sitzen mucksmäuschenstill und hören der Musik zu.

»Die Universität!«, wiederholt Jackson und lässt sich das Wort auf der Zunge zergehen. »Wollt ihr wissen, was der Unterschied ist zwischen einem guten Leben und einem schwierigen Leben? Das Wissen und die Fähigkeiten zu haben, um das zu bekommen, was ihr wollt, oder das Wissen und die Fähigkeiten nicht zu haben? Dann schnallt euch an, denn genau das werdet ihr hier lernen. Und wir fangen *jetzt an!*«

Wie Spartak und Meadowmount ist KIPP Heartwood eine Bastion

des aktiven Lernens. Immer wieder erinnern Jackson und ihre Kollegen die Schüler daran, dass sie ihre Gehirne genauso trainieren können wie ihre Muskeln: Je mehr sie arbeiten, umso klüger werden sie. Und es gibt viel zu tun. Zwei Stunden Hausaufgaben nach der Schule sind normal. Die Kinder füllen Hunderte Arbeitsblätter aus. Über den Tag verteilen sich Zeiten der intensiven Stillarbeit. Feinberg erläutert: »Vielleicht funktionieren an anderen Schulen sanftere Methoden. Aber wir haben hier keine Zeit zu verlieren. Wenn die Kinder hierherkommen, hinken sie hinterher. Wir müssen sie beschleunigen und voranbringen.« Es funktioniert: 2007 zählten Schüler von KIPP Heartwood zu den Top-3-Prozent in Kalifornien, wie staatliche Tests ergaben.

Das Erstaunlichste ist allerdings nicht, wie fleißig die Kinder arbeiten, sondern wie schnell und nahtlos sie ihre KIPP-Identität annehmen.

Bei einem meiner Besuche spricht mich einer der Schüler an und fragt mich, was ich tue, ob er mir behilflich sein könne, und - natürlich - wo ich studiert hätte. Manches an unserer Unterhaltung wirkt ein wenig einstudiert (der feste Händedruck, das eifrige Nicken und die fast schon servile Höflichkeit), doch der Junge macht auch den Eindruck eines Menschen, der sich ehrlich um eine neue Persönlichkeit bemüht.

»Es gefällt mir sehr«, erzählt mir Daniel Magana, ein ordentlich gekämmter Sechstklässler. »Hier bekommt niemand eine Sonderbehandlung. In meiner alten Schule haben sie mir alles durchgehen lassen. Wenn ich von zehn Aufgaben nur fünf gemacht habe, dann hat das niemanden gejuckt. Hier mache ich zehn von zehn Aufgaben.«

Daniel, dessen Vater auf dem Bau arbeitet, will als Erster in seiner Familie studieren. Er weiß zwar noch nicht, auf welcher Universität, doch er will in Kalifornien bleiben, weil das billiger ist, und er braucht eine große Universität, weil er Laserchirurgie und kreatives Schreiben studieren will. Er denkt an Berkeley. »Aber das kann sich noch ändern«, sagt er weise. »Mal sehen.«

Als ich Daniel frage, wie er vor KIPP war, sieht er nachdenklich zu Boden, so als blicke er in eine archäologische Ausgrabungsstätte. »Anders«, antwortet er schließlich. »Die Schule hat mir keinen Spaß gemacht. Es war langweilig. In meiner alten Schule habe ich nur 25 Prozent meines Gehirns benutzt. Hier benutze ich 100 Prozent.«

Doch die Vergangenheit interessiert ihn nicht besonders, und schon bald wechselt er das Thema. Er fragt mich, wie alt meine Kinder sind und empfiehlt mir Bücher für sie, dann fragt er mich, wohin ich schon überall gereist sei. Schließlich sieht er auf die Uhr, entschuldigt sich, er müsse zum Englischunterricht, gibt mir die Hand und lässt mich mit der Frage zurück: Wer ist dieses Kind? Wie viel von Daniel ist Daniel, und wie viel ist das Ergebnis seiner Erfahrungen in der KIPP-Schule?

Es ist unmöglich zu sagen, ob Daniel Magana auch ohne KIPP dieser ehrgeizige Schüler und zuvorkommende Junge geworden wäre. Vielleicht ja, vielleicht kehrt er aber auch nach KIPP zu seinen alten Verhaltensweisen zurück. Doch als ich ihn in der Menge verschwinden sehe, wird mir bewusst, wie sehr KIPP unsere Vorstellung von Charakter auf den Kopf stellt. Wir halten unseren Charakter oft für eine angeborene und unveränderliche Eigenschaft, die in unserem Verhalten zum Ausdruck kommt. KIPP sieht die Sache genau andersherum: Ein guter Charakter ist gutes Verhalten, das nach innen wirkt und durch Motivation und Übung geprägt wird.

So gesehen steht KIPP auf einem Myelinfundament. Jedes Mal, wenn sich KIPP-Schüler vorstellen, zur Universität zu gehen, erleben sie einen Energieschub – ähnlich wie südkoreanische Golfspielerinnen, die an Se Ri Pak denken. Jedes Mal, wenn KIPP-Schüler die vertrackten Regeln befolgen, wird ein Schaltkreis aktiviert, isoliert und optimiert. (Impulskontrolle ist letztlich ein Schaltkreis wie jeder andere.) Jedes Mal, wenn der Unterricht an der gesamten Schule unterbrochen wird, um ein Fehlverhalten zu diskutieren, entstehen neue Fähigkeiten – ähnlich wie im Fall von Clarissa, die mit Dutzenden Pausen und Wiederholungen »Golden Wedding« einübt. Kein Wunder, dass Daniel Magana ein so höflicher und disziplinierter junger Mann ist – er hat die Motivation, diese Eigenschaften aktiv einzuüben.

»Wir legen hier einen Schalter um«, erklärt Ali. »Das ist ein ganz bewusster Vorgang. Wir überlassen nichts dem Zufall. Wir müssen 100 Prozent hinter dem stehen, was wir tun, damit jede Kleinigkeit in eine ganz bestimmte Richtung zielt. Dann funkt es. Die Kinder kapieren es, und wenn es erstmal losgeht, kapieren es alle. Es wirkt ansteckend.«

TEIL 3
MEISTERTRAINER

KAPITEL 8

DIE TALENTFLÜSTERER

Es geht nicht darum, ein Talent zu erkennen, was immer das sein mag. Ich habe nie nach Talenten gesucht. Sie fangen mit der Grundlagenarbeit an, dann merken Sie ziemlich schnell, wohin die Reise geht.

Robert Lansdorp, Trainer der früheren Tennisweltstars Pete Sampras, Tracy Austin und Lindsay Davenport, die alle im Umkreis weniger Kilometer in Los Angeles aufwuchsen

DIE ÜBERSINNLICHEN FÄHIGKEITEN DES HANS JENSEN

Zu Beginn des 20. Jahrhunderts musste man nicht viel können, um Bankräuber zu werden. Banden wie die Newton-Brüder aus Texas gingen nach einem einfachen und immer gleichen Prinzip vor: Sie suchten sich eine Bank aus, warteten, bis es dunkel wurde, drangen in das Gebäude ein und sprengten den Tresor mit Dynamit oder Nitroglyzerin (was nicht nur schwer zu handhaben war, sondern auch noch den unangenehmen Nebeneffekt hatte, dass gelegentlich das Geld gleich mit verbrannte). Dieser schnörkellose Ansatz funktionierte eine Zeit lang sehr gut. Doch in den Zwanzigerjahren installierten die Banken Alarmanlagen und bauten ihre Tresorräume aus sprengstoffsicherem Beton. Banden wie die Newtons waren aufgeschmissen, und die Bankdirektoren meinten, ein neues Zeitalter der Sicherheit sei angebrochen. Sie sollten sich täuschen. Die Bankräuber lernten dazu.

Die neue Generation operierte am helllichten Tag und mit derartiger Präzision und Professionalität, dass ihnen selbst die Polizei ihre Bewunderung nicht verwehren konnte. Am 19. Dezember 1922 erleichterte beispielsweise eine Bande die Notendruckerei von Denver binnen 90 Sekunden um 200 000 Dollar - auf die Sekunde umgerechnet war es einer der erfolgreichsten Fischzüge der Geschichte.

Diese neue Professionalisierung ging auf den Anführer der Bande von Denver zurück, einen Mann namens Herman Lamm, auch »der Baron« genannt. Lamm war der Erfinder moderner Einbruchstechniken und Lehrmeister einer neuen Generation von Bankräubern. Er war um das Jahr 1880 in Deutschland zur Welt gekommen und hatte in der preußischen Armee als Offizier gedient. Nachdem er - angeblich wegen Betrugs beim Kartenspiel - unehrenhaft aus der Armee entlassen worden war, wanderte er in die Vereinigten Staaten aus, wo er sich zunächst wenig erfolgreich als Straßenräuber mit kleineren Überfällen und gelegentlichen Einbrüchen durchschlug. Während eines zweijährigen Gefängnisaufenthalts in Utah entwickelte er im Jahr 1917 ein neues System des Bankraubs, indem er das einst schlichte Handwerk mit militärischen Strategien aufpeppte. Er erkannte, dass es im Bankraub nicht um Pistolen ging, sondern um Methode.

Jeder Raubzug erforderte wochenlange Planung. Lamm besuchte Banken, fertigte Karten und Pläne an und gab sich gelegentlich als Journalist aus, der einen Einblick in den Bankbetrieb gewinnen wollte. Jedes Bandenmitglied hatte eine klar definierte Aufgabe: Postensteher, Mann für den Schalterraum, Safeknacker, Fahrer. In alten Schuppen führte er Generalproben für den Überfall durch. Er bestand auf der exakten Einhaltung des Zeitplans: Wenn die eingeplante Zeit um war, flüchtete die Bande, ob sie das Geld hatte oder nicht. Lamm studierte den Fluchtweg bei verschiedenen Wetterbedingungen und klebte auf Hundert Meter genaue Stadtpläne an das Armaturenbrett des Fluchtautos.

Lamms System, das als »Baron-Lamm-Technik« in die Geschichte einging, funktionierte ausgezeichnet. Zwischen 1919 und 1930 erbeutete Lamm im ganzen Land Hunderttausende Dollar. Nach seinem Tod wurde das System von John Dillinger und anderen weiterentwickelt.[26] Lamms System, das bis heute Anwendung findet, war nicht nur aufgrund der ausgeklügelten Planung so erfolgreich, sondern vor allem, weil Lamm es hervorragend verstand, seine Vorstellungen zu kommunizieren und die hochkomplexe Aufgabe in einen perfekt ausgeführten Einsatz zu übersetzen. Er war ein Neuerer, der seine Schüler mit Disziplin und Genauigkeit unterwies. Er inspirierte, weil er informierte. Mit anderen Worten, Baron Lamm war ein Meistertrainer.

In den ersten beiden Teilen dieses Buches haben wir uns mit den biologischen Prozessen des aktiven Lernens beschäftigt und gesehen, wie Motivation die erforderliche Energie für diesen Prozess freisetzt. In diesem Teil lernen wir Menschen kennen, die die seltene Gabe besitzen, diese beiden Kräfte zu kombinieren und in anderen Menschen Talent entstehen zu lassen.

Ehe wir erfahren, welche Eigenschaften Meistertrainer mitbringen sollten, wollen wir uns zunächst ansehen, welche Eigenschaften sie *nicht* benötigen. Viele stellen sich beim Gedanken an einen Meistertrainer einen charismatischen Führer vor, der mit seiner Vision, seiner Weisheit und seinen Motivationskünsten den Weg zum Erfolg bereitet. Wie ein Kapitän auf der Brücke oder ein Prediger auf der Kanzel ist er deshalb erfolgreich, weil er mehr weiß als wir und weil er dieses Wissen auf inspirierende Art und Weise mit uns teilt. Demnach würde sich ein Fußballtrainer wie Luiz Felipe Scolari kaum von einem General Patton oder einer Königin Elizabeth I. unterscheiden. Doch in den Talentschmieden, die ich besucht habe, bin ich nur wenigen Scolaris oder Generälen begegnet, von Königinnen ganz zu schweigen.

Die Lehrer und Trainer, die ich kennengelernt habe, waren stillere und zurückhaltendere Menschen. Meist waren sie älter, viele lehrten bereits seit dreißig oder vierzig Jahren. Sie hatten denselben ruhigen und festen Blick. Sie hörten öfter zu, als dass sie selbst sprachen. Gegen Peptalks und feurige Ansprachen schienen sie geradezu allergisch. Stattdessen verwendeten sie die meiste Zeit auf knappe Anweisungen und gezielte Korrekturen. Sie hatten außergewöhnlich sensible Antennen für die Menschen, die sie unterrichteten, und passten ihre Botschaft genau an die Person an, für die sie bestimmt war. Nachdem ich ein Dutzend dieser Trainer kennengelernt hatte, kam mir der Verdacht, sie könnten untereinander verwandt sein. Es waren Talentflüsterer. Es waren Menschen wie Hans Jørgen Jensen.

Jensen ist Cellolehrer und lebt in Chicago. Ich lerne ihn an der Musikschule von Meadowmount kennen, dieser abgeschiedenen Talentschmiede in den Adirondack Mountains, die wir in Kapitel 4 kennengelernt haben. Ich hatte nie zuvor von ihm gehört, doch selbst unter seinen berühmten Kollegen genoss er ganz besondere Hochachtung. Während meines Besuches in Meadowmount erzählen mir zwei der Schüler, ihre Familien seien nach Chicago gezogen, nur damit sie Unterricht bei Jensen nehmen konnten. Melissa Kraut, die am Cleveland Institute of Music unterrichtet, beschreibt ihn schlicht als »den genialsten Cellolehrer der Welt«.

Jensen ist ein feingliedriger, überschwänglicher Mittfünfziger mit einer großen, runden Brille, durch die er die Welt mit den neugierigen Augen eines Tauchers betrachtet. Als ich ihn in einer der Blockhütten in Meadowmount besuche, blicken diese Augen auf den achtzehnjährigen Sang Yhee, der ein Konzert von Dvořák spielt. In meinen Ohren klingt die Darbietung perfekt: schnell, sauber, präzise. Doch Jensen ist nicht zufrieden. Während Sang spielt, steht er wenige Zentimeter vor ihm, fuchtelt mit den Armen und redet mit seinem dänischen Akzent auf ihn ein. Das Ganze wirkt wie ein Exorzismusritual.

»Jetzt! Jetzt!«, ruft er. »Es gibt nur das Jetzt! Du musst *wahhhh!* Wie eine Turbine! So musst du das machen, Mann! Und jetzt!«

Sang spielt furios, seine Hände rasen am Griffbrett seines Cellos auf und ab.

Jensen beugt sich noch näher zu ihm herunter. »Ich seh's in deinen Augen, du denkst, ›Scheiße, ich muss das schaffen‹. Hör auf zu denken! Mach's einfach! Jetzt!«

Sang schließt die Augen und spielt weiter.

»Ja! Ja!«, ruft Jensen. »Spiel! Spiel!«

Sang kommt zum Ende und lehnt sich erschöpft zurück, als wäre er gerade aus einer Achterbahn gestiegen.

»Ja!«, sagt Jensen. »Genau da musst du mit dem Stück hin.« Sang bedankt sich, packt sein Cello ein und geht, während mit Whitney Delphos schon die nächste Schülerin in der Tür steht. Sie ist zwanzig Jahre alt, kommt aus Houston und trägt ein rosafarbenes Polohemd mit aufgestelltem Kragen. Sie hat den letzten Teil von Sangs Unterricht mitbekommen und setzt sich nun, ihr Cello fest umklammert und mit kleinen Schweißperlen auf der Stirn.

Jensen lehnt sich zurück und lächelt sie freundlich an.

»Howdy!«, sagt er entwaffnend.

Delphos lächelt und wirkt ein wenig entspannter. Jensen bittet sie zu beginnen und hört ruhig zu, während sie eine Bach-Sonate spielt. Sie klingt unsicherer als Sang. Sie patzt an einigen Stellen, kommt in einem schnellen Lauf aus dem Takt und scheint überhaupt ihre liebe Not mit dem Instrument zu haben. Immer wieder blickt sie zu Jensen, als würde sie erwarten, dass er jeden Moment aufspringt und mit den Armen herumfuchtelt wie eben bei Sang.

Doch Jensen bleibt regungslos sitzen. Nach etwa dreißig Sekunden legt er ihr sanft die Hand auf den Arm und hält den Bogen an. Dann beugt er sich zu ihr und flüstert, als würde er ihr ein Geheimnis anvertrauen.

»Du musst es versenken.«

»Versenken?«, fragt Delphos verwirrt.

Jensen tippt sich auf den kahlen Schädel, und sie versteht.

»Versenken«, wiederholt er. »Das ganze Stück versenken. Wenn du es versenkst, wird es zehnmal besser. Musiker üben zu viel mit dem Bogen. Du musst hier oben üben.« Er tippt sich erneut an den Kopf. »Versenken. Das ist wie Vitamine. Es schmeckt nicht gut. Aber es tut gut.«

Sie lässt den Bogen sinken, schließt die Augen und stellt sich vor, wie sie den ersten Satz der Sonate durchspielt. Als sie die Augen wieder öffnet, sagt Jensen: »Die letzte Passage hast du dir in Vibrato vorgestellt, richtig?«

Delphos starrt ihn an. »Woher wissen Sie das?«

Jensen lächelt. »Viele Leute erschrecken. Sie meinen, ich hätte übersinnliche Fähigkeiten.«

Jensen hat eine lange akademische Laufbahn hinter sich. Er studierte an Juilliard unter Leonard Rose und Channing Robbins, zwei bekannten Lehrern; er war Solist des Sinfonieorchesters Kopenhagen und gewann zahlreiche Wettbewerbe, darunter die Artist International Competition. Er kennt das Cello besser als jeder andere. Doch was wir hier erleben, hat wenig mit seinen Cellokenntnissen und viel mit seinen übersinnlichen Fähigkeiten zu tun – oder besser gesagt, mit seiner Fähigkeit, die Bedürfnisse seiner Schüler zu erkennen und die richtigen Botschaften auszusenden, um diese Bedürfnisse zu befriedigen.

Jensen hatte weder Sang noch Delphos je zuvor gesehen, ehe sie den Übungsraum betraten. Das war auch nicht nötig.

Innerhalb weniger Sekunden hatte er sie untersucht, eine Diagnose gestellt und ein Rezept für sie gefunden. Sang brauchte mehr Emotionen, also verwandelte sich Jensen in einen Cheerleader. Delphos brauchte eine Lernstrategie, also wurde Jensen zum Zen-Meister. Er sagte ihnen nicht nur, was sie tun sollten, sondern er machte es ihnen vor und kommunizierte sein Ziel mit Gestik, Blick, Stimme und Rhythmus. Die Botschaften waren klar, unüberhörbar und präzise.

Nach dem Unterricht frage ich Jensen, was er von den beiden Schülern halte. Wer von beiden hatte seiner Ansicht nach mehr Talent? Wer hatte mehr Potenzial? Zu meiner Überraschung scheint Jensen die Antwort schwerzufallen. Ich hatte den Eindruck gehabt, Sang sei Welten besser als Delphos. Doch der weltbeste Cellolehrer sieht die Dinge ein wenig anders als ich.

»Schwer zu sagen«, antwortet er schließlich. »Wenn ich unterrichte, gebe ich allen alles. Was danach passiert, wer weiß?« Diese unprätentiöse und entschieden unromantische Einstellung kommt mir vertraut vor. Viele der Talentflüsterer, denen ich begegnet bin, erinnerten mich an meine Verwandten, die einen Bauernhof in Illinois führen: zähe und umsichtige Menschen, die durch nichts zu überraschen sind. Sie können sich stundenlang über winzige Details des Saatguts und der Düngemittel unterhalten, aber wenn es um größere Dinge geht – die Qualität der bevorstehenden Ernte oder die Chancen der St. Louis Cardinals, die Endrunde der Baseballmeisterschaft zu erreichen – zucken sie nur mit den Schultern. *Wer weiß das schon?*

Meistertrainer sind keine Staatsoberhäupter. Sie sind keine Kapitäne, die uns durch unbekannte Gewässer lotsen, und keine Prediger, die von der Kanzel die frohe Botschaft verkünden. Ihre Persönlichkeit (und ihre Talentschaltkreise) ähnelt denen von Bauern: Es sind geduldige und detailbewusste Talentpfleger und Myelinzüchter wie Hans Jensen. Es sind geerdete und disziplinierte Menschen. Sie verfügen über einen tiefen Wissensschatz, den sie einsetzen, um geduldig und Schritt für Schritt Fähigkeiten zu entwickeln, die sie letztlich nicht kontrollieren können. Jensen konnte meine Frage nicht beantworten, weil sie im Grunde vollkommen sinnlos ist. Es ist unmöglich, zwei Setzlinge anzusehen und vorhersagen zu wollen, welcher von beiden größer wird. Die einzige Antwort ist, *wir stehen am Anfang, und sie wachsen beide.*

DAS GEHEIMNIS DES ZAUBERERS

Im Jahr 1970 erhielten die beiden Erziehungspsychologen Ron Gallimore und Roland Tharp eine traumhafte Chance: In einem armen Stadtteil der hawaiianischen Hauptstadt Honolulu sollten sie eine Versuchsschule mit einem experimentellen Leselernprogramm aufbauen. Das Projekt wurde von einer staatlichen Stiftung finanziert, sollte 120 Schülerinnen und Schüler umfassen und erhielt den Namen Kamehameha Early Education Project, kurz KEEP. Als die Schule 1972 ihre Tore öffnete, wendeten Gallimore und Tharp die neuesten Bildungstheorien der Zeit an, die vor allem darauf abzielten, die Lernzeit der Schüler zu erhöhen. Gallimore und Tharp waren innovativ, eifrig und entschlossen. Leider blieb der Erfolg aus. In den ersten beiden Jahren waren die Leistungen ihrer Schüler enttäuschend. Im Sommer 1974, so erinnert sich Gallimore, »begannen wir, an unseren Methoden zu zweifeln.«

In diesem Sommer unterrichteten Gallimore und Tharp einige Kurse an der University of California in Los Angeles und dachten über ihr ins Stocken geratenes Projekt nach. Eines Nachmittags, als die beiden in Gallimores Hofeinfahrt Basketball spielten, hatte Gallimore einen Einfall. Sie wollten eine detaillierte Untersuchung des besten Lehrers erstellen, den sie finden konnten, und ihre Ergebnisse verwenden, um den Unterricht von KEEP zu verbessern. Beiden fiel spontan derselbe Lehrer ein, der zufällig ebenfalls an der University of California unterrichtete. Sie zögerten, denn dieser Lehrer galt als so genial, dass es ihnen unvorstellbar und geradezu dreist vorkam, ihn zu bitten, an ihrem Experiment teilzunehmen. Doch da die beiden nichts zu verlieren hatten, schrieben sie diesem Lehrer schließlich einen Brief.

Der Lehrer, an den sie schrieben, war der legendäre Basketballtrainer John Wooden. Wooden als guten Trainer zu bezeichnen wäre so, als würde man Abraham Lincoln als einen soliden Kongressabgeordneten beschreiben. Der Zauberer von Westwood, wie er oft genannt wurde, war ein ehemaliger Englischlehrer aus einer Kleinstadt im Mittleren Westen, der William Wordsworth zitierte und nach den christlichen Werten der Disziplin, Moral und Arbeit für die Gemeinschaft lebte. Außerdem hatte er die Basketballmannschaft der University of California in zehn Jahren neun Mal zum Gewinn der Meisterschaft geführt. Erst kürzlich war eine Serie von 88 Siegen in Folge zu Ende gegangen: Drei Jahre lang hatte seine Mannschaft nicht ein einziges Spiel verloren. Aufgrund seiner Leistungen wurde er später vom Sportsender ESPN zum größten Trainer aller Zeiten und aller Sportarten gekürt. Gallimore und Tharp waren sich nur zu bewusst, dass Wooden keinerlei Grund hatte, sich mit ein paar herumschnüffelnden Wissenschaftlern abzugeben. Umso überraschter waren sie, als Wooden zusagte.

Einige Wochen später saßen Gallimore und Tharp am Spielfeldrand, um dem Zauberer bei der ersten Trainingseinheit zuzusehen. Als Fans der Mannschaft hatten sie klare Erwartungen. Und als frühere Spieler kannten sie die erprobten Instrumente eines jeden guten Trainers: strategische Erläuterungen, inspirierende Ansprachen, Strafrunden für Faulenzer, Lob für gute Leistungen.

Dann begann das Training.

Wooden hielt keine Ansprachen. Er stellte sich nicht vor eine Tafel, um Spielstrategien zu erläutern. Er verteilte weder Strafen noch Lob. Er tat überhaupt nichts von dem, was die beiden von anderen Trainern kannten.

»Wir hatten gedacht, wir wüssten, wie eine Trainingsstunde aussieht«, sagte Gallimore. »Doch wir hatten völlig falsche Erwartungen. Was wir da sahen, hatte nichts mit dem zu tun, was ich unter Training verstand.«

Wooden ließ die Spieler rasante, fünf- bis fünfzehnminütige Übungseinheiten durchführen und gab ununterbrochen Kommandos. Das Interessanteste war allerdings, was er sagte. Wie die beiden Psychologen in ihrem nachfolgenden Artikel schrieben, waren Woodens

Anweisungen »kurz, prägnant und häufig. Er hielt keine Ansprachen, gab keine langatmigen Erklärungen und sprach selten länger als zwanzig Sekunden am Stück.«

Hier einige von Woodens längeren Ausführungen: »Nimm den Ball weich an. Du nimmst einen Pass an, du fängst ihn nicht ab.«

»Dribble mehr zwischen den Würfen.«

»Schnelle Pässe, richtig hart. Gut, Richard, genau so.«

»Harte, schnelle Schritte nach vorn.«

Gallimore und Tharp waren verwirrt. Sie hatten einen Basketballprediger erwartet, doch dieser Mann hatte mehr Ähnlichkeit mit einem Stenografen. Sie waren enttäuscht. *Das* sollte ein großer Trainer sein?

Gallimore und Tharp besuchten weitere Trainingsstunden. Im Laufe der kommenden Wochen und Monate kam ihnen allmählich die Erkenntnis. Zum einen beobachteten sie, wie die Mannschaft immer besser wurde und sich von Platz drei der Liga hocharbeitete, um schließlich ihre zehnte nationale Meisterschaft in Folge zu gewinnen. Doch die meisten Erkenntnisse gewannen sie aus ihren Aufzeichnungen. Gallimore und Tharp notierten 2326 unabhängige Lehrmomente. Nur 6,9 Prozent dessen, was Wooden sagte, waren Komplimente, und 6,6 Prozent Tadel. Mehr als 75 Prozent waren pure Information: was zu tun war, wie es zu tun war und wie sich eine bestimmte Aktivität verbessern ließ. Eine typische Anweisung bestand aus drei Teilen, in denen Wooden erklärte, wie etwas zu tun war, wie es falsch gemacht wurde und wie es richtig gemacht werden konnte. In den Notizen der Psychologen las sich diese Abfolge als M+, M-, M+. Sie kam derart häufig vor, dass die beiden sie nur »Wooden« nannten. Sie schrieben: »Die Anweisungen nehmen selten mehr als drei Sekunden in Anspruch, doch sie sind so klar, dass sie sich ins Gedächtnis einbrennen wie eine Schulbuchgrafik.«

Die Information verlangsamte den Trainingsfluss nicht, im Gegenteil, sie schaffte etwas, das Wooden »mentale und emotionale Konditionierung« nannte und das die Spieler veranlasste, schneller zu laufen als im Spiel, und zwar die ganze Zeit über. Der frühere Spieler Bill Walton erinnert sich: »Das Training war nonstop, volle Power, aufgeladen, intensiv, anstrengend.« Woodens Training wirkte spontan und ungeplant, doch es war alles andere als das. Der Trainer setzte sich jeden Morgen zwei Stunden mit seinen Assistenten zusammen, um das Training durchzuplanen und schrieb detaillierte Anweisungen auf kleine Karteikarten. Nichts war zu unbedeutend, jede Kleinigkeit wurde bedacht. (Wooden war bekannt dafür, dass er den Neulingen am ersten Tag zeigte, wie sie sich die Socken anziehen sollten, damit sie keine Blasen bekamen.) Was aussah wie eine flüssige, improvisierte Abfolge von Trainingseinheiten, folgte in Wirklichkeit einem genauestens durchstrukturierten Drehbuch. Und was klang wie spontane Ausrufe, waren in Wirklichkeit Punkte, die sich Wooden vorab zurechtgelegt hatte.

Wooden traf zwar »spontane Entscheidungen mit derselben Geschwindigkeit wie seine Spieler und in Reaktion auf deren Handlungen«, schrieben Gallimore und Tharp. »Doch sein Unterricht war alles andere als improvisiert. Bis hinein in die Formulierung seiner Anweisungen enthielt sein Training klare Ziele für die Mannschaft und die Einzelspieler. Auf diese Weise konnte er einen vollgepackten Lehrplan umsetzen und Informationen genau in dem Moment weitergeben, in dem die Spieler am meisten davon profitierten.«

Ganz allmählich erkannten die beiden Psychologen ein Muster. Was Wooden zu einem großen Trainer machte, waren nicht Lob und Tadel, und schon gar keine Ansprachen. Sein Talent bestand darin, gezielte Anweisungen zu geben, die er maschinengewehrartig auf seine Spieler abfeuerte. *Mach dies, nicht das. Hier, nicht da.* Seine Worte und Gesten waren kurze, präzise Impulse, mit denen er seinen Spielern zeigte, wie sie etwas richtig machen konnten. Er erkannte Fehler und korrigierte sie. Er optimierte Schaltkreise.

Wooden hatte keine Ahnung von der Existenz des Myelins, doch wie alle Meistertrainer wusste er instinktiv, wie es funktioniert. Er unterrichtete bestimmte Abläufe, indem er sie in ihre Einzelbestandteile zerlegte und wieder zusammensetzte. Er handelte nach Lerngesetzen, die genauso gut Myelingesetze heißen könnten: Erklärung, Demonstration, Nachahmung, Korrektur und Wiederholung. »Erwarten Sie keine großen, plötzlichen Fortschritte. Bemühen Sie sich um kleine Fortschritte, Tag für Tag. Nur so stellen sich Veränderungen ein, und wenn sie sich einstellen, sind sie von Dauer«, schrieb er in seiner Autobiografie *Wooden*. Und Gallimore und Tharp zitieren ihn mit den Worten: »Die Bedeutung der Wiederholung kann gar nicht hoch genug eingeschätzt werden. Wiederholung ist der Schlüssel zum Lernerfolg.«

Viele Beobachter waren der Ansicht, Wooden habe seinen Erfolg seinem bescheidenen, nachdenklichen und inspirierenden Charakter zu verdanken. Doch Gallimore und Tharp zeigten, dass sein Erfolg weniger mit seinem Charakter zu tun hatte, als mit seiner auf die Korrektur von Fehlern ausgerichteten, sorgfältig durchgeplanten und informationsreichen Trainingsmethode. Es war auch Woodens Bekenntnis zur Lehre, das ihn veranlasste, sich den beiden Psychologen zur Verfügung zu stellen. Wie er später erklärte, hoffte er, die Ergebnisse ihrer Beobachtungen zu nutzen, um Schwächen in seiner Trainingsmethode zu verbessern. Das Geheimnis des Zauberers war letztlich dasselbe, das auch die Maler der Renaissance und die Z-Boys für sich entdeckten: Je aktiver wir lernen, desto besser werden wir.

Im Herbst kehrten Gallimore und Tharp nach Honolulu zurück und setzten das um, was sie gelernt hatten. Nun legten sie das Schwergewicht auf die Unterrichtsplanung und einen informationsorientierten Unterricht. Sie kombinierten Lob und »Woodens«, sie demonstrierten und erklärten, sie sprachen in knappen, informationsreichen Anweisungen.

»Wir haben unsere gesamte Arbeit umgestellt«, erklärte Gallimore. »Bei der Gestaltung des Unterrichts haben wir uns immer wieder die Frage gestellt, ›Was würde John Wooden an unserer Stelle tun?‹«

Und so langsam sprang KEEP an. Die Lesekompetenz der Kinder verbesserte sich und die Schule, die lange in landesweiten Tests hinterhergehinkt war, erreichte bald überdurchschnittliche Ergebnisse. Im Jahr 1993 erhielt KEEP den Grawemeyer-Preis, eine der bedeutendsten Ehrungen des amerikanischen Bildungssystems. In ihrem Buch *Rousing Minds to Life* schrieben sie: »Es wäre vermutlich zu einfach zu sagen, dass John Wooden die Schule zum Erfolg gemacht hat. Doch er hat ganz entscheidend dazu beigetragen.«

Obwohl John Wooden natürlich genial war, hatte er es kaum mit gewöhnlichen Verhältnissen zu tun. Seine Spieler kamen bereits mit einem hohen Grad an Kompetenz und Motivation auf die University of California, und er erhielt jede erdenkliche Unterstützung. Aber was machen Trainer, die in der normalen Welt leben? Was funktioniert am besten, wenn die Schüler ganz am Anfang stehen, wenn sie nicht aufgrund besonderer Fähigkeiten ausgesiebt worden sind, und wenn ihre Schaltkreise noch nicht angelegt sind? Oder um eine Frage zu stellen, die in meiner Familie nicht ganz unwichtig war: Was macht eine gute Klavierlehrerin aus?

LIEBE LEHREN

Der gesunde Menschenverstand sagt uns, wenn wir wollen, dass unser Kind eine neue Fähigkeit erwirbt, dann sollte es Unterricht bei dem am besten ausgebildeten Lehrer bekommen, den es gibt. Aber stimmt das so?

Nicht unbedingt. Anfang der Achtzigerjahre führte eine Gruppe von Wissenschaftlern der University of Chicago unter der Leitung von Benjamin Bloom eine Untersuchung mit 120 Pianisten, Schwimmern, Tennisspielern, Mathematikern, Neurologen und Bildhauern von Weltrang durch. Die Wissenschaftler untersuchten verschiedene Dimensionen, unter anderem ihre erste Berührung mit ihrem jeweiligen Spezialgebiet und die Ausbildung darin. Dabei stellten sie fest, dass viele Spitzentalente, vor allem Pianisten, Schwimmer und Tennisspieler, ihren ersten Unterricht von scheinbar durchschnittlichen Lehrern erhalten.

Bloom bat die Konzertpianisten, ihre ersten Lehrer nach folgender Skala zu bewerten: »sehr gut« (ein angesehener, professioneller Lehrer mit akademischer Ausbildung), »überdurchschnittlich« (ein gut ausgebildeter Lehrer mit größeren musikalischen Kenntnissen als übrige Klavierlehrer in der Nachbarschaft) oder »durchschnittlich« (ein Klavierlehrer aus der Nachbarschaft). Von den 21 international renommierten Pianisten, die Bloom befragte, hatten nur zwei einen »sehr guten« ersten Lehrer. Sechs beschrieben ihre Lehrer als »überdurchschnittlich« und dreizehn als »durchschnittlich«. Im Schwimmen und Tennis waren die Ergebnisse ähnlich. (Neurologen und Mathematiker hatten ihren ersten Kontakt mit ihrem Spezialgebiet in der Regel an der Schule oder der Universität, wo sie sich ihre Lehrer nicht aussuchen konnten, während Bildhauer überhaupt nicht in den Genuss einer künstlerischen Früherziehung kamen.)

Die überwiegende Mehrheit der Pianisten, Tennisspieler und Schwimmer wählte einen bestimmten Lehrer, weil er eben in der Nähe lebte. Man sollte annehmen, dass diese durchschnittlichen Lehrer rasch durch qualifiziertere ersetzt wurden, doch das schien nicht der Fall gewesen zu sein. Die befragten Pianisten blieben in der Regel fünf oder sechs Jahre lang bei ihrem ersten Lehrer. Das war so, als gingen die schönsten Schwäne der Welt auf eine Familie von Hofhühnern zurück. Im Bericht zur Untersuchung hieß es: »Die ersten Lehrer wurden weitgehend zufällig nach Nähe und Verfügbarkeit ausgewählt.«

Zufall? Aber waren Wooden, Jensen, Preobrazhenskaya und die anderen Talentflüsterer nicht deshalb erfolgreich, weil ihre Fähigkeiten alles andere als Zufall sind? Auf den ersten Blick scheint Blooms Studie zu beweisen, dass Talent eine angeborene Eigenschaft ist, die nichts mit der Qualität des Unterrichts zu tun hat. Aber bei genauerem Hinsehen können wir einen anderen Schluss ziehen.

Wie es der Zufall so will, ist die Kleinstadt, in der ich mit meiner Familie lebe, trotz ihrer nur fünftausend Einwohner so etwas wie eine musikalische Talentschmiede. (Die langen Winter schaden offenbar nicht.) Hier leben einige hochqualifizierte Musiklehrer mit eindrucksvollen Abschlüssen von angesehenen Konservatorien, und es gibt eine nagelneue Musikschule. Doch als meine Frau beschloss, unseren Kindern Klavierunterricht angedeihen zu lassen, erhielten wir eine Empfehlung, die uns überraschte: Eine kleine, alte Dame, die in einem windschiefen Häuschen am Flussufer Unterricht gab. Diese Dame heißt Mary Epperson.

Mary Epperson ist 86 Jahre alt und 1,40 Meter groß. Sie hat dichtes, weißes Haar und funkelnde, dunkle Augen, aus denen Neugierde und Staunen blitzen. Mit ihrer melodischen Stimme zieht sie manche Wörter in die Länge, bis sie klingen wie kleine Lieder der Freude oder der augenzwinkernden Verschwörung. Smalltalk liegt ihr nicht, stattdessen nimmt sie den Faden früherer Gespräche wieder auf, von denen sie offenbar zahllose in ihrem Gedächtnis abgelegt hat. Meist beginnt sie eine Unterhaltung mit den Worten. »Und jetzt erzählen Sie mir, wie war …«

Wenn Sie als Kind zum Unterricht von Miss Mary kommen, passiert jedes Mal ungefähr Folgendes. Zuerst freut sie sich außerordentlich, Sie zu sehen und strahlt wie ein Honigkuchenpferdchen. Sie unterhalten sich eine Weile über das, was sie beide gerade beschäftigt. Sie erinnert sich an alles: an Ihren Campingausflug, Ihre Englischprüfung, Ihr neues Fahrrad. Bei ernsten Ereignissen nickt sie ernst, und über die lustigen lacht sie. Für sie sind Kinder kleine Erwachsene, und sie schreckt nicht davor zurück, unangenehme Wahrheiten auszusprechen. (Einmal fragte Miss Mary meinen Vater, ob er jemals ein Instrument gespielt habe. Er erwiderte, er habe mit dem Klavierspielen angefangen, aber er habe kein Talent gehabt. »Keine Geduld, wollten Sie sagen«, antwortete Miss Mary freundlich, aber bestimmt.)

Dann beginnt der Unterricht. Es ist die übliche Routine. Sie spielen Lieder, machen Fehler, Miss Mary macht Verbesserungsvorschläge, erinnert Sie an frühere Stunden und macht Notizen auf Ihren Notenblättern. Doch auf der emotionalen Ebene passiert noch etwas ganz anderes. Die ganze Klavierstunde wird durchflutet von Miss Marys Interesse und Gefühl. Wenn Sie Ihre Handhaltung verbessert haben, ernten Sie ihr begeisterndes Lob. Auf einen Fehler reagiert sie mit einem bedauernden »Tut mir leid« und der Bitte, die Passage doch noch einmal zu spielen. (Und noch einmal. Und vielleicht noch einmal.) Und wenn Sie eine Passage korrekt spielen, freut sie sich mit Ihnen. Am Ende bekommen Sie ein Stück Schokolade, verbeugen sich und sagen: »Danke für den Unterricht!« Und Miss Mary verbeugt sich und erwidert würdevoll »Danke fürs Lernen«.

Ich musste an Miss Mary denken, als ich die Beschreibungen der sogenannten »durchschnittlichen« Klavierlehrer in Benjamin Blooms Untersuchung las.

> *Sie konnte ausgezeichnet mit Kindern umgehen. Sie war immer freundlich und nett.*

Sie mochte junge Menschen, sie war immer sehr nett, und ich mochte sie.

Er konnte gut mit Kindern umgehen, er hatte sie gern und das Verhältnis war sehr harmonisch.

Er war unendlich geduldig und hat nie gedrängt.

Sie hatte einen großen Korb mit Schokoriegeln und goldenen Sternen, die sie uns nach dem Unterricht gab, und ich liebte diese Frau.

Für mich war der Unterricht immer ein ganz besonderes Ereignis.

Diese Menschen waren alles andere als durchschnittliche Klavierlehrer, genauso wenig wie Mary Epperson. Bloom und seine Kollegen erkannten, dass diese Lehrer lediglich durchschnittlich wirkten, weil sich ihre Kompetenz mit den herkömmlichen Messmethoden nicht erfassen lässt. Sie gaben eine Initialzündung und erhielten das Feuer am Leben. Sie lehrten Liebe. In Blooms Untersuchungsbericht heißt es: »Diese erste Lernphase schien zu bewirken, dass die Lernenden involviert und gefesselt wurden und sie schien das Bedürfnis nach neuer Information und größerem Können zu wecken.« Das Klavier ist kein Instrument, in das man sich so ohne Weiteres verliebt. Es hat eine Menge Tasten, ein Kind hat viele Finger, und die Zahl der möglichen Patzer ist schier unendlich. Doch diese Lehrer hatten die seltene Gabe, ihren Schülern die Freude am Klavierspiel zu vermitteln. Wieder Bloom: »Die vielleicht hervorragendste Eigenschaft dieser Lehrer bestand darin, diese erste Lernphase angenehm und lohnend zu gestalten. Die Hinführung zu ihrem jeweiligen Gebiet verlief überwiegend spielerisch, Lernen war zu Beginn dieser Phase eher ein Spiel. Diese Lehrer gaben zumeist positive Verstärkung und kritisierten das Kind nur selten. Sie gaben Standards vor und erwarteten, dass das Kind Fortschritte machte, doch sie erreichten dies vor allem mit den Mitteln der Zustimmung und des Lobs.«

Wenn Gallimore und Tharp eine Untersuchung in Miss Marys Häuschen durchführen würden, dann würden sie nicht weniger Botschaften entdecken wie in John Woodens Basketballtraining. Das ist kein Zufall.

Für John Wooden ist aktives Lernen fester Bestandteil der Talententwicklung, er verwendet die Sprache der Information und Korrektur, um Schaltkreise zu schärfen. Miss Mary übernimmt dagegen die Initialzündung, mit ihren emotionalen Botschaften füllt sie die Tanks der Liebe und Motivation. Beide sind erfolgreich, weil die Bildung von Myelin sowohl aktives Lernen als auch eine Initialzündung erfordert, und weil beide auf besondere Weise das Geheimnis des Talents verkörpern.

Während Myelin sich in Schichten und Stunden messen lässt, zeigen John Wooden und Miss Mary uns jedoch auch, dass meisterhafter Unterricht weit über bloßes Fachwissen hinausgeht. Er findet vielmehr im Zwischenmenschlichen statt, im emotionalen, nicht immer eindeutigen Spiel aus Sprache, Gestik und Ausdruck. Um diesen Prozess besser zu verstehen, wollen wir einen Schritt zurücktreten und uns einige Gemeinsamkeiten dieser Meistertrainer ansehen.

KAPITEL 9

LERNEN ZU LEHREN

Ein Lehrer wirkt in die Ewigkeit; er weiß nie, wo sein Einfluss endet.

Henry Brooks Adams

DIE VIER TUGENDEN DER MEISTERTRAINER

Erstklassigen Unterricht zu geben ist letztlich eine Fähigkeit wie jede andere. Sie macht den Eindruck, als handele es sich um Zauberei, doch in Wirklichkeit ist auch die Lehre nichts anderes als eine Kombination von verschiedenen Fähigkeiten - eine Ansammlung myelinisierter Schaltkreise, die durch aktives Lernen entwickelt wurden. Ron Gallimore, heute Professor emeritus der University of California, beschreibt diese Fähigkeit so: »Große Lehrer achten genau auf das, was ihre Schüler sagen und tun. Dank dieser Achtsamkeit und ihrer profunden Fachkenntnisse sind sie in der Lage, die tastenden und suchenden Bemühungen ihrer Schüler auf dem Weg des Lernens zu erkennen, und mit einer gezielten Botschaft eine Verbindung zu ihnen herzustellen.«

Die Schlüsselbegriffe dieses Satzes sind Kenntnisse, Erkennen und Verbindung. Was Gallimore hier beschreibt, und was wir an den Beispielen von Hans Jensen, John Wooden und Miss Mary gesehen haben, bestätigt unsere These: *Eine Fähigkeit ist eine Myelinschicht, die sich um eine Nervenzelle legt und auf bestimmte Signale hin wächst. In einem ganz wörtlichen Sinne sind Meistertrainer die Lieferanten der Signale, die das Wachstum eines bestimmten Schaltkreises steuern* und ihm klar mitteilen, *hier und nicht dort aktiv* zu werden. Unterricht ist ein langes, intimes Gespräch, eine Abfolge von Botschaften und Antworten, die zu einem gemeinsamen Ziel führen. Die Kompetenz eines Trainers besteht nicht in einer allgemein gültigen Weisheit, die er an jeden beliebigen Schüler weitergeben könnte, sondern in der subtilen Fähigkeit, die Lernzone an der Leistungsgrenze jedes seiner Schützlinge zu erkennen und die richtigen Botschaften zu vermitteln, um die Schaltkreise auf die richtigen Ziele hin auszurichten und sie wieder und wieder zu aktivieren. Wie jede Fähigkeit setzt sich auch diese aus unterschiedlichen Qualitäten zusammen, die ich »die vier Tugenden« nennen will.

DIE ERSTE TUGEND: DIE MATRIX

Die Trainer und Lehrer, die ich in den verschiedenen Talentschmieden kennengelernt habe, waren zumeist älter. Mehr als die Hälfte war über sechzig, teilweise waren sie sogar über siebzig Jahre alt. Über Jahrzehnte hinweg hatten sie intensiv gelernt zu lehren. Das ist kein Zufall, sondern im Gegenteil eine Voraussetzung, denn auf diese Weise entwickeln sie einen der wichtigsten Aspekte ihres Könnens: ihre Matrix. Als Matrix bezeichnet Gallimore das weit gespannte Netz von fachspezifischem Wissen, das die besten Lehrer und Trainer auszeichnet und ihnen erlaubt, kreativ und effektiv auf die Bemühungen ihrer Schüler einzugehen. Gallimore schreibt: »Ein großer Lehrer hat die Fähigkeit, immer tiefer vorzudringen, zu erkennen, was ein Schüler lernen kann, und ihn dorthin zu führen. Er vertieft immer weiter, denn er kann den Stoff aus den unterschiedlichsten Richtungen angehen und eine unendliche Zahl von Verbindungen herstellen.« Oder wie ich es formulieren würde: In jahrelanger Arbeit entwickeln Meistertrainer ihre Schaltkreise, ein geheimnisvolles Gemenge aus Fachwissen, Strategie, Erfahrung und Instinkt, das sofort eingesetzt werden kann, um zu erkennen, an welchem Punkt sich die Schüler befinden und welche Richtung sie einschlagen müssen. Mit anderen Worten, die Matrix ist die Killerapplikation der Lehrer.

Auf den folgenden Seiten werden wir uns ansehen, wie diese Matrix funktioniert. An dieser Stelle reicht es, wenn wir festhalten, dass niemand mit diesem profunden Wissen zur Welt kommt. Es muss genauso über längere Zeiträume und durch eine Kombination aus Motivation und aktivem Lernen entwickelt werden wie jede andere Fähigkeit auch.[27] Niemand wird durch Zufall zum Meistertrainer. Viele von ihnen haben einen ähnlichen Lebenslauf: Sie begannen als vielversprechende Talente auf ihrem Gebiet, schafften es jedoch aus irgendeinem Grund nicht an die Spitze und versuchten, die Gründe für ihr Scheitern zu verstehen. Ein gutes Beispiel ist Linda Septien, die in Louisiana zur Welt kam und schließlich die Septien Vocal Studios in Dallas gründete.

Septien ist eine braungebrannte, jugendlich wirkende 54Jährige mit einem Hang zu hautengen Overalls und metallisch glitzernden Turnschuhen. Dank ihrer natürlichen Überschwänglichkeit überwindet sie Hindernisse, an denen die meisten anderen Menschen verzweifeln würden. Ihr Überschwang zeigt sich in ihrer Art zu reden (schnell, direkt, mit Betonung auf den Schlüsselwörtern) und Auto zu fahren (letztes Jahr habe sie nur siebzehn Knöllchen wegen überhöhter Geschwindigkeit bekommen, erklärt sie mir), aber auch in ihrem Umgang mit den Höhen und Tiefen des Lebens. Als wir uns zu einem ersten Gespräch in ihrem Studio treffen, erzählt sie mir nebenbei, letztes Jahr habe es bei ihr zu Hause gebrannt. »War es schlimm?«, frage ich.

»Ich war nicht da, aber die Nachbarn haben mir erzählt, dass es richtig geknallt hat, als das Boot in die Luft geflogen ist«, erzählt sie. »Sie haben sechs Löschfahrzeuge gebraucht, um das Feuer zu löschen. Ich habe *alles* verloren - Klavier, Pass, Kleider, Fotos, Zahnbürste, alles verbrannt. Mein Kakadu Cleo war ein bisschen angesengt, aber er hat's überlebt. Obwohl ich nicht weiß, ob ich mich darüber freuen soll - der Vogel ist so laut! Dass ich die Sachen verloren habe, kann ich verschmerzen. Aber die Zeit, die ich verloren habe, das hat richtig wehgetan. Während wir das Haus wieder aufgebaut haben, sind wir sechs Mal umgezogen. Das war nicht so witzig. Aber wissen Sie was?« Sie sieht mich mit ihrem offenen, bezaubernden Lächeln an. »Das neue Haus gefällt mir besser. Viel besser.«

Septien hat Erfahrung im Wiederaufbau. Mit Anfang zwanzig war sie eine erfolgreiche Opernsängerin, sie trat mit dem New Orleans Symphony Orchestra und verschiedenen Gastorchestern auf und war mit Footballstar Rafael Septien verheiratet. Als sie Ende zwanzig war, war ihre Opernkarriere genauso in einer Sackgasse wie ihre Ehe. Im Jahr

1984 fuhr sie schwanger und wieder solo nach Nashville, in der Hoffnung, dort in die Popmusik wechseln und ein Gospelalbum aufnehmen zu können. Sie bekam einen Termin bei einer Plattenfirma und sang den Produzenten »I'm a Miracle, Lord« vor. Es war gut gelaufen, dachte sie.

»Ich habe *schön gesungen und jede Note getroffen«,* erinnert sie sich. »Als ich fertig war, sagten die Produzenten kein Wort. Ich habe gedacht, ›Die sind sprachlos. Die wissen, dass ich klasse bin.‹«

Septien lächelt. »Dann haben sie mir die Wahrheit gesagt: Ich war *furchtbar.* Grässlich. Die Noten waren ihnen egal, sie wollten Gefühl, und ich habe ohne Gefühl gesungen, ohne Leidenschaft, ohne Story. Ich war eine klassische Sängerin. Ich hatte keine Ahnung, wie man ein Lied verkauft.

Sie können sich gar nicht vorstellen, wie mich das gewurmt hat. Ich hatte gedacht, ich wäre wirklich gut und hätte richtig Talent. Und diese Typen haben mir gesagt, dass ich richtig scheiße war. Und sie hatten Recht, ich war scheiße. Ich war stinksauer. Aber ich wollte es auch wissen. Ich wollte wissen, wie ich das hinbekomme.«

Die nächsten Monate brachte Septien damit zu, sich um ihr Baby zu kümmern und große Pop- und Rockmusiker wie Tom Jones, die Rolling Stones und U2 zu studieren. Sie sah sich an, wie sie sangen, sich bewegten und sprachen, sie machte sich Notizen, kritzelte auf Servietten und Konzertprogramme und sammelte ihre Erkenntnisse in dicken Ordnern. Sie ging die Popmusik an wie eine Medizinstudentin, die systematisch die verschiedenen Körperteile seziert. Welche Atemtechnik verwendet Tom Jones in »Delilah«? Wie bewegt sich Bono, um Gefühl in seine Lieder zu legen? Was macht die minimalistische Stimme von Willie Nelson so attraktiv? Sie sah sich nicht nur die Sänger selbst, sondern auch das Publikum an, um zu sehen, »was die Leute so richtig anmacht«.

Trotz aller Bemühungen klemmte Septiens Gesangskarriere. Sie verdiente ihren Lebensunterhalt als Immobilienmaklerin, Pressesprecherin, Fotomodell und mit gelegentlichem klassischem Gesangsunterricht bei sich zu Hause. »Ich war aber keine besonders gute Lehrerin«, meint sie. »Aber ich war damals die einzige, die in den gelben Seiten von Dallas inseriert hatte.« Als Anfang der Neunzigerjahre Teeniestars wie Debbie Gibson und Tiffany erste Erfolge hatten, kamen immer mehr Kinder, die nicht an klassischem Gesang interessiert waren. Sie wollten Popstars werden. »Ich hab mir gedacht, warum nicht? Ich kenne die Popmusik. Ich muss nur noch lernen, wie man das unterrichtet.«

Am Anfang unterrichtete Septien Popmusik wie den klassischen Gesang und legte den Schwerpunkt auf Gesangstechnik. Doch das ging schief. »Ich habe mich bald umgestellt und den Schwerpunkt auf die Künstler gelegt. Ich habe gemerkt, dass es meine Hauptaufgabe war herauszufinden, was zu jedem Einzelnen passt und das mit dem zusammenzubringen, was in der Popmusik funktioniert. Dafür gab es kein System, also musste ich mir selbst was einfallen lassen.«

Septien suchte in ihren Ordnern und erfand in den kommenden Jahren einen Lehrplan, der die Strenge und Struktur der klassischen Ausbildung mit der Welt der Popmusik zusammenbrachte. Sie verwendete den Gesang von Whitney Houston für Stimmübungen und entwickelte Programme für Zwerchfellübungen, Gehörtraining und improvisierten Jazzgesang. Wie Feinberg und Levin von KIPP experimentierte sie ständig mit neuen Methoden, verwarf sie wieder und probierte neue Ideen aus. Sie stellte die Darbietung in den Mittelpunkt und verschaffte ihren Schülern Auftritte in Einkaufszentren, Schulen und bei Rodeos. Sie verlangte von ihren Schülern, ihre eigenen Songs zu schreiben und holte professionelle Songwriter als Lehrer in ihre Schule. Im Laufe der Jahre erweiterte sich ihre Matrix. Der Prozess beschleunigte sich, als 1991 ein elfjähriges Mädchen namens Jessica Simpson in Septiens Studio kam, um Unterricht zu nehmen.

»Sie hat ›Amazing Grace‹ gesungen«, erinnert sich Septien.

»Jessica hatte eine ansteckende Persönlichkeit, sie war süß, aber auf der Bühne war sie unglaublich schüchtern. Und sie musste *viel* an ihrer Stimme arbeiten. Sie hatte eine schöne Stimme, aber sie war gospelig. Das war leicht zu erklären, ihr Vater war Prediger. Sie hatte ein starkes Vibrato.« Septien demonstriert den Klang, dass ihr Büro bebt. »Aber Sie können Popmusik nicht mit Vibrato singen. Haben Sie mal ein paar Stimmbänder gesehen? Sie sind rosa und V-förmig – im Grund nichts anderes als Muskeln. Das Vibrato bedeutet, dass Jessicas Stimmbänder zu lang waren, und wir mussten sie spannen wie eine Gitarrensaite.

Außerdem hatte Jessica überhaupt kein Gefühl, keinen Ausdruck, sie hat die Emotionen in der Musik nicht gespürt, genau wie ich am Anfang. Also mussten wir daran arbeiten, an Gesten, Bewegungen, Kontakt zum Publikum, was eine ganz eigene Fähigkeit ist. Das Publikum ist wie ein großes Tier, und Sie müssen lernen, es zu bändigen, einen Kontakt herzustellen und es dazu zu bringen, dass es mehr will. Sie können eine noch so tolle Stimme haben, wenn Sie keinen Kontakt zum Publikum herstellen, ist das völlig egal. Aber Jessica hat hart an sich gearbeitet. Sie hat sich richtig reingehängt.«

Jessica brauchte zwei Jahre, um das Vibrato wegzubekommen und drei weitere, um das Bühnenhandwerk zu lernen. Nach fünf Jahren bei Septien hatte Jessica Simpson einen Plattenvertrag und drei Jahre später hatte sie ihr Debütalbum 3,5 Millionen mal verkauft und für ihren Hit »I Wanna Love You Forever« Platin erhalten. Jessica Simpson wurde als Entdeckung und Überraschungserfolg gefeiert. Darüber kann sich Septien bis heute köstlich amüsieren.

»Alle haben gesagt, Jessica ist ein Mädchen aus Texas, das im Kirchenchor gesungen hat. Das ist Quatsch. Dieses Mädchen hat hart gearbeitet, um die Sängerin zu werden, die sie war. Die gleichen Leute haben auch gesagt, Kelly Clarkson [die im Jahr 2002 die erste Staffel der Talentshow *American Idol* gewann] wäre eine Kellnerin gewesen und hätte nie zuvor gesungen. Kellnerin? Wie bitte? Kelly Clarkson war eine Sängerin, wir haben sie alle gekannt. Sie hatte eine Ausbildung und hat sich den Hintern aufgerissen, so wie alle anderen auch. Sie ist genauso wenig aus dem Nichts gekommen wie Jessica Simpson. Mit Zauberei hat das nichts zu tun.«

Nach Jessica Simpson folgte ein Erfolg auf den anderen. Schon bald arbeitete Septien mit einer aufstrebenden Sängerin aus Houston namens Beyoncé Knowles, mit Ryan Cabrera und einer Reihe von späteren Endrundenteilnehmern von *American Idol*. Bei meinem Besuch hörte ich Sänger von *High School Musical* sowie *Barney and Friends* sowie ein halbes Dutzend Mini-Christina-Aguileras. Septien bereitete eine Werbeveranstaltung für Investoren vor, um 100 Millionen Dollar aufzutreiben, mit denen sie die Schule ausbauen wollte. Doch was viel wichtiger ist, ihre Matrix ist heute vollständig. Septien erzählt: »Wenn jemand zur Tür hereinkommt, hab ich ihn oder sie in zwanzig Sekunden verstanden.«

»Es gibt nichts, was sie nicht kennt oder womit man sie überraschen könnte«, sagt die frühere Anwältin und heutige Sängerin Sarah Alexander, die ebenfalls bei Septien Unterricht genommen hat. »Sie hat genau verstanden, was meine Stimmbänder in jedem beliebigen Moment machen, und was ich besser machen kann. Sie hatte immer eine Erklärung, wie ich ein Problem lösen kann. Linda kümmert sich um die kleinen Schritte.«

»Die Leute sehen den Glitzer und den Bühnenkram und vergessen, dass Stimmbänder nichts anderes sind als Muskeln«, erklärt Septien. »Nur Muskeln. Ich mache als Lehrerin nichts anderes als das, was ich von meinen Schülern verlange. Ich weiß, was ich tue, weil ich jede Menge Arbeit reingesteckt habe. Ich bin nicht anders als sie. Wenn du Jahre damit zugebracht hast, richtig hart an etwas zu arbeiten, dann wirst du einfach besser. Wie dumm müsste ich denn sein, wenn ich nicht besser würde?«

DIE ZWEITE TUGEND: WAHRNEHMUNGSVERMÖGEN

Als Erstes bemerken Sie die Augen. Sie sind scharf und warm und haben einen ruhigen Blick. Einige Trainer erklärten mir, sie hätten gelernt, ihre Augen wie Kameras zu verwenden, und eine ihrer Gemeinsamkeiten ist ihre Rundumsicht. Ihr Blick kann freundlich sein, doch es geht ihm nicht in erster Linie um Freundschaft, sondern um Information. Es geht darum, Sie zu verstehen.

Als Gallimore und Tharp im Jahr 1974 John Wooden beobachteten, waren sie überrascht, dass er Lob und Tadel sehr ungleich verteilte. Einige der Spieler lobte er häufig, andere kritisierte er immer wieder. Daraus machte er keinen Hehl. Während des ersten Vorbereitungstreffens zu Beginn jeder Saison erklärte Wooden: »Ich werde euch nicht alle gleich behandeln. Es wäre falsch, euch alle gleich zu behandeln, denn ihr seid alle unterschiedlich. In seiner endlosen Weisheit hat der gütige Gott jeden von uns anders geschaffen. Zum Glück, denn wenn wir alle gleich wären, dann wäre die Welt ziemlich langweilig, oder? Ihr unterscheidet euch in Größe, Gewicht, Geschichte, Intelligenz, Talent und so weiter. Deswegen verdient jeder die individuelle Behandlung, die am besten für ihn ist. Und ich entscheide, wie diese Behandlung aussieht.«

Fast alle Meistertrainer, die ich kennengelernt habe, halten sich an diese Regel. Sie wollen so viel wie möglich über ihre Schüler herausfinden, um ihre Kommunikation auf sie einstellen zu können. Footballtrainer Tom Martinez, den wir im folgenden Kapitel kennenlernen werden, hat einen anschaulichen Vergleich für diesen Prozess gefunden: »Das Leben ist eine Schüssel voll Schlagsahne und Scheiße, und meine Aufgabe besteht darin, ein Gleichgewicht herzustellen. Wenn einer der Jungs viel Scheiße erlebt, dann rühre ich Schlagsahne rein. Und wenn einer der Jungs nur Schlagsahne kennt, rühre ich ein bisschen Scheiße rein.«

Die Trainer, die ich kennengelernt habe, betrachteten ihre neuen Schüler mit der Neugierde eines Paparazzo. Sie spürten private Details aus und brachten Einzelheiten über Familie, Einkommen, Freundschaften und Motivation in Erfahrung. Im Training beobachteten sie jede Reaktion ihrer Schüler, um sicherzugehen, dass ihre Botschaft auch ankam. Das Ergebnis war ein leicht zu erkennender Sprechrhythmus. Die Trainer liefern eine Detailinformation, machen eine Pause und sehen ihre Zuhörer aufmerksam an. Septien erklärt: »Ich schaue immer, denn ich muss wissen, wenn sie etwas nicht verstehen.«

»Sie hören auf verschiedenen Ebenen zu«, schreibt Gallimore. »Sie verwenden Worte und Verhalten als Instrumente, um ihre Schüler voranzubringen.«

DIE DRITTE TUGEND: DER GPS-REFLEX

»Man muss ihnen viel Information geben«, sagte Tennistrainer Robert Lansdorp. »Man muss sie schockieren und wieder schockieren.«

Schockieren ist ein guter Begriff. Viele Meistertrainer geben Informationen in knapper, klarer und anschaulicher Form weiter. Sie fingen ihre Sätze nicht mit »Könntest du bitte«, »Meinst du nicht« oder »Was hältst du davon« an, sondern verwendeten kurze Botschaften. »Mach jetzt x« war die häufigste Form - dass die Schüler die Anweisung umsetzten, setzten sie voraus. Der Ton war (in der Regel) keineswegs diktatorisch, sondern neutral und eindringlich, so als käme er aus einem GPS-Sender, der uns durch ein Labyrinth von Straßen dirigiert: *nach links, nach rechts, geradeaus, am Ziel.* Hier ist ein Transkript einer dreiminütigen Interaktion zwischen Septien und der elfjährigen Kacie Lynch, die einen Song mit dem Titel »Mirror, Mirror« einstudiert. Es liest sich ein wenig wie ein Monolog, doch es handelte sich wie in jeder Trainingssituation um einen Dialog: Kacies Teil ist gesungen, Septiens gesprochen.

Kacie: *(singt)*
Linda: Okay, es ist ein Tanzstück, nicht schön, keine Ballade. Es ist schnell, also beweg dich schnell. Sing wie eine Trompete.
Kacie: *(singt)*
Linda: Mach am Ende jeder Zeile einen Scat. So: »You know how much he caa-aaaares.«
Kacie: *(singt)*
Linda: Lass das Ende ausklingen - es muss klingen wie ein Ballon, aus dem die Luft rausgeht.
Kacie: *(singt)*
Linda: Benutz dein Zwerchfell, nicht dein Gesicht. Halt die Zunge fester, damit der Ton klarer wird.
Kacie: *(singt)*
Linda: Bei den Scats die Backen zurück ... fast ... fast ... genau so.
Kacie: *(singt)*
Linda: Benutz die Gähnmuskel - du benutzt da schwache Muskeln. Genau so.
Kacie: (singt den Song zu Ende)
Linda: Das war okay, aber ich glaube, das kannst du besser.
Kacie *(nickt)*: Mhm.
Linda: Und jetzt musst du üben, üben, üben, üben.
Kacie: Okay.

So sieht Septiens GPS-Reflex in Aktion aus. In Echtzeit gibt sie eine Abfolge von klaren Anweisungen, mit denen sie die Schaltkreise ihrer Schülerin aktiviert und in die richtige Richtung lenkt. Innerhalb von drei Minuten gab Septien Anweisungen zu

1. dem Ziel beziehungsweise dem Gefühl des gesamten Songs (»ein Tanzstück« ... »wie eine Trompete«),
2. dem Ziel beziehungsweise Gefühl einzelner Abschnitte (»caa-aaaares« ... »wie ein Ballon«),
3. spezifischen körperlichen Bewegungen, die erforderlich sind, um bestimmte Noten zu treffen (»Zunge fester« ... »Backen zurück« ... »Gähnmuskeln«),
4. Motivation/Ziele (»das kannst du besser« ... »üben, üben, üben, üben«).

Septien ist präzise, sie erkennt Fehler und bietet in anschaulichen Sätzen Lösungen an. Sie hob hervor, wenn Kacie das gewünschte Ergebnis erzielte (»genau so«). Septiens eigentliche Fähigkeit besteht nicht nur in ihrer Wissensmatrix, sondern darin, dass sie blitzartig eine Verbindung zwischen diesem Wissen und Kacies Darbietung herstellen kann, dass sie erkennen kann, wo Kacie sich in jedem Moment befindet, und dass sie ihr zeigen kann, wie sie das erwünschte Ziel erreicht.[28]

In den Beschreibungen großer Lehrer ist oft von Geduld die Rede. Was ich gesehen habe, würde ich nur sehr bedingt als Geduld beschreiben. Es war eher eine tastende, strategische Ungeduld. Die Lehrer veränderten ständig ihren Input. Wenn A nicht funktionierte, versuchten sie es mit B und C, und wenn das nicht fruchtete, hatten sie den gesamten Rest des Alphabets parat. Was auf den ersten Blick nach einer geduldigen Wiederholung klang, war bei genauerem Hinsehen eine Folge von subtilen Variationen, die den Schaltkreis anders aktivierten und jedes Mal eine sinnvolle Abfolge von Fehler und Korrektur darstellten, mit deren Hilfe Myelin gebildet wurde.

Einen Satz hörte ich in den unterschiedlichsten Talentschmieden immer und immer wieder: »Gut. Und jetzt mach ...« Diesen Satz sprachen die Trainer immer dann aus, wenn ihre Schüler eine neue Technik oder Bewegung begriffen hatten. Sobald sie eine Sache gemeistert hatten, steigerten ihre Trainer den Schwierigkeitsgrad: »Gut. Und jetzt schneller. Jetzt mit Rhythmus.« Kleine Erfolge waren keine Endpunkte, sondern Schritte auf dem weiteren Weg.

»Eine wichtige Sache, die ich in den letzten Jahren gelernt habe, ist das Anschieben«, erklärt Septien. »Jedes Mal, wenn sie einen neuen Punkt erreichen, auch wenn sie noch ein paar Schwierigkeiten haben, schiebe ich sie auf die nächste Ebene.«

»Immer Knöpfe drücken, immer Knöpfe drücken und schauen, wo wir hinkommen«, sagt Lansdorp. »Der menschliche Geist ist eine so schöne Sache!«

DIE VIERTE TUGEND: THEATRALISCHE EHRLICHKEIT

Viele der Trainer, die ich kennengelernt habe, hatten etwas Theatralisches an sich. Robert Lansdorp hatte eine weiße Schmalzlocke, trug eine schwarze Lederjacke und sprach mit einer dröhnenden Sinatra-Stimme. Mit ihren Glamour-Outfits und ihrer tadellosen Frisur erinnerte mich Septien an einen Hollywoodstar. Und Larisa Preobrazhenskaya, die eine Schauspielausbildung absolviert hat, hatte eine Vorliebe für turbanartige Kopfbedeckungen und schneeweiße Trainingsanzüge und konnte innerhalb einer Sekunde von einem finsteren Blick auf ein zuckersüßes Lächeln umschalten. Lansdorp genoss es, in verschiedene Rollen zu schlüpfen. »Ich bin ein totaler Schauspieler«, erklärte er. »Ich werde laut, ich werde leise, ich stelle Fragen und schaue, wie sie reagieren. Ich mache alles Mögliche. Manchmal bin ich gemein und hart, dann wieder locker. Das hängt ganz davon ab, was die Schüler brauchen.«

Wenn man das hört, könnte man meinen, Meistertrainer seien Hochstapler. Doch je länger ich ihnen zusah, desto mehr erkannte ich, dass das Theater nichts anderes ist als ein Werkzeug, mit dem die Trainer ihren Schülern vermitteln, wo sie mit ihrer Leistung stehen. Für Ron Gallimore ist Ehrlichkeit eine der wichtigsten Eigenschaften eines Lehrers: »Ein wirklich großer Lehrer stellt eine Verbindung zu seinen Schülern her, weil er über moralische Standards verfügt. Er ist empathisch und selbstlos, denn er will seinen Schülern etwas mitteilen, was diese noch nicht wissen, und dabei stellt er eine Verbindung zu ihnen her.«

Diese Eigenschaft wirkt dann am besten, wenn die Lehrer ihre für die Myelinbildung wichtigste Aufgabe wahrnehmen: auf Fehler aufmerksam machen. Nehmen wir als Beispiel eine Mathematikstunde der KIPP-Lehrerin Lolita Jackson, die wir in Kapitel 7 kennengelernt haben. Eine Stunde und 45 Minuten am Stück bearbeitet Jackson die Klasse wie eine Maschinistin, sie legt Hebel um und kontrolliert jede Bewegung mit ihrer Stimme, ihrem Körper und ihren Augen. Einen Moment lang ist sie freundlich und aufmunternd, dann ist sie überrascht, und schließlich wirkt sie Furcht einflößend. Einmal stellt sie beispielsweise fest, dass ein Schüler namens Geraldo zur Berechnung eines Kreisumfangs eine falsche Formel verwendet.

»Warum multiplizierst du das mit *vier*?«, fragt sie ungläubig. Mit ihrem Finger klopft sie auf das Papier wie eine Anklägerin, die in einer polizeilichen Gegenüberstellung einen Verbrecher identifiziert. »Da steht doch *zwei*. Da steht es! Da hast du deinen Fehler gemacht. Genau da!«

Sie wendet sich der ganzen Klasse zu. Ihr Blick ist mit einem Mal freundlich und offen, die Anklägerin hat sich in eine nette Tante verwandelt. »Wer wusste an der Stelle noch nicht weiter? Seid nicht schüchtern. Wir wollen nur sichergehen, dass ihr am Ende der Stunde wisst, wie es geht.«

Wenig später erwähnt sie, dass ein Schüler namens José, der Probleme in Mathematik hatte, beim letzten Test gut abgeschnitten hat. Sie geht auf ihn zu.

»Hast du deinen Eltern von dem Test erzählt?« José nickt.

»Und was haben sie gesagt? Finden sie das gut? Wirst du bis zum Jahresende so weiter machen?«

José antwortet: »Ja, Ms. Jackson.«

Sie sieht ihn streng an. »Weißt du was, José, ich finde das nicht gut. Nein, ich finde das nicht gut.«

Die Klasse hält den Atem an, und Ms. Jackson legt eine Kunstpause ein. Dann bricht sie die Spannung mit einem breiten Lächeln. »Ich finde das nicht gut, ich finde es super! Ich finde es richtig SUPER!«

Dann wiederholen sie das Problem der Umfangsberechnung, wieder und wieder. Zuerst finden 80 Prozent der Kinder die richtige Lösung, dann 90, dann 95. Als es schließlich alle kapiert haben, feiern sie dies mit lautem Applaus und Stampfen.

»Verstehen wir das jetzt besser?«, fragt Ms. Jackson am Ende. »Wir verstehen es noch nicht vollständig, dazu haben wir es noch nicht oft genug geübt. Aber verstehen wir es besser? JA!«

Später erklärt sie mir: »Ich kann eine Verbindung zu den Kindern herstellen, weil ich weiß, wovon ich spreche. Ich habe erst mit dem Studium angefangen, als meine Kinder schon in der Schule waren, also kenne ich beide Seiten. Ich kenne die Welt, in der sie leben. Es geht nicht um Mathematik. Ich unterrichte hier keine Mathematik. Es geht ums *Leben*. Es geht darum, dass jeder Tag ein neuer Tag ist, und wenn du aufwachst, dann siehst du den Himmel, den du geschenkt bekommst. Dieser Tag ist hier und jetzt. Was willst du mit ihm anfangen?«

WARUM FUSSBALLTRAINING UND GEIGENUNTERRICHT ZWEI PAAR SCHUHE SIND

Nach allem, was wir bisher über Meistertrainer erfahren haben, könnte man meinen, sie seien geschäftige Elektriker, die ihren Schülern eifrig Signale übermitteln und an Myelinverbindungen löten. Das ist durchaus häufig der Fall. Doch oft sagen diese Lehrer auch kein einziges Wort. Stellen Sie sich diesen scheinbaren Widerspruch vor: Sowohl die brasilianischen Fußballakademien als auch die Suzuki-Geigenschulen bringen ein außergewöhnliches Maß an Talenten hervor. Doch die brasilianischen Trainer sagen kaum ein Wort, während die Suzuki-Lehrer beinahe ununterbrochen auf ihre Schüler einreden.

Das brasilianische Futsaltraining ist bestechend einfach. Der Trainer beginnt mit einigen Aufwärmübungen, dann teilt er die Gruppe in zwei Mannschaften ein und lässt sie gegeneinander spielen. Das Training besteht überwiegend aus Spiel, und der Trainer sagt kaum ein Wort. Er schaut aufmerksam zu. Gelegentlich lacht er und ruft »Oooh!« wie ein Fan. Doch er trainiert die Spieler nicht im eigentlichen Sinne, er unterbricht den Spielfluss nicht, um zu lehren, zu loben, zu kritisieren oder das Training in irgendeiner Weise zu kontrollieren. Oberflächlich betrachtet scheint diese entspannte Trainingsmethode gegen die entscheidenden Myelinregeln zu verstoßen. Wie lassen sich Fähigkeiten entwickeln, wenn der Trainer das Spiel nicht unterbricht, Informationen weitergibt, lobt und korrigiert?

Am anderen Ende des Spektrums ist der Geigenunterricht der Suzuki-Schulen. Zu Beginn beobachten die Lehrer die Anfänger mit Argusaugen. In einigen Programmen lernen die Schüler erst wochenlang, wie man Geige und Bogen richtig hält, ehe sie ihren ersten Ton spielen. (In Japan bekommen Suzuki-Schüler in den ersten Wochen nicht einmal eine Geige in die Hand, sondern üben die richtige Haltung des Instruments mit einer Schuhschachtel.) Es ist das absolute Gegenteil des brasilianischen Fußballtrainings: Hundertprozentige Kontrolle und keinerlei Freiraum. Doch nach den beeindruckenden Resultaten zu urteilen, funktionieren beide Lehrmethoden ausgezeichnet. Wie kann das sein?

Schauen wir uns die Schaltkreise genauer an, die jede dieser beiden Methoden entwickeln soll. Aus Sicht des Myelins sieht es nämlich nur so aus, als würden beide Trainer das Gegenteil tun. In Wirklichkeit tun beide genau das, was gute Lehrer tun sollten: Sie tragen dazu bei, dass die erforderlichen Schaltkreise so oft wie möglich aktiviert werden. Der Unterschied liegt in den Schaltkreisen selbst.

Wie bei jeder elektrischen Schaltung ist auch bei den Schaltkreisen in unserem Gehirn die Form von der Funktion abhängig. Unterschiedliche Fähigkeiten erfordern unterschiedliche Strukturen der Nervenfasern, die die jeweiligen Bewegungsabläufe steuern. Stellen wir uns beispielsweise vor, was im Nervensystem eines Fußballers vor sich geht, wenn dieser im Alleingang auf das gegnerische Tor zuläuft. Der Schaltkreis ist so angelegt, eine Vielzahl von Möglichkeiten zu eröffnen, die sich im fließenden Übergang miteinander verknüpfen lassen: jetzt *das*, dann *das*, danach *das*. Bewegungsfluss und Improvisation sind oberstes Gebot. Je schneller und flexibler der Schaltkreis, desto mehr Hindernisse lassen sich überwinden, und desto besser der Spieler. Wenn man den idealen Fußballschaltkreis in einer Grafik darstellen wollte, dann wäre das Resultat eine Art riesige Efeuhecke: Ein weit verzweigtes Netz von gleichermaßen verfügbaren Möglichkeiten (zum Beispiel Tricks und Dribblings), die alle auf eines hinauslaufen: Pelé, der im Alleingang das Feld hinuntermarschiert und trifft.

Stellen wir uns nun einen Schaltkreis vor, der aktiv wird, wenn eine Violinistin eine Sonate von Mozart spielt. Dieser Schaltkreis ist alles andere als ein Gewirr von möglichen Improvisationen, sondern eine Reihe klar definierter Leiterbahnen, die eine einzige, ideale Bewegung ausführen. Beständigkeit ist das A und O: Wenn eine Violinistin einen a-moll-Akkord spielt, dann muss dieser a-moll-Akkord immer exakt gleich klingen. Dieser präzise und stabile Schaltkreis ist das Fundament für weitere Schaltkreise, die es ihr ermöglichen, zunehmend komplexere Muster bis hin zu einer ganzen Mozart-Sonate zu spielen. Wenn wir einen idealen Violinschaltkreis grafisch darstellen wollten, dann würde dieser eher einer Eiche ähneln: Ein kräftiger Stamm wächst gerade nach oben und verzweigt sich in Bereiche extremer Flüssigkeit – und Itzhak Perlman, der sich hoch in der Baumkrone durch Sechzehntelnoten hangelt.

Während des scheinbar trainerlosen Futsaltrainings in São Paulo werden die hochflexiblen Schaltkreise der Spieler schnell und intensiv aktiviert. Im Spiel selbst ergeben sich am Fließband genau die Situationen, die der Trainer unterrichten will, und es hat den zusätzlichen Vorteil, dem Spieler sofort anschauliches Feedback zu liefern: Wenn ein Trick nicht funktioniert, verliert er den Ball, und wenn er funktioniert, folgt die Freude über das erzielte Tor. Das Spiel anzuhalten, um eine technische Feinheit zu erläutern oder einen Spieler zu loben, würde bedeuten, den Fluss der Aufmerksamkeit und Fehlerkorrektur zu unterbrechen, der das aktive Lernen mit flexiblen Schaltkreisen überhaupt erst ausmacht. Die Lektionen auf dem Spielfeld wirken eindringlicher als alles, was der Trainer seinen Spielern sagen könnte.[29]

Der Geigenunterricht verkörpert das genaue Gegenteil. Im Falle eines Violinanfängers reicht es nicht aus, wenn ein Schaltkreis aktiviert wird – er muss richtig aktiviert werden. Das hohe Maß an Input der Lehrer spiegelt eine physiologische Tatsache wider: Dieser Schaltkreis ist entscheidend, denn er bildet später das Herz des Baumstamms. Die

Handlungen der Lehrer sind eine Art Spalier, an dem der Schößling in die gewünschte Richtung wächst. (Was übrigens nicht heißt, dass das Lernen eine ernste Angelegenheit sein muss. Die Suzuki-Lehrer, die ich kennengelernt habe, sind charmant, charismatisch und durchaus in der Lage, die Übungen mit der Schuhschachtel in ein unterhaltsames Spiel zu verwandeln.)

Fähigkeiten wie Fußball, Schreiben oder Improvisationstheater erfordern flexible Reaktionen, das heißt, wir benötigen Tausende Schaltkreise, die wir bei Bedarf durchgehen können, um genau denjenigen zu finden, der uns bei der Lösung eines ganz bestimmten Problems weiterhilft. Um Geige, Golf, Bodenturnen oder Eiskunstlauf zu beherrschen, benötigen wir dagegen stabile Schaltkreise und ein solides Fundament an Techniken, die es uns erlauben, eine bestimmte ideale Bewegung wieder und wieder ganz exakt auszuführen. (Deshalb erreichen Autodidakten im Golf, im Eiskunstlauf und im Turnen selten die Weltspitze, während autodidaktische Romanautoren, Fußballer und Improvisationskünstler immer wieder auftauchen.) Dies ändert nichts an der universellen Regel: Gutes Training entspricht dem zu trainierenden Schaltkreis. Der passive brasilianische Futsaltrainer und der aktive Suzuki-Lehrer verwenden nur scheinbar unterschiedliche Methoden. Bei genauerem Hinsehen stellt sich heraus, dass beide dasselbe Ziel verfolgen wie John Wooden, Mary Epperson oder jeder andere Meistertrainer: die Schüler in die aktive Lernzone zu führen, die Schaltkreise maximal zu aktivieren und mit Myelin zu beschichten und so dem Tag ein Stückchen näher zu kommen, auf den jeder Trainer hinarbeitet: dem Tag, an dem die Schüler ihre eigenen Lehrer werden.

»Wenn ich die Wahl habe, etwas zu erklären, oder es die Kids selbst herausfinden zu lassen, dann entscheide ich mich immer für Letzteres«, sagte Lansdorp. »Sie müssen lernen, selber zu denken und Probleme zu lösen. Ich muss sie doch nicht jeden Tag sehen. Man kann ihnen doch nicht die ganze Zeit ihr Fläschchen geben. Irgendwann müssen sie von allein dahinterkommen.«

KAPITEL 10

DIE 60-MILLIONEN-DOLLAR-WETTE

Ein Lehrer ist jemand, der sich Schritt für Schritt überflüssig macht.

Thomas Carruthers

Meistertrainer sind Ironie gewöhnt. Sie bringen Jahre damit zu, in liebevoller Kleinarbeit Talente heranzuziehen, nur um dann zurückgelassen zu werden und zuzusehen, wie der Star am Firmament aufsteigt. Auf einen gefeierten Trainer wie John Wooden kommen Dutzende von Hans Jensens, Mary Eppersons und Larisa Preobrazhenskayas, die eine entscheidende Rolle bei der Förderung von außergewöhnlichen Talenten spielen, die aber selbst nie im Rampenlicht stehen.[30] Natürlich kommt es durchaus vor, dass die Meistertrainer mit ihrer subtilen Arbeit plötzlich und unerwartet im Licht der Öffentlichkeit stehen. So geschehen vor Kurzem im Norden von Kalifornien. Der fragliche Trainer war Tom Martinez, und der Grund war die Tatsache, dass die Footballmannschaft der Oakland Raiders plötzlich ein 60-Millionen-Dollar-Problem hatte.

Aufgrund ihres miserablen Abschneidens im Vorjahr bekam die Profimannschaft der Raiders das Recht, zu Beginn der neuen Saison als Erste unter den talentiertesten Footballspielern auszuwählen, die in diesem Jahr von der Universität abgingen. Die Manager hatten zwei Spieler in die engere Wahl genommen, doch sie waren sich unschlüssig, für welchen sie sich entscheiden sollten. Der erste war Calvin Johnson, ein Stürmer der Georgia Tech University. Johnson war 1,98 Meter groß, brachte 108 Kilogramm auf die Waage und verfügte über eine geradezu unheimliche Mischung aus Schnelligkeit und Technik, die ihm unter den beeindruckten Talentscouts den Spitznamen »Michael Jordan des Football« eingebracht hatte. Für Football-Reporter Mike Mayock war Calvin Johnson daher »die sicherste Wahl von allen«.

Der zweite Spieler war ein Unbekannter namens JaMarcus Russell. Wenige Monate zuvor hatten die Talentscouts den 1,98 Meter großen und 118 Kilogramm schweren Russell noch nicht einmal auf ihrem Radarschirm gehabt. Er hatte sein drittes Jahr als Auswechselspieler begonnen und die Beobachter überrascht, als er sich nach einer starken Saison zum Auswahlverfahren der Profimannschaften anmeldete. Die Scouts hatten kaum Informationen über ihn, und das, was sie hatten, gab ihnen Rätsel auf. Einerseits hatte Russell einen außergewöhnlich starken Wurfarm (aus der Hocke schleuderte er den Ball 55 Meter weit), gab traumhafte Kurzpässe und war unter Druck besonders stark. Andererseits gab es eine schier endlos lange Liste von scheinbar genialen Quarterbacks, die in der Profiliga sang- und klanglos untergegangen waren. Die Debatte in der Zentrale der Raiders verlief hitzig: Die eine Hälfte des Managements wollte Johnson, die andere Russell.

Es ging um einen Vertrag in Höhe von 60 Millionen Dollar, und die Zukunft der Mannschaft stand auf dem Spiel. Also machten die Manager das einzig Richtige: Sie werteten sämtliche Berichte, Statistiken, Fernsehaufzeichnungen und Intelligenztests aus und warfen sie in den Müll. Dann griffen sie zum Hörer und riefen Tom Martinez an.

Tom Martinez ist pensionierter Collegetrainer. Am San Mateo College leitete er 32 Jahre lang die Basketball- und Softballteams der Frauen und die Footballmannschaft der Männer. Er gewann insgesamt 1400 Spiele und hatte keine einzige schlechte Saison. Außerdem ist Martinez als Quarterback-Coach bekannt. Sein bekanntester Schüler ist Tom Brady, der mit den New England Patriots dreimal den Super Bowl gewann. Martinez trainierte Brady, seit dieser dreizehn Jahre alt war. Wie wichtig diese Beziehung war, lässt sich an einer abgegriffenen Liste von Martinez-Tipps ablesen, die Brady bis heute in seinem Geldbeutel mit sich herumträgt, und daran, dass Brady noch immer drei bis vier Mal im Jahr »zur Inspektion« bei Martinez vorbeischaut.

Seit Martinez pensioniert ist, werden seine Dienstleistungen eher verstärkt nachgefragt. Wenige Monate vor dem Auswahlverfahren hatte unter anderem auch der Agent von JaMarcus Russell mit ihm Kontakt aufgenommen und ihn gebeten, seinen Schützling vorzubereiten.

Martinez befand sich in einer ungewöhnlichen Situation. In der wichtigsten sportlichen Entscheidung des Jahres suchten beide Seiten Rat bei einem unbekannten ehemaligen Collegetrainer, der davon ausgegangen war, dass er nach seiner Pensionierung im Garten Unkraut jäten würde.

»Das Leben ist schon komisch«, meint Martinez und lacht, als ich ihn nach dem Anruf der Raiders frage. »Die hatten keine Ahnung, wer Russell war. Niemand wusste etwas über ihn. Er war ein unbeschriebenes Blatt, ein großer, stiller, schwarzer Junge. Also haben sie mich angerufen.«

Es ist ein warmer Samstagmorgen im Mai und wir sitzen in seiner Küche. Martinez ist nicht mehr der Gesündeste, er leidet unter Diabetes und Bluthochdruck. Deshalb ist er ein wenig langsam zu Fuß, doch er wirkt gesund und kräftig. Mit seinen großen, lebhaften Augen, seinen dunklen Brauen, seiner markanten Nase und seinem kräftigen Kinn sieht der 1,85 Meter große Martinez aus wie ein Hollywoodstar aus den Vierzigern. Ich frage ihn, wie er das Training eines Spielers wie Russell angeht, mit dem er vor dem Anruf des Agenten noch nie zusammengearbeitet hatte.

»Wenn Sie einen neuen Spieler kennenlernen, ist das wie die erste Begegnung mit einem Mädchen, das Ihnen vielleicht gefallen könnte«, meint Martinez. »Sie stellen Augenkontakt her und dann passiert da unterschwellig etwas. Es trifft einen Nerv, irgendetwas wird beim Blickkontakt übertragen, und Sie sagen ›Hallo‹. Genau danach suche ich, wenn ich einen Spieler kennenlerne, nach einer Möglichkeit, eine Beziehung zu entwickeln.«

Martinez macht eine Pause und sieht mich an, als wolle er überprüfen, dass ich ihn auch verstehe.

»Also bin ich nach Arizona, um JaMarcus zu treffen. Er war sofort misstrauisch. Das ist ganz klar. Alle wollen sie was von ihm. Ich habe ihm gesagt, wer ich bin, und er hat immer mit ›Ja, Sir‹, ›Nein, Sir‹, ›Ja, Sir‹ geantwortet. Höflich, aber förmlich, vorsichtig. Aber so geht das nicht.«

Martinez beugt sich zu mir herüber und blickt mich mit den Augen eines Scharfschützen an.

»Ich hab zu ihm gesagt, ›Hör zu, JaMarcus, ich schätze dich mehr, als du glaubst. Aber ich werde dir nicht die Füße küssen. Du kannst mir zuhören, oder du kannst es bleiben lassen. Wenn du denkst, dass ich nur Mist erzähle, dann erzähle ich eben nur Mist. Ich bin ein alter Mann. Ich brauche dich nicht, um berühmt zu werden. Ich will nur eins von dir.‹ JaMarcus hat mich ganz misstrauisch angeschaut und sich wahrscheinlich gedacht: ›Jo, jetzt kommt's‹. Und ich hab zum ihm gesagt, ›Ich will ein signiertes T-Shirt und eine Autogrammkarte für meinen Enkel.‹ Da hat JaMarcus gegrinst.« Martinez lächelt. »›Das ist alles?‹, hat er gefragt, und ich hab ihn angeschaut und gesagt: ›Das ist alles‹. Danach sind wir gut miteinander klar gekommen.«

Sehen wir uns diese Geschichte ein wenig genauer an. Es ging darum, einen Spieler zu trainieren, doch was Martinez hier beschreibt, hat nichts mit Football zu tun. Was er hier mit dem Feingefühl eines Romanautors schildert, sind vielmehr die Worte, Gesten und Gefühle einer sensiblen zwischenmenschlichen Begegnung. Martinez hatte das Treffen nicht geplant, sondern handelte spontan. In seiner Begegnung mit Russell griff er tief in seine Wissensmatrix und konnte innerhalb von dreißig Sekunden eine erste Verbindung aus Vertrauen und Respekt herstellen. Es ging ihm nicht darum, Russell zu beeindrucken oder ihn zu manipulieren, sondern darum, eine Verbindung herzustellen und Hindernisse zu überwinden, um zu seinem Ziel zu gelangen. Kein Wunder, dass er die Begegnung mit einem ersten Rendezvous verglich. Eine Verbindung ist wichtig, aber sie ist natürlich noch nicht alles. Um mir zu demonstrieren, wie er mit Russell arbeitete, lädt er mich zu einer seiner samstäglichen Trainingsstunden ein. Wir fahren zum Sportgelände einer nahe gelegenen High School, wo sechs Quarterbacks auf ihn warten. Der Jüngste ist dreizehn, der Älteste siebzehn Jahre alt. Sie bewegen sich ungelenk, ihre Arme sind noch zu lang für ihren Körper, und sie sind nervös.

Martinez macht sich sofort an die Arbeit. Wie jeden Samstag lässt er sie zuerst eine Schritt-Wurf-Kombination üben. Wie ein Tanzlehrer lässt er sie in einer Reihe antreten und ruft ihnen die Schrittfolge zu. Während sich die Jungen im Rhythmus weiterbewegen, ruft er ihnen Korrekturen zu:

»Schneller abgeben. Der Ball brennt, du musst ihn loswerden.«

»Den Ball hoch, wie ein Flugzeug beim Start.«

»Den Ball vom Hintern zur Schulter.«

»Beine auseinander - sei ein Sportler, los!«

»Stell dir vor, du bist ein Kellner. Halt den Ball hoch und servier ihn.«

Innerhalb von dreißig Sekunden findet er vier unterschiedliche Möglichkeiten, um die richtige Bewegungsabfolge zu beschreiben: Er machte sie fühlbar (»der Ball brennt«), in Form einer Personifizierung (»du bist Kellner«), in einem Bild (»wie ein Flugzeug«) und in einer physischen Bewegung (»vom Hintern zur Schulter«). Jede dieser Erklärungen ist einfach und greift einen spezifischen Abschnitt der Bewegungsabfolge heraus, um Fehler besser identifizieren und korrigieren zu können. Die Gruppe übt weitere Wurftechniken und beendet das Training mit einer Übung direkt aus Tom Bradys Geldbeutel. Ein Spieler steht mit erhobenen Armen zwischen Werfer und Fänger, und der Werfer muss den Ball zwischen den Armen hindurch werfen. Die Übung ist einfach, doch Martinez steht die ganze Zeit daneben und korrigiert jeden Wurf.

»Leg deinen ganzen Stolz in den Wurf.«

»Schließ den Wurf ab!«

»Siehst du, wie einfach es *nicht ist?*«

Nach dem Training fahren wir in ein Schnellrestaurant, um ein paar Hamburger zu essen. Im Fernsehen läuft ein Spiel. Das Publikum besteht überwiegend aus Studenten, viele hängen an ihrem Handy oder iPod. Martinez sieht sich um.

»Es wird immer schwieriger, an die Kids heranzukommen«, meint er. »Sie wissen, wie man die richtigen Antworten gibt, die vorprogrammierten Antworten. Deswegen, wenn ich etwas bemerke, dann sage ich es so, dass sie es auch mitbekommen. Ich sage es immer und immer wieder. Jeder von den Kids hat seinen Knopf, den Sie drücken können. Warum bist du hier? Wenn du hier bist, weil du hier sein willst, prima. Aber wenn du hier bist, weil dein Papa dich schickt, oder weil du es cool findest, dann dauert es länger. Training ist keine Schluckimpfung. Das verlangt viel Arbeit. Das ist wie Geige lernen. Das hat nichts mit Zauberei zu tun. Wenn du nicht übst, bekommst du die Melodie nie hin.«

Er sieht mich an. »60 Prozent des Trainings sind für alle gleich. Der Trick besteht darin, diese 60 Prozent an den Mann zu bekommen. Wenn ich Sie trainiere, dann muss ich herausfinden, was Sie denken und wie Sie denken. Ich will Sie so trainieren, dass es für Sie stimmig ist. Die größte Aufgabe besteht nicht darin, einen Star zu trainieren, sondern einen Jungen, der noch nicht alles kann, und ihn dahin zu bringen, dass er es kann. *Das* ist Training.«

Er beißt in seinen Hamburger. »Mit JaMarcus habe ich gut zwanzig Tage lang trainiert. Es ging letztlich nur um den Feinschliff. Wir haben genau das gemacht, was Sie eben gesehen haben. Wenn es zu trocken geworden ist, dann habe ich einen Witz gemacht, um die Sache ein wenig aufzulockern. Wir haben ganz einfach Bewegungsabläufe trainiert. Dann haben wir das Programm zusammengestellt, das er vor den Scouts durchspielen sollte. Außerdem haben wir einfach Zeit zusammen verbracht, ich habe seine Familie kennengelernt. Ich wollte herausfinden, ob er zuhört, wie klug er ist, wie er arbeitet und wie viel Einsatz er zeigt. Es hat alles gestimmt. Er hat solide Tugenden. Ich habe seinen Onkel Ray kennengelernt, ein toller Kerl und ein echtes Vorbild. Und als die Raiders mich gefragt haben, habe ich ihnen meine Meinung gesagt: Der Junge hat das Zeug zum Star.«

Am 14. März 2007 kamen mehr als einhundert Scouts, Trainer und Manager nach Baton Rouge in Louisiana, um Russells offizielle Vorstellung zu sehen. In der folgenden Stunde führte Russell das gesamte Wurf- und Passrepertoire vor. »Wir haben nichts versteckt«, erklärt Martinez. »Wir wollten zeigen, dass seine angeblichen Schwächen keine sind.« Nach dem Training erklärte A. J. Smith, Geschäftsführer der San Diego Chargers, Russell sei der beeindruckendste Quarterback, den er je gesehen habe. Sechs Wochen später entschieden sich die Raiders für Russell. In der Pressekonferenz listete Cheftrainer Lane Kiffin beinahe wortwörtlich sämtliche Gründe auf, die ihm Martinez genannt hatte. Martinez war amüsiert. »Warum hören die Raiders ausgerechnet auf mich? Ich bin ein Nobody.«

Doch die Raiders hörten aus ganz offensichtlichen Gründen auf den pensionierten Collegetrainer. Martinez verfügt über ein wertvolles und seltenes Talent: Er kann auf einen Menschen zugehen, den er nie zuvor gesehen hat, und kann trotz aller Anspannung eine Verbindung herstellen. Und er kann diese Verbindung nutzen, um die Wahrheit über einen Menschen herauszufinden, den die Welt bislang nicht kennt und der möglicherweise selbst noch nichts von seinem Talent weiß.

Die Sonne geht bereits unter, als wir wieder in Martinez' Einfahrt biegen. Im Auto sprechen wir noch eine Weile über Collegesport, sein Training mit Brady und seine Familie. Außerdem gibt er mir ein paar Tipps für meine Tätigkeit als Baseballtrainer einer Schulmannschaft mit auf den Weg. Er zeichnete Diagramme und sieht mich dabei immer wieder an, um ganz sicherzugehen, dass ich ihn auch wirklich verstehe. »Ich liebe meine Arbeit als Trainer«, sagt er am Ende unseres Gesprächs. »Das hat etwas ganz Reales. Und wenn Sie das zu fassen bekommen, dann können Sie jemandem helfen, besser zu werden, als er es am Anfang war. Das ist ein tolles Gefühl.«

Beim Treffen mit den Raiders gab Martinez den Trainern einen Rat für die Arbeit mit Russell. »In den ersten drei Jahren braucht er einen persönlichen Trainer, der konstant mit derselben Methode arbeitet und dieselben Vokabeln benutzt. Dann hat er vermutlich genug Erfahrung, um zu spielen. Aber Sie können einem Jungen nicht einfach 60 Millionen in die Hand drücken und sagen: ›Dann gewinn mal schön‹. Er braucht Führung. Er braucht Konstanz. Er braucht andere.« Der alte Trainer schluckt. Er blickt eine Weile in die Bäume, dann räuspert er sich. »JaMarcus ist genau wie alle anderen auch: Er schafft es nicht allein.«

EPILOG

DIE WELT DES MYELINS

Wenn wir das Geheimnis des Talents in einer einfachen Grafik darstellen wollten, dann würde diese ungefähr so aussehen:

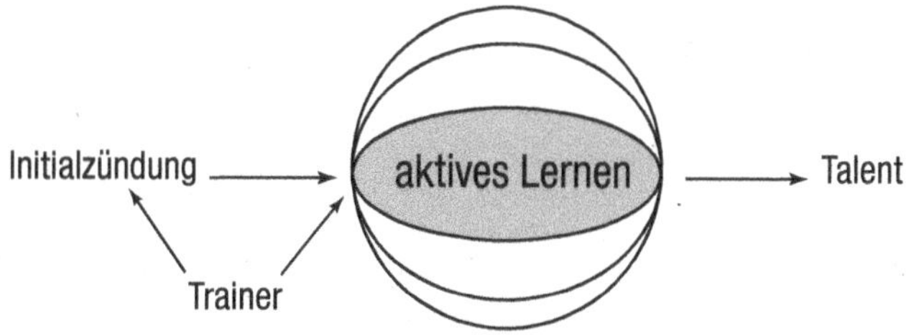

Dieses Modell ist so flexibel wie das Myelin selbst, es lässt sich auf alle Fähigkeiten und alle Zusammenhänge, vom Kleinen bis zum Großen, von der Familie bis hin zu ganzen Nationen anwenden. Zum Abschluss dieses Buches möchte ich kurz zeigen, wie das Geheimnis des Talents in anderen Bereichen funktioniert, insbesondere in der Kindererziehung, der Schule, der Arbeit, im Alter und in der Sozialkompetenz.

SCHULE UND ERZIEHUNG

In den vergangenen vier Jahrzehnten wurde das amerikanische Schulsystem durch eine Auseinandersetzung erschüttert, die als »Lesekrieg« bekannt wurde. Auf der einen Seite stehen die Traditionalisten oder Buchstabierer, die der Ansicht sind, Kinder lernten am besten Lesen, indem sie den Zusammenhang zwischen dem Klang von Silben und der richtigen Rechtschreibung lernen. Auf der anderen Seite stehen die progressiven Vertreter der Ganzwortmethode, einer Theorie aus den Siebzigerjahren, die besagt, alle Kinder besäßen eine angeborene Fähigkeit zu lesen und zu schreiben, die sich in bestimmten Entwicklungsstadien manifestiere. Nach dieser Theorie leiten die Lehrer den Lernprozess nicht an, sondern sind lediglich dessen Begleiter.

In den Achtzigerjahren war die Ganzwortmethode überall auf dem Vormarsch. Schulen boten anregende Leseumgebungen, sie richteten Bibliotheken ein und gestalteten den Unterricht mit Geschichten, um Kindern zu ermöglichen, ihre angeblich angeborenen Fähigkeiten zum Ausdruck zu bringen. Bedeutung war wichtiger als Form, systematischer Grammatikunterricht war passé. Die Schüler wurden angehalten, Fehler zu ignorieren und ihre eigene Rechtschreibung zu verwenden. In Lehrerkreisen setzte sich die Bewegung durch, und die Politik schloss sich an. Im Jahr 1987 schrieb der Bundesstaat Kalifornien die Ganzwortmethode für den Lese- und Schreibunterricht im Lehrplan fest.

Kindern der Mittel- und Oberschicht schien die Ganzwortmethode entgegenzukommen oder zumindest keinen direkten Schaden anzurichten. Für Angehörige von Minderheiten und sozial benachteiligte Gruppen erwies sie sich jedoch als völliges Desaster. Anfang der Neunzigerjahre schnitten kalifornische Schüler in landesweiten Lesetests mit am schlechtesten ab. Andere Staaten, die sich der Ganzwortmethode angeschlossen hatten, wiesen ähnlich schlechte Ergebnisse auf. Im Jahr 1998 zeigten zwei groß angelegte Untersuchungen, dass die Vernachlässigung der Rechtschreibung für das schlechtere Abschneiden der Kinder verantwortlich war.

Danach schlug das Pendel wieder in die andere Richtung aus. Vertreter der Ganzwortmethode haben den Rückzug angetreten und inzwischen die Rechtschreibung in ihr Modell integriert, auch wenn sie nach wie vor erklären, ihr Modell sei das richtige. Die Buchstabierer verweisen auf eine eigene Liste vielversprechender Programme. Viele Schulen und Lehrer sind von der unübersichtlichen Vielzahl scheinbar widersprüchlicher Theorien und Modelle völlig überfordert.

Vor dem Hintergrund dessen, was wir in diesem Buch erfahren haben, ist die Lösung des Problems jedoch eindeutig. Das Verhältnis von Rechtschreibung und Ganzwortmethode ist letztlich nichts anderes als das Verhältnis von aktivem Lernen und Motivation. Im Rechtschreibunterricht geht es um die Identifizierung und Korrektur von Fehlern und damit um die Entwicklung zuverlässiger Schaltkreise. Durch geduldige Übung und Wiederholung wird die betreffende Fähigkeit in ihre Einzelbestandteile heruntergebrochen. Ziel ist die systematische Aktivierung von Schaltkreisen und damit der Aufbau genau der Hochgeschwindigkeitsverbindungen, die Sie just in diesem Moment verwenden, wenn Sie diese Zeilen lesen.

Der Ganzwortmethode geht es dagegen um die Initialzündung und die Motivation durch die Schaffung einer Umgebung, in der Kinder gern Lesen und Schreiben lernen. Wie jede Initialzündung beschleunigt die Ganzwortmethode diejenigen, die bereits die Neigung und die Möglichkeit zu aktivem Lernen haben, und sie versagt bei denen, die sie nicht haben. Was wir über Myelin erfahren haben, hilft uns zu verstehen, dass der Lesekrieg kein Krieg sein sollte. Kinder brauchen beides.

Außerdem brauchen sie Meistertrainer. Hierfür finden wir ein nützliches Vorbild an einem unvermuteten Ort: in Finnland. In den PISA-Tests schneiden finnische Schüler regelmäßig besser ab als Kinder im Rest der Welt, und das obwohl sich deren Kultur scheinbar kaum von der anderer westlicher Nationen unterscheidet. Das *Wall Street Journal* schreibt:

»Finnische Kinder verplempern Stunden im Internet. Sie färben sich die Haare, sind sarkastisch und hören Hip-Hop und Heavy Metal. Doch wenn sie in die neunte Klasse kommen, haben sie einen erheblichen Vorsprung in Mathematik, Naturwissenschaften und Lesekompetenz.« Dabei gibt die finnische Regierung pro Jahr und Schüler nur 7500 US-Dollar aus, verglichen mit 8700 US-Dollar in den Vereinigten Staaten. Einige Beobachter erklären den Erfolg mit der traditionellen Selbstdisziplin der Finnen und der Homogenität der Bevölkerung. Doch diese Erklärung kann so nicht stimmen, denn bis in die Achtzigerjahre war das finnische Bildungssystem bestenfalls guter Durchschnitt. Was also hat sich seither verändert?

Kaisu Karkkainen, der Direktor einer Schule in Helsinki, nennt der *Washington Post* drei Gründe: »Lehrer, Lehrer und Lehrer«. In Finnland genießen Lehrer ein ähnliches gesellschaftliches Ansehen wie Ärzte oder Anwälte, und sie verdienen entsprechend. Grundschullehrer sind studierte Pädagogen. Schulen funktionieren wie Lehrkrankenhäuser, in denen angehende Lehrkräfte beobachtet und beurteilt werden. Außerdem ist das System konkurrenzorientiert: Manche Schulen erhalten bis zu vierzig Bewerbungen für eine frei werdende Stelle. Dank einer offenen Kultur und einer klugen Mischung aus Planung und Investition scheint man in Finnland einen Weg gefunden zu haben, das aktive Erlernen der Lehre zu institutionalisieren.

»Es ist gar nicht so wichtig, wie viel Geld investiert wird - wichtig sind die Menschen«, erklärt der finnische Autor und Philosoph Pekka Himanen. »Die Qualität des finnischen Schulsystems ist ein Ergebnis der Qualität der Lehrer. Viele der besten Schüler wollen Lehrer werden. Wir glauben fest daran, dass wir im Informationszeitalter leben, und deshalb genießt ein so entscheidender Informationsberuf wie der des Lehrers großes Ansehen.«

Mithilfe unserer Erkenntnisse über das Myelin lässt sich auch eine andere Frage beantworten: Tragen Lern-DVDs wie »Baby Einstein« tatsächlich dazu bei, dass Kleinkinder klüger werden? Nach dem herkömmlichen Talentverständnis lautet die Antwort Ja. Wenn Talent angeboren ist, dann müssten diese DVDs mit ihren einfachen, hypnotischen Sequenzen aus farbenfrohen Formen dazu beitragen, das Gehirn der Säuglinge und Kleinkinder zu entwickeln (ganz zu schweigen davon, dass sie den Eltern einen Moment lang Ruhe verschaffen).

Untersuchungen haben jedoch gezeigt, dass diese DVDs keineswegs dazu beitragen, Kinder klüger zu machen. Im Gegenteil, sie machen dümmer. Nach einer Studie der University of Washington aus dem Jahr 2007 führt jede Stunde, die ein Kind im Alter zwischen acht und sechzehn Monaten pro Tag eine vermeintliche Lern-DVD sieht, zu einer Verringerung des Spracherwerbs um 17 Prozent. Dieses Ergebnis passt zu unseren Erkenntnissen über das Myelin. Baby-DVDs bewirken keinerlei Lerneffekt, denn das Kind lernt nicht aktiv - im Gegenteil, die DVDs verhindern aktives Lernen, weil sie dem Kind wichtige Lernzeit nehmen, in der es seine Schaltkreise aktivieren könnte. Die Bilder und Klänge der DVD sind nichts als eine seichte Berieselung: So unterhaltsam sie sein mögen, sie sind wirkungslos im Vergleich mit den vielfältigen Interaktionen, Fehlern und Lernprozessen, die ein Kind erlebt, wenn es sich durch die wirkliche Welt tastet.

UNTERNEHMEN

Kaum ein Lebensbereich bringt so viele Metaphern für menschliche Organisationen hervor wie die Unternehmenswelt. Eine gute Organisation sei wie eine Mannschaft im Sport, erklären uns Managementberater. Oder wie ein Schiff, das einen gefährlichen Ozean überquert. Oder wie ein Team von Bergsteigern. Oder wie eine griechische Stadt im Krieg. Die Zahl der komplexen, dramatischen und verführerischen Analogien mit ihren jeweils eigenen Rollen, Regeln und Leitlinien zur Verbesserung der Organisation ist schier grenzenlos.

Myelin bietet ein anderes Modell, das auf metaphorische Ausschmückungen verzichtet und lediglich eines besagt: Eine gute Organisation besteht aus Myelin. Punkt. Unternehmen sind nichts anderes als Gruppen von Menschen, die Schaltkreise entwickeln und optimieren, genau wie die Tennisspielerinnen beim Tennisclub Spartak oder die Violinisten in Meadowmount. Je besser eine Organisation die Prinzipien der Initialzündung, des aktiven Lernens und des meisterhaften Trainings verwirklicht, umso mehr Myelin erzeugt sie und umso erfolgreicher wird sie.

Vor dreißig Jahren war Toyota ein mittelgroßer Automobilfabrikant. Heute ist das Unternehmen der weltgrößte Kraftfahrzeughersteller. Die meisten Beobachter führen den Erfolg auf eine Strategie namens Kaizen zurück, eine japanische Methode der beständigen Verbesserung, die man auch einfach als »aktiv lernendes Unternehmen« bezeichnen könnte. Kaizen ist ein Prozess, mit dem kleine Probleme identifiziert und behoben werden. Sämtliche Toyota-Mitarbeiter vom Hausmeister bis in die Führungsetagen haben das Recht, den Produktionsprozess anzuhalten, wenn sie ein Problem erkennen. Die überwiegende Mehrheit der Verbesserungen geht auf Mitarbeiter zurück, und die überwiegende Mehrheit dieser Veränderungen ist für sich genommen klein – zum Beispiel die Verschiebung eines Teilebehälters um einen halben Meter.

Doch diese Veränderungen summieren sich. Schätzungen zufolge setzt Toyota jedes Jahr in jeder seiner Fertigungsanlagen tausend neue Ideen um, und eine Million insgesamt. Mit seinen winzigen Lernschritten verhält sich Toyota nicht anders als Clarissa, wenn sie Klarinette übt. Die winzigen Veränderungen sind wie Myelinschichten, die es dem Schaltkreis ermöglichen, schneller, effizienter und präziser zu funktionieren. Über dem Eingang zur Montagehalle des Toyotawerks in Kentucky steht treffend: »Wenn etwas schiefgeht, frag fünf Mal WARUM.«

Das klingt einfach. Doch wie immer, wenn es um aktives Lernen geht, müssen wir zunächst unseren natürlichen Hang überwinden, Probleme unter den Teppich zu kehren – vor allem in Unternehmen ist das kein einfaches Unterfangen. Vizepräsident James Wiseman berichtete dem Wirtschaftsmagazin *Fast Company* von seinem Arbeitsalltag bei Toyota. Bei Unternehmen, in denen er zuvor gearbeitet habe, sei es immer darum gegangen, »große, dramatische Veränderungen zu bewirken«. Er habe jedoch schnell festgestellt, dass die Dinge bei Toyota anders liefen. »An einem Freitag habe ich über eine bestimmte Aktivität [eine Werkserweiterung] berichtet. Ich habe unsere Arbeit sehr positiv dargestellt und dabei auch ein bisschen angegeben. Nach zwei oder drei Minuten habe ich mich wieder gesetzt. Mr. Cho [Fujio Cho, heute Vorstandsvorsitzender von Toyota] hat mich verwundert angeschaut. Dann hat er gesagt: ›Jim-san. Wir wissen, dass Sie ein guter Manager sind, sonst hätten wir sie ja nicht eingestellt. Berichten Sie uns bitte von den Problemen, damit wir alle an ihrer Lösung mitarbeiten können.‹«

PSYCHOLOGIE

Die Schüchternheitsklinik hat ihre Räumlichkeiten in einem unscheinbaren Bürokomplex an einer stark befahrenen Straße im kalifornischen Palo Alto. Die hohen Wände sind schiefergrau gestrichen, die Möbel sind in dunklem Weinrot gehalten.

An der Wand hängt das Foto eines Clownfischs, der vorsichtig zwischen den schützenden Tentakeln einer Seeanemone hervorlugt. Die Klinik basiert auf einer faszinierenden Vorstellung: Mit der Sozialkompetenz verhält es sich genau wie mit der Muskelkraft. Ausgehend von dieser Erkenntnis haben Klinikgründer Philip Zimbardo und Lynne Henderson ein soziales Fitnessprogramm entwickelt.

»Unserer Meinung nach sind Menschen nicht deshalb schüchtern, weil sie über keine Sozialkompetenz verfügen, sondern weil sie diese Sozialkompetenz nicht ausreichend trainiert haben«, erklärt die Therapeutin Nicole Shiloff. »Zu telefonieren oder jemanden zu einem Abendessen einzuladen sind erlernbare Fähigkeiten, genau wie eine Vorhand beim Tennis. Menschen müssen nur lange genug in dieser unangenehmen Situation bleiben und lernen, mit ihrer Nervosität umzugehen. Mit Übung lässt sich jedes beliebige Niveau erreichen.«

Ich besuche eine typische Sitzung, an der acht klinisch schüchterne Klienten teilnehmen. Niemand spricht über die Vergangenheit oder versucht, den Ursachen der Schüchternheit auf den Grund zu gehen. Die Sitzung besteht vielmehr aus Übungen und Feedback, begleitet von Shiloffs freundlichen, aber unnachgiebigen Anmerkungen, mit denen sie falsche Wahrnehmungen korrigiert und die Teilnehmer auffordert, es ein weiteres Mal zu versuchen. Ich fühle mich an Meadowmount und die anderen Talentschmieden erinnert, die ich zuvor besucht habe.

Das Programm dauert üblicherweise einige Monate. Die Teilnehmer beginnen mit einfachen Rollenspielen zu Smalltalk-Situationen und Telefonaten. Allmählich gehen sie zu immer schwierigeren Aufgaben über und müssen beispielsweise jemanden zu einem Rendezvous ins Kino oder zum Abendessen einladen. Am Ende des Kurses vollbringen sie geradezu heroische Taten der Selbstentblößung und bringen sich selbst in peinliche Situationen, indem sie beispielsweise in einem überfüllten Supermarkt eine Melone fallen lassen. Das Ziel bestehe darin, so Shiloff, einen bestimmten Schaltkreis zu aktivieren und sich jedes Mal ein bisschen länger außerhalb der Komfortzone aufzuhalten. Es handelt sich einmal mehr um das Kleinkind, das Laufen lernt. Doch in der Klinik verwendet man auch andere Bilder. Einer der Klienten, ein Student namens David, meint, es fühle sich an, als würde er in einem Videospiel immer neue Levels erreichen: »Zuerst ist es total verwirrend. Du hast den Eindruck, sie gehen von allen Seiten auf dich los. Aber bald hast du den Dreh raus, und es fühlt sich ganz normal an.«

Ein lächelnder 26-jähriger Computertechniker namens Andre erzählt mir, vor seiner Anmeldung in der Schüchternheitsklinik habe er monatelang nicht mehr mit einer Frau gesprochen. Seit Kursbeginn habe er drei Frauen zum Essen eingeladen, und vor Kurzem habe er sich sogar zu einem Tanzkurs angemeldet. »Solange ich davon überzeugt war, dass ich schüchtern zur Welt gekommen bin, habe ich gedacht, es bringt ja sowieso alles nichts. Aber wenn Sozialkompetenz eine Fähigkeit ist, die man lernen kann, dann sieht die Sache plötzlich ganz anders aus.«

Aktives Lernen und Myelin sind auch der Grund für den Erfolg eines Rehabilitationsprogramms namens Virtual Iraq, das heimkehrenden US-Soldaten helfen soll, mit posttraumatischen Belastungsstörungen umzugehen. Bei den betroffenen Soldaten kann ein ganz alltägliches Ereignis wie eine Fehlzündung oder das Geräusch von Schritten Erinnerungen an ein traumatisches Ereignis wachrufen. Mithilfe einer Art Videospiel ermöglicht Virtual Iraq den Patienten, das Erlebnis so plastisch wie möglich und mit allen Gerüchen, Geräuschen und Empfindungen nachzustellen. Ziel ist es, die Erinnerung nachzuempfinden und ihr auf diese Weise die Macht zu nehmen. Es handelt sich um eine Form der kognitiven Verhaltenstherapie.

Virtual Iraq funktioniert genau wie die Schüchternheitsklinik oder die Talentschmieden. Die erwünschte Fähigkeit besteht darin, die potenziellen Auslöser wie Schritte oder laute Geräusche wahrzunehmen, ohne die traumatische Verbindung herzustellen. Da die Betroffenen die Schaltkreise nicht einfach abbauen können (Myelin lässt sich ja nur auf-, aber nicht abbauen), ist es einfacher, einen neuen Schaltkreis zwischen dem Alltag und den das Trauma wachrufenden Wahrnehmungen aufzubauen. Das ist anfangs sehr schwer. Doch je öfter die Patienten den neuen Schaltkreis aktivieren, umso effektiver funktioniert dieser. Einer der Soldaten erklärte gegenüber der *New York Times*: »Die meisten bedrohlichen Gedanken sind verschwunden. Das Syndrom wird man nie ganz los, aber man kann lernen, damit zu leben. Ich habe ein paar Fotos von einem [gefallenen] Freund, die ich drei Jahre lang nicht ansehen konnte. Heute hängen sie bei mir an der Wand.« *Eine*

Fähigkeit ist eine Myelinschicht, die sich um eine Nervenzelle legt und auf bestimmte Signale hin wächst.[31]

ALTERN

Die Zahl der wissenschaftlichen Untersuchungen zum Zusammenhang zwischen Alter und Denkfähigkeit nimmt zu, und alle laufen auf eine Botschaft hinaus: Was wir nicht benutzen, das verlieren wir. Der Fachbegriff »kognitive Reserve« klingt ein wenig abstrakt, bis George Bartzokis eine Serviette um einen Kugelschreiber wickelt und ihn erklärt. Der Kugelschreiber ist der Nervenstrang, die Serviette das Myelin. Wenn das Gehirn altert, bekomme die Serviette Löcher, erklärt Bartzokis.

»Mit zunehmendem Alter wird das Myelin brüchig«, berichtet er weiter. »Deshalb sind wir im Alter langsamer als in unserer Jugend. Die Muskeln sind dieselben, doch die Impulse erreichen sie nicht mehr mit derselben Geschwindigkeit, denn das Myelin altert.«

Es gibt jedoch eine gute Nachricht. Zwar enden unsere natürlichen Myelinschübe ab Mitte dreißig, doch die gesamte Myelinmenge nimmt noch zu, bis wir Mitte fünfzig sind. Und wir sind bis zum Schluss in der Lage, durch Lernen mehr Myelin zu bilden. »Das Myelin ist ein lebendiger Stoff, es wächst und zerfällt«, erklärt Bartzokis. »In jüngeren Jahren können wir viel Myelin produzieren. Ab etwa dem fünfzigsten Lebensjahr verschiebt sich das Gleichgewicht von der Produktion zum Verfall. Aber wir sind bis ans Ende unseres Lebens in der Lage, weiter Myelin zu erzeugen.«

Daher lässt das Bildungsniveau verlässliche Vorhersagen für den Verlauf der Alzheimerschen Krankheit zu. Mehr Bildung, so Bartzokis, bedeute eine dickere, robustere Schicht, die in den früheren Phasen Ausfälle besser kompensieren könne. Auf dieser Erkenntnis basiert auch eine neue Welle von Untersuchungen, Büchern und Videospielen: Übung und Lernen zögern den kognitiven Verfall hinaus. Das Myelinmodell erklärt auch, warum es so wichtig ist, sich immer neue Herausforderungen zu suchen. In Experimenten wurde nachgewiesen, dass Situationen, in denen wir gezwungen sind, uns auf neue Aufgaben einzustellen (und dabei Fehler machen, aufmerksam sind und aktiv lernen), unsere kognitiven Reserven vergrößern. Eine Untersuchung ergab, dass ältere Menschen, die mehr Freizeitaktivitäten nachgehen, ein um 38 Prozent geringeres Demenzrisiko aufweisen. Ein Neurologe meinte, die alte Weisheit »Was wir nicht benutzen, das verlieren wir« sollte eigentlich anders lauten: Was wir benutzen, davon bekommen wir mehr.

IN DER FAMILIE

Wie so viele Eltern verbringen meine Frau Jen und ich über Gebühr viel Zeit damit, in unseren Kindern nach Anzeichen für Talente Ausschau zu halten. Während unsere Kinder Krabbeln, Laufen und Rennen lernten, fragten wir uns, welche verborgenen Talente sie wohl mitgebracht hatten. Ist sie dazu bestimmt, Musikerin zu werden? Ist er ein Sportler? Oder ist sie eine geborene Naturwissenschaftlerin? Diese Art zu denken hat durchaus ihr schönen Seiten: Die Vorstellung, unsere Kinder könnten mit besonderen Fähigkeiten zur Welt kommen, hat etwas Faszinierendes. Doch sie geht von einer falschen Annahme aus, schafft falsche Erwartungen und sorgt vor allem dafür, dass die Eltern ihre Kinder durch die halbe Welt kutschieren. Kunstunterricht? Warum nicht? Eishockey-Camp? Tanzstunden? Gymnastik? Klar doch! Für die Träger einer geheimnisvollen Gabe gibt es keinen annehmbaren Grund, eine Möglichkeit auszuschlagen, in der sich ihre Gabe offenbaren könnte.

Wenn wir Talent jedoch als Myelin begreifen – wenn wir uns diese Schichten vorstellen, wenn wir diese winzigen Momente der Initialzündung suchen und wenn wir erkennen, welche pädagogischen Botschaften wir selbst aussenden –, dann verändert sich die Sache mit einem Mal. Wie alle großen Veränderungen zeigt sich auch diese in kleinen Schritten. Etwa wenn unser Sohn Aidan Schwierigkeiten hat, auf dem Klavier ein neues Stück einzuüben, und Jen ihn anhält, immer wieder die ersten fünf Noten zu spielen und solange in kleinen Schritten vorzugehen, bis es *klick* macht. Oder als unsere Töchter Katie und Lia vom Skifahren zurückkamen und uns begeistert erzählten, wie sie ein paar Mal gestürzt sind und dass das ein Zeichen ist, dass sie immer besser werden (die Vorstellung passt zugegebenermaßen besser zum Skilaufen als zum Autofahren). Oder als unsere drei Töchter in einem Anfall brontëesken Schreibwahns Geschichten und Briefe schrieben und Jen Farbstifte und Notizblöcke zurechtlegte, um sie in ihrer Schreibwut zu ermuntern. Vor allem aber hat sich unsere Einstellung gegenüber Fehlern verändert: Ein Fehler ist kein Rückschritt und kein böses Omen mehr, sondern ein Schritt auf dem Weg nach vorn.

Letzten Sommer begeisterte sich unsere jüngste Tochter Zoe für das Klavier und wollte unbedingt Unterricht nehmen. Es machte ihr Spaß, auf den Tasten herumzuklimpern, und ihre älteren Schwestern hatten ihr ein paar Liedchen beigebracht. Aber eines Nachmittags fing Zoe an, über Geigen zu reden. Einen Monat lang fragte sie immer wieder. Wir haben keine Ahnung, woher sie die Idee nahm. (Vielleicht von einem Bluegrass-Konzert, das wir gemeinsam besucht hatten? Von einer Freundin, die Geigenunterricht bekam? Oder hatte es damit zu tun, dass es in der Familie bereits drei Pianisten gab?) Also kauften wir eine gebrauchte Viertelgeige und suchten einen guten Suzuki-Lehrer auf. Um es kurz zu machen, sonntags nach dem Essen tritt heute eine däumlingsgroße Geigerin auf (die sich nicht zu schade ist, Trinkgeld zu verlangen).

Die Motivationspsychologin Carol Dweck betont immer wieder, man könne sämtliche guten Ratschläge für Eltern auf zwei Punkte reduzieren: Beobachten Sie, wofür sich Ihre Kinder begeistern, und loben Sie ihren Einsatz. Und man könnte noch einen dritten Punkt hinzufügen: Erklären Sie ihnen, wie Myelin funktioniert. Genau das tat Dweck in einem faszinierenden Experiment, mit dem sie zeigte, welche Wirkung diese einfache Botschaft haben kann. Zu Beginn ihres Versuchs teilte sie 700 unterdurchschnittliche Sekundarschüler in zwei Gruppen ein. Die Erste erhielt einen achtwöchigen Kurs zur Verbesserung ihrer Lerntechniken. Die Teilnehmer der zweiten Gruppe erhielten denselben Kurs, plus eine Zugabe: eine fünfzigminütige Sonderveranstaltung, in der sie lernten, wie das Gehirn wächst, wenn es neuen Herausforderungen begegnet. Innerhalb nur eines Halbjahrs verbesserte die zweite Gruppe ihre Noten und ihre Lerngewohnheiten. Die Wissenschaftler verrieten den Lehrern nicht, wer zu welcher Gruppe gehörte, doch die Lehrer erkannten es auch ohne diesen Hinweis. Die Lehrer konnten es nicht benennen, doch irgendetwas hatte sich geändert.

Letzten Juni kamen die Eltern unseres Heimatortes Homer mit der Bitte auf mich zu, ich möge doch die Baseball-Auswahlmannschaft der elf- und zwölfjährigen Jungen trainieren. Die Väter rissen sich nicht sonderlich um den Job, und das aus gutem Grund. Die Mannschaft von Homer schnitt beim Auswahlturnier der Region traditionell katastrophal ab. Seit zehn Jahren verlief die Geschichte nach dem Muster des Massakers von Boston: Unser kleiner, am Meer gelegener Ort schickt eine bunt zusammengewürfelte, zerlumpte und schlecht ausgerüstete Bande gegen die durchtrainierten und bestens ausgestatteten Truppen aus den größeren Städten. Zwei Jahre zuvor hatte unsere Mannschaft in jedem Spiel eine furchtbare Tracht Prügel bezogen und mit mindestens zehn Punkten Rückstand verloren.

Meine beiden Mittrainer und ich hatten dreißig Spieler zur Auswahl und drei Wochen Zeit, um eine Mannschaft auf die Beine zu stellen. Wir konnten es uns nicht leisten, wählerisch zu sein. Unter den zwölf Jungen, für die wir uns schließlich entschieden, war eine Handvoll durchwachsener Spieler und der Rest unerfahrene Neulinge. Sam schwang den Schläger wie jemand, der den Angriff eines Wolfs abwehren will. Ghen, der statt einer Baseball- lieber eine Bommelmütze trug, war sich über einige der grundlegenden Regeln im Unklaren, etwa welche Mannschaft nach einem fliegenden Ball läuft und welche nicht. Andere hatten Angst vor dem Ball - nicht ganz zu Unrecht, nachdem sich Ben in einem etwas verunglückten Dreieckstraining zwei blaue Augen und eine gebrochene Nase zugezogen hatte. Als sich die Spieler zum ersten Training aufwärmten, gaben wir ihnen eine - wie wir dachten - einfache Aufgabe: Jeder sollte zehn Bälle werfen und zehn Bälle fangen. Nach einer Viertelstunde hielten wir es für besser, zur nächsten Übung überzugehen.

Uns blieb nur eine Möglichkeit. Nach dem Vorbild von Mike Feinberg und Dave Levin vom KIPP ging ich nach der Butch-Cassidy-Methode vor und bediente mich bei sämtlichen Schulen, Trainern und Lehrern, die ich in den zurückliegenden anderthalb Jahren kennengelernt hatte, und setzte deren Methoden zusammen mit meinen Kollegen in unserem Training um.

Wie die Musiklehrer von Meadowmount trainierten wir Schlagtechnik, indem wir die Bewegungsabläufe extrem verlangsamten, an einem einzigen Schlagplatz übten, die Jungen bei guten Schlägen zusehen und sie diese wieder und wieder imitieren ließen.

Wie John Wooden und Linda Septien unterrichteten wir in knappen, klaren, GPS-artigen Anweisungen. Bei meinen früheren Einsätzen als Trainer hatte ich mich vor die Gruppe gestellt und allen ein und dieselbe Erklärung gegeben. Jetzt versuchten wir, jeden Spieler einzeln anzusprechen und eine Verbindung herzustellen. Wenn die Jungen etwas richtig machten, unterbrachen wir sie und sagten ihnen, sie sollten sich merken, wie es sich angefühlt habe.

Wie die brasilianischen Futsalspieler fanden wir eine Möglichkeit, das Spiel zu komprimieren und zu beschleunigen. Wir stellten Werfer und Schläger nicht in fünfzehn, sondern in zehn Metern Entfernung zueinander auf und zwangen die Schläger auf diese Weise zu schnelleren Reaktionen.

Und wie Tom Martinez erklärten wir die Positionierung der defensiven Spieler auf einem Miniaturspielfeld. Ich bediente mich schamlos bei Martinez: *Leg deinen ganzen Stolz in den Wurf! Schließ den Wurf ab! Siehst du, wie einfach es nicht ist?«*

Als der große Tag gekommen war, mieteten wir einen Kleinbus und fuhren Richtung Norden nach Kenai, wo das viertägige Turnier stattfand. Wir schlugen neben dem Spielfeld unsere Zelte auf und mobilisierten sofort unsere Geheimwaffen: unser Maskottchen, den Stoffeisbär Polie, das Lachsessen vor dem Spiel und ein Sammelsurium von Haarbändern und Spangen meiner Töchter, die dem Team einen unverwechselbaren Björk-Look verpassten. Wir waren bereit. Doch als Kodiak, unser erster Gegner, geordnet aufs Feld lief, wirkte unser Team plötzlich fahrig und nervös. Genau wie die Eltern, die sich noch allzu gut an die 1:15-Pleite aus dem Vorjahr erinnerten. Kodiak spulte sein exakt einstudiertes Aufwärmprogramm ab. Wir schauten schweigend zu. »Die sind sooo gut«, sagte Ben ehrfürchtig.

Als wollten sie ihre Qualitäten sofort unter Beweis stellen, eröffnete der erste Schläger von Kodiak das Spiel mit einem weiten Schlag, der aussah wie ein sicherer Home-Run. Doch es war keiner. Brian sprintete, fing den Ball mit der bloßen Hand, und warf ihn Johan zu, der an der zweiten Base wartete, um den Schläger abzufangen. Während der ersten drei Innings machte Kodiak nicht einen Punkt, dann gingen wir nach zwei guten Schlägen mit zwei Punkten in Führung. Kodiak konterte mit vier Punkten. Wir kamen noch einmal heran, als Brian, der vermutlich ebenso überrascht war wie wir, den Ball über den Zaun drosch. Es war ein enges, packendes und gutes Spiel, das wir sogar beinahe noch für uns entschieden hätten. Trotz der Niederlage war die Mannschaft nach dem Spiel begeistert und erschrocken über die eigene Leistung. »Es ist ein Wunder!«, rief einer der Väter aus.

Es wäre natürlich schön, wenn ich nun berichten könnte, wie wir auf wunderbare Weise das Turnier gewannen. Wir haben es nicht gewonnen. Wir haben gut gespielt, eine Partie gewonnen und zwei weitere Partien um Haaresbreite in der Verlängerung verloren. Jedes Spiel brachte neue Offenbarungen: Ghen zimmerte einen Ball in die Ränge, Aidan frustrierte mit seinen Würfen einen Schläger nach dem anderen, Ben fing furchtlos, und Sam, der ehemalige Wolfsjäger, schlug einen Home-Run. Als das letzte Spiel zu Ende war und wir die Zelte abbrachen, blieben ein paar der Spieler noch auf dem Feld und warfen sich Bälle zu. Sie hätten auch noch die ganze Nacht weitergespielt.

Zu Beginn meiner Entdeckungsreise sah ich eine elektronenmikroskopische Aufnahme von Myelin. Es ist grobkörnig und verschwommen und kein sonderlich spektakuläres Foto im herkömmlichen Sinne. Doch ich schaue es mir gern an, denn auf dem Bild sind die einzelnen Myelinschichten zu erkennen wie die Ringe eines Baumstamms. Jede Schicht ist das Ergebnis eines konkreten Ereignisses in der Vergangenheit. Vielleicht wurde die erste Schicht nach dem Hinweis eines Lehrers gelegt, die nächste durch einen aufmunternden elterlichen Blick und die dritte durch ein Lied, das ihm oder ihr gut gefiel. In den Myelinschichten verbirgt sich die Geschichte eines Menschen, der stetige Strom der Interaktionen und Einflüsse, die unser Leben ausmachen, die Schaltkreise, die aus irgendeinem Grund aktiviert wurden.

Wenn wir im Kreise der Familie spielen, lesen oder uns am Esstisch unterhalten, dann stelle ich mir diese Schaltkreise oft vor. Es scheint mir vollkommen unmöglich, dass diese kleinen Menschen bald erwachsen sein sollen und unvorstellbar komplizierte und großartige Dinge vollbringen werden, doch es ist alles andere als unmöglich. Es wird passieren. Wir sind Myelinwesen.

Neulich nahm meine Tochter Zoe ihre Geige in die Hand und stolperte durch ein neues Lied über ein fettes Königspaar und seinen Hund. Immer wieder geriet sie ins Stocken, machte Fehler und fing wieder von vorne an. Es klang zerhackt, und es klang wunderbar. »Ich werde das Lied Millionen Trillionen mal üben«, verkündete sie. »Ich werde es supergut spielen.«

DANK

Die Arbeit an diesem Buch lässt sich auf verschiedene Weise quantifizieren: in der Dauer der Recherche (zwei Jahre), in der zurückgelegten Wegstrecke (50 000 Flugmeilen) oder in der Zahl der Niederlagen, die ich einstecken musste, als ich leichtsinnigerweise versuchte, mich mit den am besten myelinisierten Menschen der Welt in Tennis, Fußball, Mathematik und anderen Aktivitäten zu messen. (Wer hätte denn auch gedacht, dass Cellisten so gut Tischtennis spielen?) Am besten lässt es sich jedoch in der Großzügigkeit und Hilfsbereitschaft der Menschen quantifizieren, denen ich bei meiner Recherche begegnet bin und denen ich an dieser Stelle meinen Dank aussprechen möchte.

In Moskau waren dies Elena Rybina, Maya Belyaeva, Vitaly Yakovenko, Michael Gorin und Shamil Tarpischev. In Curaçao: Frank Curiel, Norval Faneyte, Percy Lebacks, Lucio Anthonia und Philbert Llewellyn. In São Paulo: Dr. Emilio Miranda, Fernando Miranda und Mike Keohane von Soccer Futuro. In der Meadowmount Music School: Mary McGowan-Welp, Owen Carman, Skye Carman, Hans Jensen, Melissa Kraut und Sally Thomas. Bei der Septien Entertainment Group: Mathew Butler, Remington Rafael, Eric Neff und Sarah Alexander. Bei KIPP: Sehba Ali, Steve Mancini, Ana Payes, Michael Mann, Leslie Eichler und Lolita Jackson. In der Schüchternheitsklinik in Palo Alto: Nicole Shiloff und Aziz Gazipura. Andere hilfreiche Führer waren unter anderem Mary Carillo, John Yandell, Eliot Teltscher, Matt Cronin, Chris Downs, Alexei Tolkachev, Charles Euchner, Michael Sokolove, Kim Engler und Rafe Esquith. Dank auch an Robert Lansdorp und Tom Martinez für ihren Sportsgeist.

Zum ersten Mal bin ich dem Thema in einem Artikel für *Play: The New York Times Sports Magazine* nachgegangen. Ich danke den Herausgebern von *Play*, Mark Bryant und Laura Hohnhold, für ihre Unterstützung und ihre Freundschaft und möchte an diesem Punkt darauf hinweisen, dass wir inzwischen seit mehr als zwanzig Jahren zusammenarbeiten – in Hinblick auf das Myelin hat das durchaus große Bedeutung. Dank auch dem findigen Charles Wilson für seine erstklassige Unterstützung bei der Recherche sowie an James Watson, Shan Carter und Kassie Bracken.

Ich danke den vielen Neurologen, Psychologen und Wissenschaftlern, die mir ihre Zeit und ihr Wissen zur Verfügung gestellt haben, allen voran Douglas Fields, Anders Ericsson, und George Bartzokis. Dank auch an Albert Bandura, John Bargh, Geoffrey Cohen, Deborah Feltz, Dan Gould, Bill Greenough, John Milton, Richard Nisbett, Sam Regalado, Ronald Riggio, Jack Rosenbluth, Jim Stigler, Jeff Stone, Christopher Storm, Greg Walton, Mark Williams und Barry Zimmerman. Mein ganz besonderer Dank gilt meiner wunderbaren Lektorin Beth Rashbaum, deren Begeisterung, Geduld und Trainerqualitäten auf jeder Seite zu spüren sind; den genialtalentierten Barb Burg und Theresa Zoro, mit deren Unterstützung dieses Buch überhaupt erst auf den Weg kam; sowie der stets hilfreichen Angela Polidoro. Dank auch an meinen Agenten David Black, den Michael Jordan seiner Branche, sowie seinem außergewöhnlichen Team, darunter Susan Raihofer, Antonello Iannarino, Leigh Ann Eliseo und David Larabell.

Apropos Team. Ich hatte das Glück, dass Frühfassungen meines Manuskripts von dem Scharfblick von Tom Kizzia und Todd Balf profitierten. Zu den Vielen, die dieses Buch auf die eine oder andere Weise vorangebracht haben, gehören unter anderem Jeff Keller, Rob Fisher, Jim Klein, Marshall Sella, Mike Paterniti, Vince Tillion, Paula Martin, Mark Brinster, Geo Beach, Maya Rohr, Bill Pabst, Ross Riddle, Mark Newson-Smith, Jeff Rabb, Ken Dice, Bill Bell, Jim Gallagher, die Mitarbeiter des *Salty Kat Magazins* sowie meine Baseball-Trainerkollegen Bonnie Jason, Douglas Westphal und Kenton Bloom. Auch meinen Meistertrainern der Anchorage Public School möchte ich danken: Nell Simmons, Pat Jobe, Hope Vig, Nina Prockish, Katie Hannon, Carolyn Crosby, Martha Hershberger, Marilyn Cimino, Gordon Spidle und Putt Middleton. Mein besonderer Dank gilt Tom Bursch, mit dem ich zahllose Gespräche über Talent führte und der in den Straßen von São Paulo Opfer der Weltklasse-Fähigkeiten von Taschendieben wurde (und wir dachten, Ronaldinho hätte gute Tricks drauf ...)

Dieses Projekt hat mir klar gemacht, wie viel ich meinen Eltern verdanke. Ich bin dankbar, dass meine Eltern zu den besten der Welt gehören: Danke für alles.

Was mein Bruder Maurice zu diesem Buch beigetragen hat, lässt sich gar nicht messen. Er hat an Gedanken gefeilt, Beispiele ausgegraben und meinem Denken von Anfang bis Ende Initialzündungen geliefert, und das alles mit einer derartigen Geduld und guten Laune, dass ich den Verdacht habe, er versteht das Thema sehr viel besser, als ich es je werde. Dann will ich auch meinen Kindern danken – Aidan, Katie, Lia und Zoe –, ihr seid wunderbar, ich liebe euch.

Schließlich danke ich meiner Frau Jen, ohne die dieses Buch völlig undenkbar gewesen wäre und die der talentierteste Mensch ist, den ich kenne.

ANMERKUNGEN

EINLEITUNG

Zu Clarissas Lernprozess siehe Gary E. McPherson und James M. Renwick, »Interest and Choice: Student-Selected Repertoire and Its Effect on Practising Behavior«, in: *British Journal of Music Education* 19 (Juni 2002), S. 173–88 und »I've Got to do My Scales First!«, in: *Proceedings of the Sixth International Conference on Music Perception and Cognition* (Keele, Staffordshire, U. K.: Keele University Department of Psychology, 2000), CD-ROM.

KAPITEL 1

Zu Robert Bjorks Arbeiten über wünschenswerte Schwierigkeiten siehe »Memory and Metamemory Considerations in the Training of Human Beings«, in: *Metacognition. Knowing About Knowing* (Cambridge: MIT Press, 1994), S. 185–205, sowie »Assessing Our Own Competence: Heuristics and Illusions«, in: *Attention and Performance XVII. Cognitive Regulation of Performance: Interaction of Theory and Application* (Cambridge: MIT Press, 1999), S. 435–59.

Einer der interessanten Aspekte des aktiven Lernens ist, dass es sich gefühlsmäßig nicht vom oberflächlichen Lernen unterscheidet. Bjork spricht daher vom »eingebildeten Können«. Eine der interessantesten wissenschaftlichen Untersuchungen zu diesem Thema wurde mit englischen Briefträgern durchgeführt, die mit unterschiedlichen Methoden ein neues Tastatursystem erlernen sollten. Unterm Strich hatten diejenigen, die am wenigsten gelernt hatten, das subjektive Gefühl, am meisten zu wissen, und umgekehrt. Siehe A. D. Baddeley und D. J. A. Longman, »The Influence of Length and Frequency of Training Session on the Rate of Learning to Type«, in: *Ergonomics* 21 (1978), S. 627–35.

Weitere Beispiele siehe Jaideep Sengupta und Gerald J. Gorn, »Absence Makes the Mind Grow Sharper: Effects of Element Omission on Subsequent Recall«, in: *Journal of Marketing Research* 39 (Mai 2002), S. 186–201.

Weitere Beobachtungen zu Freiwürfen beim Basketball finden Sie in R. Kerr und B. Booth »Specific and Varied Practice of Motor Skill«, in: *Perceptual and Motor Skills* 46 (1978), S. 395–401.

Mehr zu Edwin Links Flugsimulator finden Sie in Robert B. Parke, *The Pilot Maker* (New York: Grosset & Dunlap, 1970), Norman E. Borden, Jr., *Air Mail Emergency 1934* (Freeport, Me.: Bond Wheelwright, 1968) und D. J. Allerton, »Flight Simulation: Past, Present, and Future«, in: *Aeronautical Journal* 104 (2000), S. 651–63. Gute Darstellungen finden Sie außerdem unter http://www.link.com/history.html und Virginia Van der Veer »Barnstorming the U. S. Mail«, in: *American Heritage*, Mai 1974. Weitere Hinweise zum Nutzen des Futsaltrainings finden Sie in J. D. Allen, R. Butterly, M. A. Welsch und R. Wood, »The Physical and Physiological Value of 5-a-Side Soccer Training to 11-a-side Match Play«, in: *Journal of Human Movement Studies* 31 (1998), S. 1-11 sowie Simon Cliffords Buch *Play the Brazilian Way* (London: MacMillan, 1999).

KAPITEL 2

Einen guten Überblick über die »Myelinrevolution« finden Sie in Douglas Fields, »White Matter Matters«, in: *Scientific American* (März 2008), S. 54-61 sowie Douglas Fields, »Myelination: An Overlooked Mechanism of Synaptic Plasticity?«, in: *Neuroscientist* 11(6) (2005), S. 528-31. Zum Zusammenhang zwischen Myelin und Erkrankungen beziehungsweise Störungen wie Schizophrenie, Zwangsstörungen, chronischer Depression, bipolaren Störungen, Autismus, Legasthenie, Hyperaktivität und Aufmerksamkeitsstörungen siehe Fields, »White Matter in Learning, Cognition, and Psychiatric Disorders«, in: *Trends in Neurosciences* 31(7) (Juli 2008), S. 361-70 sowie Fields, *The Other Brain*.

Zum Zusammenhang von Myelin und den Erwerb von Fähigkeiten siehe J. Pujol, »Myelination of Language-Related Areas in the Developing Brain«, in: *Neurology* 66 (2006), S. 339-43; F. Ullén u.a., »Extensive Piano Practicing Has Regionally Specific Effects on White Matter Development«, in: *Nature Neuroscience* 8 (2005), S. 1148-50; T. Klingberg u.a., »A Neural Basis for Reading Ability: Microstructure of Temporoparietal White Matter«, in: *Neuron* 25 (2000), S. 493-500; B. J. Casey u.a., »Structural and Functional Brain Development and Its Relation to Cognitive Development«, in: *Biological Psychology* 54 (2000), S. 241-57; K. B. Walhovd und A. M. Fjell, »White Matter Volume Predicts Reaction Time Instability«, in: *Neuropsychologia* 45 (2007), S. 2277-84; V. J. Schmithorst u.a., »Cognitive Functions Correlate with White Matter Architecture in Normal Pediatric Population«, in: *Human Brain Mapping* 26 (2005) S. 139-47; E. M. Miller, »Intelligence and Brain Myelination: A Hypothesis«, in: *Personality and Individual Differences 17 (1994), S. 803-32;* B. T. Gold u.a., »Speed of Lexical Decision Correlates with Diffusion Anisotropy in Left Parietal and Frontal White Matter«, in: *Neuropsychologia* 45 (2007), S. 2439-46. Eine Auswahl der Untersuchungen von Anders Ericsson zum gezielten Lernen findet sich im *Cambridge Handbook of Expertise and Expert Performance* (New York: Cambridge University Press, 2006), herausgegeben von Anders Ericsson, Neil Charness, Paul Feltovich und Robert Hoffman; außerdem in *Expert Performance in Sports* (Champaign, Ill.: Human Kinetics, 2003), herausgegeben von Anders Ericsson und Janet L. Starkes, sowie *The Road to Excellence* (Mahwah, N. J.: Lawrence Erlbaum Associates, 1996). Siehe außerdem Anders Ericsson und Neil Charness, »Expert Performance: Its Structure and Acquisition«, in: *American Psychologist* 49(8) (1994), S. 725-47 sowie Michael J. A. Howe, Jane W. Davidson und John A. Sloboda, »Innate Talents: Reality or Myth«, in: *Behavioral and Brain Sciences* 21 (1998), S. 399–407.

Ein weniger wichtiger, wenngleich nicht weniger interessanter Hinweis ist, dass aktives Lernen auch bei anderen Spezies funktioniert (Myelin bleibt Myelin). Siehe W. S. Helton, »Deliberate Practice in Dogs: A Canine Model of Expertise«, in: *Journal of General Psychology* 134(2) (2007), S. 247–57.

KAPITEL 3

Zum Zunftwesen der Renaissance siehe S. R. Epstein, »Craft Guilds, Apprenticeship, and Technological Change in Preindustrial Europe«, in: *Journal of Economic History* 58(3) (1998), S. 684–713 und S. R. Epstein, *Wage Labor and Guilds in Medieval Europe* (Chapel Hill: University of North Carolina Press, 1991). Zum System der Lehre in der Renaissance siehe Andrew Ladis und Carolyn H. Wood, *The Craft of Art: Originality and Industry in the Italian Renaissance and Baroque Workshop* (Athens: University of Georgia Press, 1995); Laurie Schneider Adams, *Key Monuments of the Italian Renaissance* (Boulder, Col.: Westview Press, 2000); Robert Coughlan, *The World of Michelangelo* (New York: Time-Life Books, 1966) sowie Charles Nicholl, *Leonardo da Vinci: Flights of the Mind (New York: Viking Penguin, 2004).*

Eine lesenswerte Darstellung der Anfangstage der Z-Boys findet sich in Greg Beato, »Lords of Dogtown«, in: Spin, März 1999.

Zu den Brontës: Juliet Barkers *The Brontës* (New York: St. Martin's Griffin, 1994) ist eine ausgezeichnete Biografie. Siehe auch Ann Loftus McGreevy, »The Parsonage Children: An Analysis of the Creative Early Years of the Brontës at Haworth«, in: *Gifted Child Quarterly* 39(3) (1995), S. 146–53 sowie eine erhellende Analyse der Brontës, George Eliots und Charles Dickens in Michael J. A. Howe, *Genius Explained* (Cambridge, U. K.: Cambridge University Press, 1999). Zu der Rolle der Gene und der Evolution des Myelins siehe Richard Dawkins, *The Selfish Gene* (Oxford, U. K.: Oxford University Press, 1976; auf Deutsch: Das egositische Gen). Die Geschichte der Erforschung von Einsteins Gehirn ist an sich schon abenteuerlich. Der Vertretungspathologe Thomas Harvey stahl Einsteins Gehirn, machte sich zu seinem Hüter und vergab kleine Häppchen an einige wenige glückliche Wissenschaftler. Siehe Michael Paterniti, Driving Mr. Albert (New York: Dial Press, 2000). Marian Diamond war eine der Glücklichen und konnte 1985 eine umfassende Analyse von Schlüsselregionen der rechten und linken Gehirnhälfte durchführen. Sie verglich Einsteins Gehirn mit elf Gehirnen von Männern desselben Alters und kam zu dem Schluss, dass sie sich hinsichtlich der Zahl der Neuronen nicht unterschieden. Dagegen hatte Einsteins Gehirn doppelt so viele Stützzellen.

Siehe Diamond, »On the Brain of a Scientist: Albert Einstein«, in: *Experimental Neurology* 88(1) (1985), S. 198–204.

KAPITEL 4

Adriaan de Groots Arbeit liegt vor in *Thought and Choice in Chess* (Den Haag: Mouton, 1965). Siehe auch: Vittorio Busato, »In Memoriam: Adriaan Dingeman de Groot«, in: *Association for Psychological Science Observer* 19(11) (November 2006).

Weitere Arbeiten zum Thema »Chunking« sind W. G. Chase und H. A. Simon, »Perception in Chess«, in: *Cognitive Psychology* 4 (1973), S. 55–81, sowie D. A. Rosenbaum, S. B. Kenny und M. A. Derr, »Hierarchical Control of Rapid Movement Sequences«, in: *Journal of Experimental Psychology: Human Perception and Performance* 9 (1983), S. 86–102.

Ein unterhaltsames Porträt des Moskauer Tennisclubs Spartak findet sich im Dokumentarfilm »Anna's Army: Behind the Rise of Russian Women's Tennis« (Byzantium Productions, 2005) von Peter Geisler und Philip Johnston.

Zur Meadowmount School of Music siehe Elizabeth A. H. Green, *Miraculous Teacher: Ivan Galamian and the Meadowmount Experience* (Selbstverlag 1993).

Zum selbstregulierten Lernen siehe Barry Zimmerman und Dale H. Schunk (Hrg.), *Self-Regulated Learning: From Teaching to SelfReflective Practice* (New York: Guilford Press, 1998) sowie Barry Zimmerman, Sebastian Bonner und Robert Kovach, *Developing Self-Regulated Learners: Beyond Achievement to Self-Efficacy* (American Psychological Association, 1996).

Zu Volleyballaufschlägen siehe Barry Zimmerman und Anastasia Kitsantas, »Comparing Self-Regulatory Processes Among Novice, Non-Expert, and Expert Volleyball Players: A Microanalytic Study«, in: *Journal of Applied Sport Psychology* 14 (2002), S. 91–105.

Zum Vergleich der Schulsysteme der Vereinigten Staaten, Japans und Deutschlands siehe James W. Stigler und James Hiebert, *The Teaching Gap: Best Ideas from the World's Teachers for Improving Education in the Classroom* (New York: Free Press, 1999).

Mehr zu aktivem Lernen bei Säuglingen siehe K. E. Adolph, P. E. Shrout und B. Vereijken, »What Changes in Infant Walking and Why«, in: *Child Development* 74(2) (2003), 475–97. Siehe auch http://scienceblogs.com/cognitive-daily

KAPITEL 5

Zu Gary McPhersons Untersuchung über Motivation und Musik siehe »Commitment and Practice: Key Ingredients for Achievement During the Early Stages of Learning a Musical Instrument«, in: *Council for Research in Music Education* 147 (2001), S. 122–27. Siehe auch »From Child to Musician: Skill Development During the Beginning Stages of Learning an Instrument«, in: *Psychology of Music* 33(1) (2005), S. 5–35, sowie Gary McPherson und

Barry Zimmerman, »Self-Regulation of Musical Learning«, in: *The New Handbook on Research on Music Teaching and Learning* (Oxford: Oxford University Press, 2002), S. 327–47. McPhersons Untersuchung ist noch nicht abgeschlossen: Seine Testpersonen begannen im Alter von sieben Jahren und nehmen jetzt ihr Studium auf.

Einen Überblick über das Gebiet des Automatismus finden Sie in John Bargh, Ran Hassin und James Uleman (Hrg.), *The New Unconscious* (New York: Oxford University Press, 2005) und Chris Frith, *Making up the Mind: How the Brain Creates our Mental World* (New Jersey: Wiley-Blackwell, 2007). Frith ist Professor für Neuropsychologie am University College in London. Zusätzlich bietet *The Situationist* (http://thesituationist.wordpress. com) ein Forum für Forschung und Diskussion zu einer Reihe von Themen zu Automatismus und dessen gesellschaftlichen Auswirkungen. Das Experiment von Gregory Walton und Geoffrey Cohen zu den Auswirkungen des gemeinsamen Geburtstags wurde bislang nicht veröffentlicht. Weitere ihrer Experimente siehe in »Sharing Motivation«, in: D. Dunning (Hrg.), *Social Motivation*. Ähnliche Experimente über den positiven Zusammenhang von Motivation und Vorprägung siehe G. M. Fitzsimons und John Bargh, »Thinking of You: Nonconscious Pursuit of Interpersonal Goals Associated with Relationship Partners«, in: *Journal of Personality and Social Psychology* 84(1) (2003), S. 148–64.

Andere Studien zeigen, dass negative Prägung die Leistung negativ beeinflusst. Siehe beispielsweise R. Baumeister, C. Nuss und J. Twenge, »Effects of Social Exclusion on Cognitive Processes: Anticipated Aloneness Reduces Intelligent Thought«, in: *Journal of Personality and Social Psychology* 83(4) (2002), S. 817–27.

Marvin Eisenstadts Studie berühmter Waisen findet sich in seinem Buch *Parental Loss and Achievement* (Madison, Conn.: International Universities Press, 1989). Siehe auch Dean Keith Simonton, *Origins of Genius: A Darwinian Perspective on Creativity* (New York: Oxford University Press, 1999). Eine allgemeinere Darstellung findet sich in Victor Goertzel u.a., *Cradles of Eminence: The Childhoods of More than 700 Famous Men and Women* (Scottsdale, Ariz.: Great Potential Press, 2004).

KAPITEL 6

Charles Euchner, *Little League, Big Dreams: The Hope, The Hype and the Glory of the Greatest World Series Ever Played* (Naperville, Ill.: Sourcebooks, 2006) bietet eine interessante Darstellung des Baseballprogramms von Curaçao.

Eine umfassende Darstellung der Motivationsforschung findet sich in Carol Dweck und Andrew Eliot (Hrg.), *The Handbook of Competence and Motivation* (New York: Guilford Press, 2005). Zu Dwecks Studie über die Auswirkungen des Lobs siehe A. Cimpian u.a., »Subtle Linguistic Clues Affect Children's Motivation«, in: *Psychological Science* 18 (2007), S. 314–16.

Dweck ist außerdem Autorin des Buchs *Mindset: The New Psychology of Success* (New York: Random House, 2006, auf Deutsch: *Selbstbild).* Zur Macht der Sprache siehe Po Bronson, »How Not to Talk to Your Kids: The Inverse Power of Praise«, in: New York, 12. Februar 2007.

KAPITEL 7

Die Geschichte von KIPP wurde mehrfach von Journalisten dargestellt, unter anderem von Jay Mathews von der *Washington Post* und Paul Tough vom *New York Times Sunday Magazine.* Siehe unter anderem Jay Mathews, *Work Hard, Be Nice: How Two Inspired Teachers Created America's Best Schools* (Chapel Hill, N. C.: Algonquin Books, 2009).

KAPITEL 8

Die Geschichte von Herman »The Baron« Lamm stammt aus John Tolands Buch *The Dillinger Days* (New York: Da Capo Press, 1995) und Duane Swierczynski, *This Here's a Stick-Up* (Indianapolis, Ind.: Alpha Books, 2002).

Die Geschichte des Schulexperiments von Ron Gallimore und Roland Tharp findet sich in ihrem Buch *Rousing Minds to Life: Teaching, Learning, and Schooling in a Social Context* (New York: Cambridge University Press, 1988).

Die Bücher über John Wooden sind Legion; aus pädagogischer Perspektive ist vor allem Swen Nater und Ron Gallimores Buch *You Haven't Taught Until They Have Learned* (Morgantown, W. V.: Fitness Information Technology, 2006) interessant; Nater ist ein ehemaliger Basketballspieler der UCLA. Gallimore und Tharp aktualisierten ihre Untersuchung zu Wooden und veröffentlichten sie unter »What a Coach Can Teach a Teacher, 1975–2004: Reflections and Reanalysis of John Wooden's Teaching Practices«, in: *Sport Psychologist* 18(2) (2004), S. 119–37. Benjamin Blooms Untersuchung zu 120 Toptalenten findet sich in seinem Buch *Developing Talent in Young People* (New York: Ballantine, 1985).

EPILOG

Gute Darstellungen des Lesekriegs bieten Nicholas Lemann, »The Reading Wars«, in: *Atlantic Monthly,* Februar 1997, sowie Charlotte Allen, »Read It and Weep,« in: *Weekly Standard,* 16. Juli 2007.

Die Erkenntnisse über Myelin haben den Nebeneffekt, einem das Fernsehen zu verleiden, oder genauer gesagt, sie zeigen, dass das Fernsehen Schaltkreise für die passive Berieselung entwickelt. Zu den negativen Auswirkungen der Baby-DVDs auf den Spracherwerb siehe

F. J. Zimmerman, D. A. Christakis und A. N. Meltzoff, »Associations Between Media Viewing and Language Development in Children Under Age 2 Years«, in: *Journal of Pediatrics* 151(4) (2007), S. 364–68, sowie A. N. Meltzoff, Alison Gopnik und Patricia Kuhl, *The Scientist in the Crib: What Early Learning Tells Us about the Mind* (New York: Harper, 2000).

Die Untersuchung zur kognitiven Reserve und der Alterung stammt aus N. Scarmeas u.a., »Influence of Leisure Activity on the Incidence of Alzheimer's Disease«, in: *Neurology* 57 (2001), S. 2236–42.

Schließlich habe ich eine Vielzahl von Büchern zum Thema Talent und Lernen zu Rate gezogen. Die folgenden Titel würde ich zu den besten zählen. Bei einigen handelt es sich um Memoiren und Biografien, darunter solche, die den Lernprozess besonders anschaulich darstellen. Auch wenn die Autoren das Wort »Myelin« nicht verwenden, ist es auf jeder Seite zu spüren.

John Jerome, *The Sweet Spot in Time: The Search for Athletic Perfection* (New York: Breakaway Books, 1980); Steven Pinker, *How the Mind Works* (New York: W. W. Norton, 1997); Glenn Kurtz, *Practicing: A Musician's Return to Music* (New York: Alfred A. Knopf, 2007); Twyla Tharp, *The Creative Habit* (New York: Simon & Schuster, 2003); John McPhee, *A Sense of Where You Are: Billy Bradley at Princeton* (New York: Farrer, Straus & Girax, 1965); Steve Martin, *Born Standing Up* (New York: Simon & Schuster, 2007).

ENDNOTEN

1 Das Wort »Talent« ist vage und klingt nach angeborenem Potenzial, zumal wenn wir es auf junge Menschen anwenden. Wissenschaftliche Untersuchungen zeigen jedoch, dass Genialität im Jugendalter nicht unbedingt ein Hinweis auf langfristigen Erfolg sein muss. Um Begriffsverwirrungen zu vermeiden, verwende ich den Begriff »Talent« in seinem allerengsten Sinne: Als Besitz wiederholbarer Fähigkeiten, die nichts mit unveränderlichen körperlichen Eigenschaften wie beispielsweise der Körpergröße zu tun haben.

2 Der exakte Moment, in dem die Seleção die Bühne des Weltfußballs betritt, sind für viele Fußballexperten die ersten drei Minuten des Halbfinalsiegs gegen die hochfavorisierte Sowjetunion. Die Sowjets, die damals als Gipfel der modernen Fußballtechnik galten, wurden von den Ballkünstlern Pelé, Garrincha und Vavá förmlich überrannt. Radiokommentator Luis Mendes verkündete: »Das wissenschaftliche Spielsystem der Sowjetunion ist gestorben. Sie haben den ersten Menschen ins All geschickt, aber sie waren nicht in der Lage, Garrincha zu decken.«

3 Ein weiterer Aspekt des aktiven Lernens, der eine genauere Untersuchung verdient hätte, betrifft Marketing und Werbung. Vereinfacht gesagt funktioniert gute Werbung nach demselben Prinzip wie aktives Lernen, der Lerneffekt wird vergrößert, indem der Betrachter an die Grenze seiner Fähigkeiten geführt wird und seine Schaltkreise aktivieren muss. Deshalb verlangen erfolgreiche Anzeigen oft eine gewisse kognitive Leistung, etwa die Zeile »... ingle ...ells, ...ingle ...ells ... Ohne J&B fehlt an Weihnachten was«.

4 Die Effektivität von Links Simulator wurde vom Militär aber offensichtlich nicht ganz erfasst. Er durfte in den Jahren vor Kriegsausbruch Hunderte seiner Apparate nach Japan, Deutschland und in die Sowjetunion verkaufen, was dazu führte, dass sich die Piloten im Nahkampf – aus Sicht des Trainings – auf Augenhöhe befanden.

5 Zum ersten Mal bin ich dem Myelin bei der Recherche zu einem Artikel über Talentschmieden im Sport begegnet, der in der New-York-Times-Sportbeilage *Play* erschienen ist. Dabei stolperte ich über einen Artikel mit dem Titel »Extensive Piano Practicing Has Regionally Specific Effects on White Matter Development« (zu Deutsch: Übermäßiges Klavierüben hat regional spezifische Auswirkungen auf die Entwicklung der weißen Masse). Ich traf mich mit Myelinforschern und in den ersten zehn Sekunden unseres Gesprächs beschrieb einer der Neurologen die Entdeckung des Myelins als »Durchbruch«.

6 Oder in den Fähigkeiten eines berühmten Radrennfahrers. Ein Jahr lang begleitete ich Lance Armstrong bei seinen Vorbereitungen für die Tour de France, das vermutlich härteste Radrennen der Welt. Die körperlichen Anforderungen sind immens, doch auch Armstrongs mentale Vorbereitung – sein besessener Kampf gegen Fehler, der Versuch, jeden Aspekt des Rennens zu optimieren und seine gnadenlose Bereitschaft, an die Grenzen seiner Leistungsfähigkeit zu gehen – machten ihn zu einer Ein-Mann-Schule des aktiven Lernens.

7 Eine andere Möglichkeit, die Rolle des Myelins beim Erlernen von Fähigkeiten zu demonstrieren, sind Krankheiten, die das Myelin zerstören. Die britische Cellistin Jacqueline du Pré verlor im Alter von 28 Jahren auf mysteriöse Weise ihre Fähigkeit, Cello zu spielen, und wurde acht Monate später mit Multipler Sklerose diagnostiziert. Krankheiten wie diese sind buchstäblich das Gegenteil des Lernens, denn sie zerstören Myelin, während gleichzeitig die Synapsenverbindungen intakt bleiben.

8 Die Geschichte des göttlich inspirierten Künstlers ist ein derart fester Bestandteil unserer Kultur, dass wir uns kaum noch vorstellen können, dass es sie einmal nicht gegeben haben soll. Vor der italienischen Renaissance galt die Malerei als Hand werk, ähnlich der Weberei oder der Architektur. Dann jedoch erfand der Maler Giorgio Vasari den Typen des heroischen Künstlers. In seinem 1550 erschienen Buch *Lebensbeschreibungen der berühmtesten Maler, Bildhauer und Architekten* erzählte er die Geschichte eines umherziehenden Schäferjungen namens Giotto, der auf einem Feld mit einem angespitzten Stein wunderbare Zeichnungen in die Erde ritzte und schließlich der erste große Künstler der italienischen Renaissance wurde. Auch wenn sich diese Geschichte nicht belegen lässt, und Giotto di Bondone ganz im Sinne des Myelins lange Jahre bei dem Meister Cimabue in die Lehre ging, hatte Vasaris Geschichte des genialen Jungen, der aus bescheidenen Verhältnissen stammt (was ja durchaus ein

interessantes Detail darstellt), zumindest großen Unterhaltungswert, weshalb sie prompt auf zahlreiche andere Gebiete übertragen wurde.

9 Hier ein Beispiel: »ein riesiges und schreckliches Monster sein Kopf berührte die Wolken ein roter und feuriger Schein schien aus seinen Nüstern Flammen und Rau Rauch stoben und er war gehüllt in dunkel nebligen und undefinierbaren Umhang.« Und so weiter. Wer ihre Büchlein liest, kann nicht umhin zu bemerken, dass Schreiben für die Brontës eher eine Art Gesellschaftsspiel war, ähnlich wie Dungeons and Dragons. Natürlich mit dem kleinen Unterschied, dass die Brontës ihr Spiel selbst erfanden.

10 Das Begriffspaar »Natur und Erziehung« geht nicht auf Darwin selbst zurück, sondern wurde von seinem unbekannten Cousin Sir Francis Galton geprägt, der ein Leben lang ebenso energisch wie erfolglos versuchte zu beweisen, dass Genie vererbbar ist.

11 Was nicht heißen soll, dass komplexe Verhaltensweisen nicht genetisch vorprogrammiert werden können. Nehmen wir nur die Bienen und ihren Orientierungstanz oder die komplizierten Balzrituale zahlreicher Tierarten. Doch in diesen Fällen ist die Vorprogrammierung aus evolutionärer Sicht durchaus sinnvoll, denn anders als beim Klavier- oder Golfspielen sind sie überlebenswichtig.

12 Im Jahr 1985 fand Dr. Marian Diamond bei einer Untersuchung heraus, dass Einsteins linker Parietallappen zwar eine durchschnittliche Menge Gehirnzellen enthielt, dass er jedoch erheblich mehr für die Myelinproduktion verantwortliche Gliazellen aufwies als ein durchschnittliches Gehirn. Damals war diese Erkenntnis so bedeutungslos, dass es schon fast komisch war. Vor dem Hintergrund unserer Erkenntnisse über Myelin erklärt sie jedoch so einiges.

13 Als de Groot seine Untersuchung im Jahr 1946 veröffentlichte, war die Reaktion gleich null. Sein Aufsatz wurde erst zwanzig Jahre später von Anders Ericssons Mentor, dem Wirtschaftsnobelpreisträger Herbert Simon wiederentdeckt, der de Groot als Vorreiter der kognitiven Psychologie würdigte und ihm im Jahr 1965 die Veröffentlichung seines Buches *Thought and Choice in Chess* ermöglichte. De Groot setzte seine Erkenntnisse in seinem eigenen Leben um, nahm an Schachturnieren teil, veröffentlichte zahlreiche weitere Aufsätze und nahm im Alter von 88 Jahren eine CD mit Klavierimprovisationen auf.

14 In seinem Buch *The Inner Game of Tennis* gibt W. Timothy Gallwey ein anderes Beispiel für die Nachahmung im Tennis. Als er in den Sechzigerjahren als Tennistrainer anfing, führte er ein Experiment durch: Statt Anfängern mit Worten zu erklären, wie sie einen bestimmten Schlag auszuführen hatten, machte er den Schlag einfach vor. Es funktionierte erstaunlich gut. Schon bald half Gallwey fünfzigjährigen Anfängern, nach zwanzig Minuten Training passabel zu spielen, und das ohne eine einzige technische Erklärung

15 Ein anderes Signal, nach dem Lehrer Ausschau halten, ist Schnarchen. Aktives Lernen wirkt ermüdend und lässt sich nur ein oder zwei Stunden am Stück durchhalten, wie Ericsson für viele Disziplinen feststellte.

16 Hier sind einige der Begriffe, die ich nicht gehört habe: natürlich, mühelos, routinemäßig, automatisch. Ein weiteres Wort, das man in Talentschmieden nicht hört, ist »Genie«. Nicht, dass es keine Genies gäbe, doch die Lehrer, mit denen ich sprach, meinten, Genies kämen einmal im Jahrzehnt vor. »Gelegentlich bekommen wir tatsächlich ein supergeniales Talent. Ich habe keine Ahnung, wie die ticken«, erzählte Skye Carman. »Aber es ist ein winziger Bruchteil. Wir Normalsterblichen müssen hart arbeiten.«

17 Dieses Phänomen lässt sich in größerem Umfang an japanischen Schulen beobachten. Nach einer Untersuchung aus dem Jahr 1995 verbringen Achtklässler 44 Prozent der Unterrichtszeit damit zu erfinden, nachzudenken und sich aktiv mit den zugrunde liegenden Theorien auseinanderzusetzen. Amerikanische Schüler verbringen dagegen nur 1 Prozent ihrer Zeit mit diesen Aktivitäten. »Die Japaner wollen, dass sich ihre Kinder mit der Materie auseinandersetzen«, erklärt Professor Jim Stigler von der University of California in Los Angeles, der Leiter der Untersuchung. »Manchmal geben Lehrer bewusst falsche Antworten, um die Kinder zu zwingen, sich aktiv mit der Theorie zu beschäftigen. Amerikanische Lehrer arbeiten dagegen wie Kellner. Wenn eine Frage Schwierigkeiten bereitet, dann wollen sie diese so schnell wie möglich ausräumen und sicherstellen, dass der Unterricht glatt weiter dahinplätschert. Aber Lernen ist kein glatter Prozess.«

18 Dieses Muster des Talentschubs, der auf einen ersten Durchbruch folgt, ermöglicht die Vorhersage weiterer Talentschmieden. So würde ich beispielsweise die Prognose wagen, dass in absehbarer Zeit zahlreiche klassische Musiker aus Venezuela kommen werden. Gustavo Dudamel ist ein 28 Jahre altes Wunderkind, das heute das Los Angeles Philharmonic Orchestra leitet. In Zeitungsartikeln ist viel über seine Genialität, seine Locken und seinen Charme zu lesen. Seltener liest man dagegen, dass Venezuela mit seiner Fundacion del Estado para el Sistema Nacional de las Orquestas Juveniles e Infantiles de Venezuela inzwischen zahlreiche solche Dudamels hervorbringt. Dieses staatliche Musikförderprogramm für Kinder und Jugendliche, das Angehörigen armer Schichten Unterricht in klassischer Musik bietet und zuletzt 250 000 Schüler verzeichnete, bildet Lehrer aus, entsendet Orchester in alle Welt und hat große Ähnlichkeit mit den ähnlich erfolgreichen Baseballakademien Venezuelas. Eine weitere Talentschmiede sind chinesische Romanschriftsteller. Ha Jin könnte der Vorreiter für ein großes Kontingent an Autoren sein, darunter Ma Jian, Li Yiyun, Fan Wu und Dai Sijie. Diese Autoren dürften etwa zur selben Zeit die Weltbühne betreten wie die chinesischen Basketballer, die auf Yao Ming folgen. Kinobesucher sollten sich schließlich auf eine Reihe rumänischer Filmemacher vorbereiten, nachdem rumänische Regisseure in den letzten drei Jahren vier Preise bei den Filmfestspielen von Cannes gewonnen haben, die alle von der berühmten Filmschule in Bukarest kommen.

19 In Meadowmount fragte ich ein gutes Dutzend Schüler, wie sie mit dem Spielen begonnen hatten. Die meisten gaben sehr vage Antworten wie »Ich wollte schon immer Geige/Cello/Klavier spielen«. Doch als ich nachfragte, was ihre Eltern taten, stellte sich heraus, dass viele von ihnen selbst Berufsmusiker waren. Mit anderen Worten hatten diese Schüler in ihrer Kindheit Hunderte Stunden lang einer geliebten Person dabei zugesehen, wie sie klassische Musik spielte. Das ist eine Initialzündung, wie es keine bessere geben kann. Und wo wir schon beim elterlichen Anschub sind, unter den Schülern befanden sich allein drei Gabriels, die nach dem Engel der Musik benannt worden waren.

20 Zur Ergänzung hier eine Liste von Stars aus dem Showbusiness, die vor dem achtzehnten Lebensjahr einen Elternteil verloren. Comedy: Steve Allen (1, Vater), Tim Allen (11, Vater), Lucille Ball (3, Vater), Mel Brooks (2, Vater), Drew Carey (8, Vater), Charlie Chaplin (12, Vater), Stephen Colbert (10, Vater), Billy Crystal (15, Vater), Eric Idle (6, Vater), Eddie Izzard (6, Vater), Bernie Mac (16, Mutter), Eddie Murphy (8, Vater), Rosie O'Donnell (11, Mutter), Molly Shannon (4, Mutter), Martin Short (17, Mutter), Red Skelton (Vater), Tom und Dick Smothers (7 und 8, Vater), Tracey Ullman (6, Vater), Fred Willard (11, Vater). Musik: Louis Armstrong, Tony Bennett, 50 Cent, Aretha Franklin, Bob Geldof, Robert Goulet, Isaac Hayes, Jimi Hendrix, Madonna und Charlie Parker. Besonders ausgeprägt scheint der Effekt bei den Beatles (Paul McCartney, 14, Mutter, und John Lennon, 17, Mutter) und bei U2 (Bono, 14, Mutter und Larry Mullen, 15, Mutter) gewesen zu sein. Kino: Cate Blanchett, Orlando Bloom, Mia Farrow, Jane Fonda, Daniel Day-Lewis, Sir Ian McKellen, Robert Redford, Julia Roberts, Martin Sheen, Barbra Streisand, Charlize Theron, Billy Bob Thornton, Benicio del Toro und James Woods. Nicht enthalten sind natürlich alle, die durch Scheidung, Krankheit oder ein anderes Ereignis den Kontakt zu ihren Eltern verloren haben. Ein Beispiel ist der Komponist und Produzent Quincy Jones, dessen Mutter an Schizophrenie litt: »Ich hatte das Gefühl, ich hatte nie eine Mutter. Ich saß in meinem Schrank und sagte mir, ›Wenn ich keine Mutter habe, dann brauche ich auch keine. Dann mache ich eben die Musik und die Kunst zu meiner Mutter.‹ Die haben mich nie enttäuscht.«

21 Natürlich führt der Tod eines Elternteils nicht zwangsläufig zu außergewöhnlichen Leistungen. Dieses Ereignis kann sich durchaus auch schädlich auswirken (weshalb Eisenstadt auch die Verbindung zur Psychose herstellt). Litt das Kind unter dem Missbrauch durch den verstorbenen Elternteil, kann dessen Tod durchaus auch positive Auswirkungen für das Kind haben. Eisenstadts Liste macht jedoch deutlich, dass viele Menschen, die in der Kindheit und frühen Jugend einen Elternteil verlieren, tendenziell mehr Möglichkeiten, Mittel und Motive haben, ihre immense kompensatorische Energie zur Myelinproduktion zu verwenden. Ob sie es letztlich dazu einsetzen, um ein John Lennon oder ein John F. Kennedy zu werden, ist letztlich eine Frage des Schicksals und der Umstände.

22 Im Jahr 2007 maßen die Spieler aus dem Mittleren Westen der Vereinigten Staaten im Durchschnitt über 1,70 Meter und brachten 62 Kilogramm auf die Waage. Die Spieler von Curaçao waren dagegen im Durchschnitt lediglich 1,55 Meter groß und wogen 48 Kilogramm.

23 Nach Roger Bannisters Fabelrekord auf der Meilendistanz passierte etwas ganz Ähnliches. Er zählte nicht zur Weltspitze, als er die Vier-Minuten-Marke knackte. Auch Anna Kurnikowa war im Verein regelmäßig die Unterlegene gewesen. Die Reaktion war in allen Fällen dieselbe: Ausgerechnet der? Ausgerechnet die?

24 Dem besten Beispiel für die Macht dieser Auswahlverfahren bin ich beim Tennisclub Spartak begegnet. Die Trainerin Rauza Islanowa begann ihren Kurs im Jahr 1987 mit 25 siebenjährigen Mädchen. Alle vierzehn Tage reduzierte sie die Gruppe um eine Teilnehmerin. Von den sieben, die schließlich übrig blieben, stiegen mit Jelena Dementjewa, Anastassija Myskina und Marat Safin drei in die Weltspitze auf. »Nicht schlecht für einen Jahrgang«, meinte Dementjewa.

25 Toyota verwendet ein ähnliches Verfahren an seinen Fließbändern. Vor dem Hintergrund des aktiven Lernens ist das durchaus schlüssig.

26 Lamm kam 1930 nach einer verhängnisvollen Verkettung von unglücklichen Umständen ums Leben, die so unwahrscheinlich war, dass selbst er sie nicht hatte vorhersehen können. Auf der Flucht nach einem Einbruch in eine Bank in Clinton, Indiana, platzte der Reifen des Fluchtfahrzeugs. Lamm und seine drei Komplizen kaperten einen zweiten Wagen, doch der hatte eine eingebaute Geschwindigkeitskontrolle und erreichte maximal 50 Kilometer pro Stunde. Sie sprangen in einen dritten Wagen, doch dessen Kühler leckte. Der vierte Wagen, den sie schließlich stahlen, hatte nur noch drei Liter Benzin im Tank. Nach einer kurzen Verfolgungsjagd ergaben sich zwei der Bankräuber, und der zweifelsohne verblüffte Lamm wurde zusammen mit dem Fahrer von der Polizei erschossen.

27 Anders Ericsson würde uns daran erinnern, dass Expertentum in den üblichen zehntausend Übungsstunden erworben wird. Möglicherweise ist das der Grund, weshalb die Meistertrainer zumeist älter sind. Vielleicht ist es auch Zufall. Vielleicht spiegeln sich hier auch gesellschaftliche Kräfte wieder (Kinder wollen in den seltensten Fällen Trainer werden, sondern zuerst Sportstars). Vielleicht liegt es aber auch daran, dass Trainer zweierlei Qualifikationen benötigen: Sie müssen ihr Gebiet nicht nur beherrschen, sondern auch lernen, ihr Wissen effektiv zu vermitteln.

28 Die Anweisungen müssen ihr Ziel tatsächlich erreicht haben, denn wenige Monate nach dieser Probe erhielt Kacie einen Plattenvertrag bei Universal Records.

29 Vor allem macht das Training so mehr Spaß. Das bekam auch Fernando, der Sohn von Fußballprofessor Emilio Miranda aus São Paulo zu spüren. Während seines Studiums in den Vereinigten Staaten wunderte sich Fernando über die Rolle des Trainers. »In den Vereinigten Staaten schreien die Trainer die ganze Zeit auf die Kinder ein: ›Schieß, gib ab!‹ Einmal habe ich ein Kind mit einem T-Shirt gesehen, auf dem stand ›Es gibt keine leichten Tage.‹« Fernando schnitt eine Grimasse. »Keine leichten Tage, und das mit zehn Jahren? Das Spiel soll leicht sein, es soll Spaß machen. So ernst zu sein, das ist nicht gut.«

30 Das heißt nicht, dass sie deshalb verbittert wären. Von allen Trainern und Lehrern, mit denen ich gesprochen habe, brachte nur Robert Lansdorp eine gewisse Unzufriedenheit zum Ausdruck, und auch das nur in Form eines Witzes: »Wenn Maria Scharapowa mir nicht bald ein Auto kauft, dann erschieße ich mich.«

31 Der Ansatz von Ellis, der durch Dr. Aaron Beck ergänzt wurde, ist unter dem Namen Kognitive Verhaltenstherapie bekannt geworden. Zahlreiche Untersuchungen haben gezeigt, dass diese Therapieform bei der Behandlung von Depressionen, Angststörungen und zwanghaftem Verhalten genauso gut oder besser wirkt als Psychopharmaka. Ellis wies gern darauf hin, dass seine Ideen keineswegs neu seien. Im Grunde gingen sie auf stoische Philosophen wie Epiktet zurück, der sagte: »Nicht die Ereignisse selbst, sondern unsere Wahrnehmung derselben sind die Ursache unseres Leids.« Ellis, der im Jahr 2007 starb, wurde von der American Psychological Association zum zweitwichtigsten Psychologen des 20. Jahrhunderts gewählt (an erster Stelle kam Rogers, an dritter Freud).

REGISTER